Carmen Rohrbach
mit Holger Rohrbach

WILDES KASACHSTAN

Carmen Rohrbach
mit Holger Rohrbach

WILDES KASACHSTAN

Auf der Fährte des Sibirischen Steinbocks

Mit 33 farbigen Abbildungen
und einer Karte

MALIK

Mehr über unsere Autoren und Bücher:
www.malik.de

Von Carmen Rohrbach liegen im Malik Verlag vor:

- Mein Blockhaus in Kanada
- Am blauen Fluss
- Die Neugier ist mein Kompass
- Botschaften im Sand
- Solange ich atme
- Auf der Insel der Gletscher und Geysire
- Unterwegs sein ist mein Leben
- Im Reich von Isis und Osiris
- Patagonien
- Jakobsweg
- Mongolei
- Namibia
- Am grünen Fluss
- Muscheln am Weg
- Im Reich der Königin von Saba
- Inseln aus Feuer und Meer
- Der weite Himmel über den Anden

Originalausgabe
ISBN 978-3-492-40646-8
Mai 2021

Umschlaggestaltung: Petra Dorkenwald
Umschlagabbildungen: Carmen Rohrbach
Autorenfoto: Carmen Rohrbach
Bildteilfotos: Carmen Rohrbach
Karte: Marlise Kunkel, München
Satz: psb, Berlin
Gesetzt aus der Quadraat
Litho: Lorenz & Zeller, Inning am Ammersee
Druck und Bindung: CPI books GmbH, Leck
Printed in the EU

Grenzen sind dazu da, überschritten zu werden. Deshalb fühle ich mich, seit ich denken kann, als Grenzgängerin, nicht allein zwischen Ländern und Kulturen, auch von der Zivilisation in die Wildnis und wieder zurück. Wir sollten nie aufhören, innere und äußere Grenzen zu überwinden und immer weiter hinauszuschieben, bis zum Horizont und darüber hinaus.

Carmen Rohrbach

Inhalt

Prolog: Sonnenaufgang im Alatau 9

Auf nach Kasachstan 15

Thälmann übernimmt die Führung 23

Wilde Schönheit der Steppe 37

Begegnung mit den Kasachen 50

Suche nach Steinböcken 62

Das Tal der Libellen 75

Berge in Eis und Schnee 82

Tod einer Viper 99

Titanen der Lüfte 110

Höhensturm 126

Männerding 134

Frauensache 142

Regen und Sturm 149

Wassernot 159

Zu Gast bei Kasachen 171

Abschied 185

Nachwort von Holger Rohrbach 198

Anhang

Allgemeines über Kasachstan 205

Größe, Grenzen und Einwohner 205

Geografie und Geologie 206

Gewässer 212

Bodenschätze 215

Klima 216

Geschichte 217

Religion 231

Sprache 232

Seidenstraße 233

Allgemeine Reiseinformationen 236

Ist Kasachstan ein Reiseland? 236

Lokale Transportmittel 238

Camping 239

Kulturelle Unterschiede 239

Bücher zum Weiterlesen 241

Prolog: Sonnenaufgang im Alatau

Ein neuer Tag beginnt, mein letzter in den Bergen Kasachstans. Die Sterne sind bereits verblasst, die Sonne verbirgt sich noch hinter einer felsigen Barriere. Im Osten erahne ich einen gelblichen Schimmer, er nimmt an Farbintensität zu, breitet sich aus wie eine wässrige Farbe auf einem Aquarell, bis endlich der ganze Himmel hell erleuchtet ist.

Auf einem flechtenbewachsenen Stein hockend – gegen die Morgenkühle habe ich die Fleecejacke untergelegt – schaue ich zu, wie die Dämmerung die Nacht besiegt. Doch es will mir nicht gelingen, mich diesem Geschehen uneingeschränkt zu widmen. Um in Ruhe nachdenken zu können, habe ich mich aus dem Zelt geschlichen, meine Gedanken schwirren jedoch in alle Richtungen davon, werden von Emotionen bedrängt.

Plötzlich nehme ich den herb-süßen Geruch der Kräuter wahr. Wermut vor allem, auch wilder Thymian, Melisse, Beinwell und andere unscheinbare Pflanzen, an den Erdboden gepresst, weiten ihre Spaltöffnungen und verströmen jetzt, in der mit dem beginnenden Tag wärmeren Luft, ihre ätherischen Essenzen.

Mein Blick schweift hinüber zu den Pferden. Sie weiden die spärliche Vegetation ab. Unentwegt fressend nutzen sie die Ruhezeit, ihre Mägen zu füllen. In ihrer Nähe stehen die beiden Zelte. In einem liegen die zwei Kasachen, in dem anderen mein Bruder, neben dem ich diese Nacht kaum Schlaf gefunden habe. Dieses erste gemeinsame Unterwegssein mit ihm ist so ganz anders verlaufen, als ich es mir vorgestellt und gewünscht hatte.

Der goldene Sonnenball ist emporgestiegen, rollt jetzt über den Felsengrat und lenkt mich von meinen bohrenden Gedanken ab. Was für ein Licht! Es belebt die zuvor graue Steinwelt, bringt sie zum Leuchten. Wie schön ist doch der beginnende Tag! Immer wieder bin ich von Neuem verzaubert, wenn ich draußen in der Natur den Übergang von der Nacht zum Tag erleben kann, wenn das Erscheinen der Sonne alles ringsum verwandelt und das Leben wieder mit frischer Kraft beginnt. Für einen Moment wird auch in mir alles hell und licht, verflüchtigt sich die düstere Erinnerung.

Die Stille wird von einem metallisch klirrenden Laut durchbrochen, der übergeht in einen rauen, irgendwie gepresst klingenden Gesang, halb flötend, halb pfeifend. Es ist ein kleiner Vogel, etwas größer als ein Rotkehlchen. Vögel dieser Art habe ich öfters während der Reise gesehen. Sie heißen Isabellsteinschmätzer und sind in den vegetationsarmen Steppen und Gebirgen Asiens daheim. Farblich angepasst an ihren Lebensraum sind sie am Rücken sandfarben, an Bauch und Brust cremefarben, insgesamt also eher eintönig gefärbt, deswegen auch der Name. Die Bezeichnung Isabell, so nett sie klingt, meint eigentlich einen schmutzigen Weißton. Gleich zwei adelige Frauen, eine Königin und eine Prinzessin, gelten als Namensgeberinnen. Die Königin Isabella von Kastilien soll 1482 geschworen haben, ihr Unterhemd nicht eher zu wechseln, bis Granada von den Arabern befreit sei, was ganze zehn Jahre gedauert hat. Die Farbe ist überliefert, jedoch nicht, wie das Hemd gerochen hat ... Etwas weniger lange musste die spanische Prinzessin Isabella, Tochter von Philipp II., warten, bis sie wieder ein frisches Unterhemd anziehen durfte. Drei Jahre, drei Monate und drei Tage trug sie das schmutzige Kleidungsstück, um ihren Schwur nicht zu brechen. Sie war mit dem österreichischen Erzherzog Albrecht von Habsburg verheiratet, der die Stadt Ostende an der Nordseeküste eroberte und den Aufstand der Niederländer niederschlug, die sich von spanischer Fremdherrschaft befreien wollten. Auch das Hemd der Prinzessin war danach nicht mehr weiß. Durch diese beiden Legenden wurde der Name Isabell zu einer Farbe: Hell gefärbte Pferde, Katzen, Hunde und Vögel bezeichnet man als isabellfarben, wie eben auch die Steinschmätzerart, die mich an diesem Morgen erfreut.

Dem Vogel hat sich ein zweiter Isabellsteinschmätzer hinzugesellt. Flink am Erdboden hüpfend knicksen sie nervös mit ihren auffallend langen Beinen auf und nieder und flattern hektisch mit den Flügeln, dabei scheuchen sie Insekten auf. Als Ornithologin bin ich mir sicher, dass ich die Vogelart richtig als Isabellsteinschmätzer bestimmt habe. Erkennungszeichen, außer ihrer Gefiederfärbung und ihrem Verhalten, sind die auffallend schwarzweiß gezeichneten Schwanzfedern.

Irgendwo zirpt eine Heuschrecke ihr gleichförmiges Lied. Die wärmenden Strahlen der Sonne haben den Tieren nach der kalten Nacht in dieser rauen Bergwelt wieder Leben eingehaucht. Gern würde ich bleiben, einfach hier sitzen, schauen und beobachten, die Welt um mich wahrnehmen und versuchen, meine Gedanken doch noch zu bündeln und eine Antwort auf meine Frage zu finden: Warum ist diese Reise so anders verlaufen als erwartet?

Doch ich muss meine Suche nach Erklärungen auf später verschieben, denn inzwischen sind meine Begleiter aus ihren Zelten gekrochen. Sie beginnen, diese abzubauen und zu packen. Wir müssen uns beeilen, von hier wegzukommen. Es wird kein Frühstück geben, nicht einmal Tee oder Kaffee. Seit gestern haben wir kein Wasser mehr, und das in einer Höhe von fast 4000 Metern, wo man eigentlich besonders viel trinken sollte, um nicht höhenkrank zu werden. Meine Stimmung wird schlagartig mies, als mir wieder bewusst wird, wie verantwortungslos sich die Kasachen während unserer Reise verhalten haben.

Die beiden Zelte, Schlafsäcke, Matten, Kocher und die spärlichen Reste der Verpflegung werden in den praktischen und geräumigen Satteltaschen verstaut und die vier Pferde damit beladen. Als ich schon auf meinem Pferd sitze, sehe ich, wie Aslan, der ältere Kasache, eine leere Zwei-Liter-Plastikflasche unter einen Wachholderbusch schiebt.

Dort wird sie nun so gut wie unzerstörbar für unbestimmte Zeit die ursprüngliche Bergwelt verunreinigen. Warum macht er das? Er könnte sie doch mitnehmen – leer wiegt sie so gut wie nichts – und sie an einem der nächsten Bäche füllen. Dann hätten unsere beiden Führer eigenes Wasser und müssten sich nicht aus meiner Flasche bedienen, wie gestern Nacht, als ein Liter für drei Männer reichen musste, nachdem sie den ganzen Tag nichts getrunken hatten. Ich war bei den Zelten geblieben, während mein Bruder und unsere beiden Begleiter eine anstrengende Tour hinter sich gebracht hatten. Ich öffne den Mund, will protestieren. Warum ich es dann doch nicht tue? Wie nach jeder Reise bin ich traurig, wenn sie vorbei ist. Dieses Gefühl lähmt und hindert mich, Stellung zu beziehen. Mir fehlt einfach die Kraft aufzubegehren.

Eine ausgesetzte Felsüberquerung lenkt mich vorerst von meinem Ärger ab, eine wirklich anspruchsvolle Strecke. Wieder einmal denke ich: Was für geländegängige Pferde wir haben! An ihren Hufen haben sie Eisen mit Spikes, die geben ihnen auf dem felsigen Untergrund zwar etwas Halt, allerdings ist der Grat kaum einen Meter breit, und er fällt rechts und links steil in die Tiefe. Selbst für einen trittsicheren Menschen wäre diese Klettertour schwindelerregend, wie beschwerlich muss es erst für die Pferde sein, beladen mit Reitern und Gepäck.

In den Wochen, die wir im Alatau unterwegs sind, habe ich gelernt, meinem Reitpferd zu vertrauen, und so sitze ich ruhig und sicher im Sattel und bewundere, wie die Pferde die gefährlichen Schwierigkeiten meistern. Endlich haben wir den Felsgrat überwunden und queren einen schütter bewachsenen Grashang. Wie schade, dass wir bald, in wenigen Stunden schon, im Camp ankommen werden. Dann ist mein Ausflug in Kasachstans Gebirge unwiderruflich vorbei. Dabei hatte ich mich gerade auf diese wilde Bergwelt so sehr gefreut. Wehmut durchflutet mich. Wie hat eigentlich alles begonnen? Warum habe ich mich für diese Reise zusammen mit meinem Bruder Holger entschieden?

Holger ist der Jüngste von uns vier Geschwistern, fast vierzehn Jahre jünger als ich. Bisher hat Holger seine Reisen mit seiner Frau unternommen. Früher, bei Wanderungen in den Bergen, waren auch seine beiden Söhne dabei, die inzwischen erwachsen sind und eigene Pläne haben.

Mein Bruder hat Forstwirtschaft studiert. Seine Passion ist die Jagd. Unser Vater, der ebenfalls ein leidenschaftlicher Jäger war, hat uns beide, seine Älteste und seinen Jüngsten, schon als Kinder mit der Jagd vertraut gemacht. So erlebte ich durch ihn bereits damals die Nähe zur Natur. Dass er Jäger war, habe ich nie infrage gestellt. Bei ihm wie bei meinem Bruder und anderen Jägern, die ich kenne, waren und sind die starke Verbundenheit zur Natur und der respektvolle Umgang mit ihr ausschlaggebend für die Jagdleidenschaft.

Cornelia, die Frau meines Bruders, akzeptiert die große Jagdleidenschaft ihres Mannes, schließlich hat sie ihn doch so kennengelernt. Als wäre es ein symbolisches Zeichen gewesen, so erzählte Cornelia mir, kreuzte direkt bei ihrem ersten Treffen eine Rotte Wildschweine ihren Weg. So erfuhr sie gleich zu Beginn, dass sie jemanden liebt, der als bester Wildschweinschütze gilt und für seine Jagderfolge ausgezeichnet wurde. Ihr gemeinsames Leben wurde von Anfang an durch die Jagd bestimmt. Bei Holgers früheren Jagdreisen hat sie ihn stets begleitet. Da allerdings gab es feste Unterkünfte bei Gastfamilien oder in Pensionen. Mit Pferden durch ein wildes Gebirge zu reiten, mit Zelt von Ort zu Ort zu ziehen, danach stand ihr nicht der Sinn.

So kam ich ins Spiel. Ich wusste, dass Holger sich seit Langem wünschte, einmal im Leben die anspruchsvolle Jagd auf Steinböcke zu bestehen, und witterte die Chance, dieses einmalige Erlebnis mit ihm zu teilen. Bedenken, dass es für mich zu strapaziös sein könnte, hatte ich nicht, ist es doch seit Jahrzehnten mein Beruf, in den unwirtlichsten Gegenden unserer Erde unterwegs zu sein. Allerdings war ich da immer allein, mindestens ein halbes Jahr oder länger. An einer geführten Tour hatte ich noch nie teilgenommen. Ich rechnete jedoch damit, dass die Jagdführer und mein Bruder sich auf die Steinbockjagd konzentrieren und ich Freiraum für mich haben würde, um Tiere zu beobachten und mich mit der Bergwelt vertraut zu machen.

Auf nach Kasachstan

In meinem Schulatlas, den ich als Vierzehnjährige zur Jugendweihe bekam, lese ich: ALMA-ATA. Damals war das die Hauptstadt der Sowjetrepublik Kasachstan. Alma-Ata hatte für mich einen verlockenden Klang. Nicht unbedingt die Stadt wollte ich sehen, sondern die im Atlas dunkelbraun gefärbten Gebiete Zentralasiens, die auf einer Doppelseite abgebildet waren. Atemlos entzifferte ich als Jugendliche die Namen dieser Gebirge: Tian Shan, Pamir, Altai und noch weiter östlich – Himalaja. Hochgebirge, die man als »das Dach der Welt« bezeichnet und die mich unwiderstehlich anzogen, die ich besteigen und erforschen wollte. Damals war ich überzeugt, nichts und niemand würde mich daran hindern können, weil diese Berge mit den verführerischen Namen in den Sowjetrepubliken Kirgisien, Tadschikistan und Kasachstan lagen. Somit gehörten sie zum Ostblock, so wie meine Heimat, die DDR. Nur Länder, die zum kapitalistischen System gehörten, waren mir versperrt – glaubte ich. Wenige Jahre älter musste ich jedoch begreifen, dass ich in der DDR wie in einem großen Gefängnis lebte und nicht einmal zu Forschungsreisen in die Mongolei durfte, obwohl ich mir dafür durch mein Biologiestudium gute Chancen ausgerechnet hatte.

Inzwischen gibt es die Sowjetunion nicht mehr. Kasachstan und auch die benachbarten Länder sind unabhängig, und Alma-Ata heißt jetzt Almaty und ist keine Hauptstadt mehr. Die neue Hauptstadt war zunächst Astana. Eine aus dem Steppensand gestampfte Glitzermetropole, in der sich die Hochhäuser aneinanderdrängen und wo etwa eine Million Menschen leben. Das kasachische Wort »Astana« bedeutet einfach »Hauptstadt«. Als der langjährige Präsident Nursultan Äbischuly Nasarbajew, der fast drei Jahrzehnte herrschte und zuvor kommunistischer Parteichef war, 2019 zurücktrat, schlug sein Nachfolger vor, die Hauptstadt ihm zu Ehren in Nursultan umzubenennen.

Auf meine zahlreichen Unternehmungen habe ich mich stets lange, manchmal jahrelang vorbereitet: habe Informationen gesammelt, Bücher und Berichte gelesen, die Landessprache gelernt (also Mongolisch, Arabisch, Spanisch und Englisch), mich bei Vereinen, Botschaften und bei wem auch immer erkundigt und alles recherchiert, was ich über das jeweilige Gebiet in Erfahrung bringen konnte.

Diesmal ist es anders. Mein Bruder hat zu einem Jagdreiseveranstalter Kontakt aufgenommen und mich als seine Begleiterin angemeldet. Eine für mich ungewohnt bequeme Art der Vorbereitung. Einzig ein Wörterbuch Kasachisch–Deutsch besorge ich mir und eine Karte. Natürlich reicht das knappe halbe Jahr bis zur Abreise nicht aus, um auch nur die Grundbegriffe des Kasachischen zu erlernen, das zur Sprachfamilie der Turksprachen gehört. Um alles andere kümmert sich der Reiseveranstalter: Flugticket, Abholung, Fahrt zum Basiscamp, Führer, Zelte und Verpflegung.

Im Internet informiere ich mich über unser Reiseziel. So erfahre ich, dass Kasachstan ziemlich groß ist, was mir zuvor gar nicht bewusst war. Auf der Länderliste steht es an neunter Stelle. Es reicht vom Kaspischen Meer bis nach China. Im Norden hat es nur eine Grenze, die zu Russland; sie ist 7000 Kilometer lang. Im Osten, Süden und Westen liegen China, Kirgisistan, Usbekistan, Turkmenistan und das Kaspische Meer. An die Mongolei grenzt

Kasachstan nicht, wie ich zunächst vermutet hatte. Allerdings trennen Mongolei und Kasachstan nur 38 Kilometer, ein schmaler Landstreifen im Altaigebirge, der zu Russland gehört. Als ich vor einigen Jahren in der Mongolei war und dieses Gebiet im Altai besuchte, glaubte ich, die beiden Länder hätten eine gemeinsame Grenze. Denn ich traf viele Kasachen, die dort auf mongolischem Gebiet siedelten und die mir viel von ihrer ehemaligen Heimat erzählten.

Das gemeinsame Ziel meines Bruders und mir, der Dsungarische Alatau, schmiegt sich zwischen den Altai und den Tian Shan und bildet die Grenze zu China. Der höchste Berg misst 4622 Meter. »Alatau« bedeutet »buntes Gebirge«. Der Name rührt daher, dass die Gesteine im Sonnenlicht farbig schimmern sollen. Davon habe ich jedoch während unserer Reise leider nichts bemerken können. Vielleicht bezieht sich der Name aber auch auf die Blätterpracht der Gebirgswälder im Herbst, wie es in einer Reisebeschreibung heißt.

Den Reiseveranstalter haben Holger und ich Ende Januar auf der Jagdmesse in Dortmund kennengelernt, der größten, die jährlich in Deutschland stattfindet und die mein Bruder schon früher besucht hatte; diesmal fuhr ich mit, um gemeinsam nach einem Veranstalter zu suchen, der sich auf Jagdreisen nach Kasachstan spezialisiert hat.

Sogar von Naturschutzverbänden wie der Internationalen Union zur Bewahrung der Natur und natürlicher Ressourcen (IUCN), die jährlich die Rote Liste der bedrohten Arten herausbringt, werden Jagdreisen positiv beurteilt, wenn sie bestimmte Kriterien erfüllen. Eine wichtige Voraussetzung ist beispielsweise, die einheimische Bevölkerung zu beteiligen. Sie sollte sowohl als Jagdführer und -helfer eingebunden sein als auch über die Anzahl und die Art der zu jagenden Tiere bestimmen können. Legale, gut regulierte Bejagungsprogramme sind dann ein nicht mehr wegzudenkender Bestandteil zur Erhaltung der Artenvielfalt. Denn wenn die Bevölkerung am Gewinn der Jagd beteiligt wird, ist sie auch daran interessiert, die Wildtiere zu schützen und ihre Lebensräume zu erhalten – ihr Schutz wird zur eigenen Existenzgrundlage, die Wildtiere erhalten für die Einheimischen einen konkreten Wert. So dient der Jagdtourismus als Naturschutzinstrument und hilft entscheidend, die Wilderei vor Ort zu bekämpfen und zugleich den Lebensraum der Tiere zu erhalten.

Wegen des Besucherandrangs verloren Holger und ich uns aus den Augen. Als wir uns am vereinbarten Treffpunkt wieder entdeckten, hatte mein Bruder inzwischen den Reiseveranstalter gefunden, der sich neben anderen Zielen auch auf Jagdreisen nach Kasachstan spezialisiert hat.

»Nun, hast du gebucht?«, fragte ich. »Wann geht es los?«

Holger druckste herum. Schließlich antwortete er: »Nein, habe ich nicht. Morgen ist auch noch ein Messetag.«

»Nee, Holger, warum bis morgen warten? Entweder du willst einen Steinbock erlegen oder nicht! Seit Jahren hast du diesen Wunsch, entscheide dich jetzt!«

Stumm schaute er irgendwie durch mich hindurch. Vielleicht, so denke ich nach der Reise, als ich mich an diesen Moment erinnere, hatte er damals bereits Bedenken, gemeinsam mit mir zu fahren. Wahrscheinlich bin ich ihm zu bestimmend, zu zielbewusst, zu wenig angepasst. Davon ahnte ich aber nichts, denn ich fühle mich ihm keineswegs überlegen. Jeder Mensch hat Stärken und Schwächen. Und meine Schwäche ist vor allem die Ungeduld, die manchmal aber auch eine Stärke sein kann, je nach Situation.

Schließlich gab er sich einen Ruck und meinte, wir könnten uns ja mal erkundigen, was sie so im Angebot hätten. Ich wunderte mich, dass er noch gar nicht danach gefragt hatte, sagte aber lieber nichts.

Wir wurden an einen Tisch gebeten, man führte uns ein Jagdvideo vor, zeigte uns Prospekte und Infomaterial. Es gab für die diesjährige Jagdsaison nur eine einzige Reise nach Kasachstan mit einer Teilnehmerzahl von sechs Personen.

»Da melden wir uns doch gleich an!«, platzte ich heraus.

»Da tun Sie gut daran«, sagte der Geschäftsinhaber. »Fünf Personen haben bereits fest zugesagt.«

»Gern kommen wir morgen wieder. Ich möchte noch mal darüber schlafen«, machte mein Bruder einen Rückzieher.

»Oh nein, Holger! Dieser eine Platz kann noch heute weg sein, vielleicht sogar schon in fünf Minuten. Das bedeutet, du musst ein weiteres Jahr auf deinen Traum warten!«

Schnell biss ich mir auf die Zunge, um nicht auszusprechen, was ich noch dachte. Nämlich dass er bald sechzig Jahre alt sein würde. Mit jedem Jahr mehr wird so eine anstrengende Gebirgsjagd zur Strapaze und ist irgendwann gar nicht mehr zu bewältigen.

Der Agenturinhaber nickte zustimmend: »Ihre Schwester hat recht! Mit dem nächsten Anwärter, der kommt, ist die Liste voll.«

Dann sah er mich an. Sein Gesicht spiegelte eine seltsame Mischung, irgendwie mitleidig und zugleich spöttisch. Er sagte: »Aber Sie sollten sich noch einmal gut überlegen, ob Sie sich das wirklich antun wollen. Für Frauen ist das nichts! Sie müssen wissen, es gibt keine festen Unterkünfte, nur Zelte und keine Duschen!«

Mir verschlug es die Sprache. Wer denkt schon an Duschen bei einer Wildnistour?

Holger antwortete für mich: »Da haben Sie mal keine Sorge, meine Schwester hält viel aus.«

Na ja, nicht unbedingt, dachte ich. Es kommt darauf an, was man aushalten muss und warum. Ich bin gut darin, extreme

Situationen zu bewältigen, aber überhaupt nicht geeignet für den Alltag, für das normale Leben. Da werde ich schnell ungeduldig. Und Erfahrungen mit organisierten Reisen und anderen Reisepartnern hatte ich ebenfalls nicht.

Wir füllten die Formulare aus. Mein Bruder war jetzt also der sechste Jäger. Ich als Begleitperson zählte nicht, dennoch musste ich den Reiseveranstalter natürlich für seine organisatorische Leistung bezahlen, zusätzlich zum Flug.

Einige Monate später bekamen wir vom Veranstalter detaillierte Informationen mit der Post zugeschickt. Darin beschrieb man die Jagdreise als »richtiges Abenteuer« in einem Land von »einmaliger Schönheit mit unendlichen Steppen und hohen Gebirgen«. Der Alatau sei die Heimat, so der Text, von Bären, Wölfen, Luchsen, Adlern und Geiern, sogar Schneeleoparden lebten dort. Jagdbare Tiere seien Maralhirsche, Sibirische Rehböcke mit besonders starken Gehörnen, und Argalis, das sind Wildschafe. Der wahre König des Hochgebirges aber sei der Sibirische Steinbock. Seine unglaublichen Kletterkünste seien atemberaubend, man müsse nur einmal gesehen haben, wie der Steinbock selbst an senkrechten Felswänden hochspringe, und erleben, wie sicher sich bereits Kitze bewegten. Mit seinem massigen Körperbau, den kraftvollen Beinen und effektiven Klauen sei er ideal an das Leben im felsigen Gebirge angepasst, so der schwärmerische Text.

Im Infomaterial war weiter zu lesen: »Im Dsungarischen Alatau, unserem Reiseziel, gibt es die höchste Steinbockdichte der Welt. Beste Chancen für die Jäger, zum Schuss zu kommen.«

Ende Juli geht es dann endlich los. Holger und ich reisen aus verschiedenen Richtungen an. Er aus der Lausitz, ich aus Bayern. Als ich morgens am Bahnsteig meines Heimatortes auf den Zug warte, hängt der Himmel regengrau über mir. Nach Wochen mit ungewöhnlich heißen Sommertagen ist es von einem Tag auf den anderen kalt und nass geworden. Plötzlich schallen raue und zugleich helle Rufe durch den trüben Tag. Diese mir wohlbekannten Trompetentöne lassen mich freudig emporblicken. Eine Schar Graugänse in typischer V-Form fliegt von ihren Übernachtungsplätzen zu den angrenzenden Wiesen. Seit ich denken kann, elektrisiert mich das Geschrei der Wildgänse. Ihre Rufe verkünden mir eine ganz bestimmte Botschaft. Jedes Mal wird dabei meine Sehnsucht nach Weite und Freiheit noch größer. Wie passend für mein bevorstehendes Abenteuer, denke ich. Was für ein schöner Abschiedsgruß!

Holger und ich treffen uns in Frankfurt, übernachten dort, um am nächsten Morgen pünktlich am Flughafen zu sein und genügend Zeit zum Einchecken zu haben. Holger muss seine Jagdwaffe und die Munition beim Zoll deklarieren und seinen Waffenkoffer als Sperrgepäck am entsprechenden Schalter getrennt aufgeben. Dort treffen wir auch erstmals die fünf anderen Jäger. Wir machen uns kurz bekannt, dann geht jeder seiner Wege, und erst bei der Ankunft nach siebenstündigem Flug sehen wir uns wieder.

Bei der Landung blicke ich begierig aus dem Flugzeugfenster. Es soll ein unvergessliches Erlebnis sein, so habe ich in einem Buch gelesen, wenn man sich im Flugzeug der Stadt nähert, denn sie liegt unmittelbar vor der gewaltigen Kulisse des Tian Shan mit seinen eisigen Bergriesen. Leider haben wir nicht das Glück, tagsüber zu landen. Doch das hält mich nicht davon ab, gebannt aus dem Fenster zu schauen. Da unten liegt Almaty, denke ich, oder besser: Alma-Ata, die Stadt, von der ich in meiner Jugend sehnsuchtsvoll träumte. »Ata« bedeutet auf Kasachisch »Vater« oder ganz genau: »Großvater väterlicherseits«, und »Alma« ist das Wort für »Apfel«. Die Stadt hieß früher also »Apfel des Großvaters«. Im ersten Moment scheint es ein seltsamer Name für eine Stadt zu sein, die Erklärung ist jedoch einleuchtend: Früher gab es hier Äpfel einer einzigartigen, schmackhaften Sorte, für die

Alma-Ata weithin berühmt war. Es muss ein Wunderapfel gewesen sein, jeder einzelne ein Pfund schwer, saftig, aromatisch und von betörendem Geruch.

Die Bäume, an denen diese Äpfel reiften, gibt es heute nicht mehr. Sie wurden allesamt gefällt. Mit ihnen ist diese himmlische Sorte für immer von der Erde verschwunden, denn es lebt niemand mehr, der ihren Zuchtplan kennt. Die Bäume mussten der neuen Zeit weichen: Dort, wo Apfelplantagen den südlichen Stadtrand im Frühling mit einem Blütenmeer schmückten und auch im Sommer für ein angenehmes Klima sorgten, befindet sich heute ein futuristisches Bankenviertel mit Hochhäusern und Luxusvillen. Die Grundstückseigentümer der Apfelplantagen ließen sich vom schnellen Profit verführen, verkauften Grund und Boden. Der Gewinn zerrann allerdings bald, und mit den gefällten Bäumen ging das Zuchtgeheimnis der fabelhaften Apfelsorte verloren.

Während mir beim Anflug auf Almaty diese Apfelgeschichte durch den Kopf geht, über die ich vor Jahren einmal einen Bericht gelesen habe, strenge ich mich weiterhin an, einen Blick auf meine Sehnsuchtsstadt zu erhaschen. Doch ich sehe – nichts! Es ist Nacht. Unten herrscht Dunkelheit. Pechschwarz, nirgendwo eine Beleuchtung. Erst beim Landen sehe ich Licht, doch es sind die Lichter des Flughafens.

Thälmann übernimmt die Führung

Um Mitternacht steigen wir aus dem Flugzeug. Erstaunlich rasch sind die Zollformalitäten erledigt. Der kasachische Partner des deutschen Jagdreiseveranstalters nimmt die Gruppe in Empfang und hat dafür gesorgt, dass unsere Einreise problemlos vonstattengeht. Auch das Fahrzeug, ein robuster Kleinbus, steht bereit, um uns zum Ausgangspunkt, dem Hauptcamp im Alatau, zu befördern. Bevor es aber losgehen kann, sammelt die Russin Swetlana, eine rundliche und resolute Mitinhaberin des kasachischen Unternehmens, die Pässe der Jäger wieder ein, um die Waffennummern eintragen zu lassen – sofern ich es richtig verstanden habe. Unsere Gruppe verharrt untätig neben dem Fahrzeug auf dem nachtdunklen Parkplatz. Gesprochen wird kaum. Niemand außer mir scheint ungeduldig zu sein und sich zu wundern, dass die administrative Maßnahme ganze zwei Stunden in Anspruch nimmt.

»Warum das wohl so lange dauert?«, murmle ich vor mich hin. Niemand sagt ein Wort dazu.

Nach siebenstündigem Flug und fünf Stunden Zeitverschiebung ist es nach meiner inneren Uhr nicht Mitternacht, sondern schon fünf Uhr in der Früh. Ich bin müde, hundemüde, wie man so sagt. Liebend gern würde ich mich zum Schlafen hinlegen. Gleichzeitig bedauere ich, dass ich nichts von der Stadt sehen werde.

Zwei Uhr nachts Ortszeit, da kommt Swetlana lustig mit den Pässen wedelnd zurück und händigt sie den Jägern aus. Wir würden sie erst bei unserer Rückkehr wiedersehen, im Hauptcamp aber ihren Mann treffen, der dort als Campmanager tätig sei, teilt sie uns mit und wünscht auf Deutsch: »Gute Fahrt!«

Im Fahrzeug sitzen wir eng gedrängt und steif auf harten Bänken in Dreierreihen, ohne uns ausstrecken oder uns wenigstens bequem zurücklehnen zu können. Zunächst rollt das Auto auf Asphaltstraßen durch die Dunkelheit. Ich erspähe spärlich beleuchtete kleine Häuser, die wohl zu einem Vorort von Almaty gehören. Nach wenigen Kilometern schon wird die Fahrt holprig, es scheint keine Straße mehr zu sein, sondern eine löchrige Piste. Selten leuchten Scheinwerfer eines anderen Fahrzeugs auf. Immer weiter geht es hinaus in die Nacht. Im Sitzen zu schlafen ist mir unmöglich. Kaum bin ich eingedöst, schrecke ich jedes Mal unangenehm auf, wenn mein Kopf nach vorn absackt. Holger, der neben mir sitzt, erträgt wortlos die Unbequemlichkeit, ebenso wie die anderen fünf Mitfahrer. Harte Männer klagen nicht, denke ich bei mir. Doch ich würde mich wohler fühlen, wenn auch sie ein wenig stöhnen würden. Wenn man sich über seine Empfindungen austauschen kann, sie miteinander teilt, dann fühlt man sich gleich besser, so geht es mir jedenfalls.

Allmählich lichtet sich der Nachthimmel, graues, konturloses Land breitet sich draußen aus. Ortschaften sind weit und breit keine zu sehen. Die Straße besteht tatsächlich aus Löchern und ausgewaschenen Rinnen, wie ich jetzt erkennen kann. Quälend langsam kommt unser Fahrzeug voran. Wie in einer Rüttelmaschine werden wir seit Stunden durchgeschüttelt. Im ersten Morgenlicht halten wir an einer Tankstelle, wo wir Euro in kasachisches Geld wechseln und Lebensmittel und Getränke kaufen können. Die Jäger, auch mein Bruder, decken sich mit Bier und wahrscheinlich auch mit härteren alkoholischen Getränken ein und holen Kekse und Süßigkeiten. Ich kaufe nichts, habe einfach keine Lust dazu, aber mein Bruder bringt mir eine Flasche Limo mit.

Während die Männer im Laden sind, laufe ich hinter das Gebäude und erblicke im Morgendunst eine bläulich schimmernde Bergkulisse. Der Anblick der Berge lässt mein Herz höherschlagen. Seit ich denken kann, faszinieren mich Gebirge. Diese raue, wilde und menschenfeindliche Umwelt zieht mich unwiderstehlich an. In wenigen Stunden werden wir dort sein, ich kann es kaum erwarten.

Eine Elster fliegt über mich hinweg und lässt sich laut keckernd auf einem Ast nieder. Ich freue mich über ihren Anblick. Mir geht es gleich noch besser, ihr so vertrautes Rufen muntert mich auf. Warum sind es gerade Vögel, die mich berühren? Warum haben sie meine bevorzugte Aufmerksamkeit? Warum sind sie es, vor allen anderen Tieren, die mir ans Herz gewachsen sind? Lange habe ich nicht bemerkt, dass Vögel mir ganz besonders nahestehen. Ursprünglich machte ich keinen Unterschied zwischen ihnen und anderen Lebewesen. Während meiner Kindheit waren sie mir alle, ob Tier oder Pflanze, gleichwertig. Ob Buschwindröschen, Salomonssiegel, Bittersüßer Nachtschatten und Wiesenschaumkraut, ob Schnecken, Käfer, Schmetterlinge, Eidechsen und Schlangen, sie alle nahmen mich für sich ein. Ich wollte sie kennenlernen, immer mehr und immer neue Arten entdecken, und vor allem wollte ich ihre Namen wissen. Diese herauszufinden war schwierig und mühsam, denn es gab in meiner Kindheit niemanden, den ich hätte fragen können. Auch mein Vater konnte mir keine Hilfe sein, er hatte neben seiner anspruchsvollen organisatorischen Arbeit als Leiter der Volkshochschule ein Fernstudium zum Diplom-Geschichtslehrer begonnen. Deshalb hatte er damals wenig Zeit für mich. Und obwohl er die Natur liebte, waren ihm die Namen der Tiere und Pflanzen nicht so wichtig. Ihm genügte es zum Beispiel, eine Schwalbe von anderen Arten unterscheiden zu können, ich aber war stolz, den Unterschied zwischen einer Mehl- und einer Rauchschwalbe zu erkennen, sogar dann, wenn ich sie nur am Himmel fliegen sah.

Ebenso wenig gab es Bestimmungsbücher oder Naturdokumentationen, weder im Kino noch im Fernsehen. Einen Flimmerkasten, wie der Fernseher genannt wurde, damals noch schwarz-weiß, hatte meine Familie sowieso erst viel später. So durchstöberte ich die Lexika meines Vaters nach Abbildungen und die Sammelalben meines Großvaters mit Tier- und Pflanzenbildern, die man für Zigarettenkauf bekam. Auch ein Buch über Heilpflanzen gab Auskunft. Jedes Mal, wenn ich wieder einen Namen für eine Pflanze oder ein Tier herausgefunden hatte, wurde ich mit einem Glücksgefühl belohnt. Durch die Schwierigkeiten, die es mich gekostet hatte, war mir dieses Wissen dann besonders wertvoll. Meine Suche nach den Namen der Lebewesen wuchs sich zu einer echten Leidenschaft aus. Ich spürte und begriff: Erst mit dem Namen eines Schmetterlings, einer Blume, eines Baumes entstand eine Verbindung zwischen mir und der Natur. Wusste ich die Namen der Geschöpfe, war ich nicht mehr allein, wurde ich zu einem Teil der Schöpfung und gehörte dazu, dann fühlte ich mich geborgen und mit allem verbunden.

Wenn ich so zurückdenke, dünkt es mich erstaunlich, wie ich als Kind ohne Anleitung, ohne Vorbilder, ohne Hilfe und ohne Bestätigung durch Erwachsene diesen Weg in und zu der Natur von selbst finden konnte. Niemand in meiner Umgebung interessierte sich dafür. Und niemand ahnte, wie leidenschaftlich ich mich der Entdeckerlust hingab. Für mich war es wie das Lernen einer Geheimsprache. Ich vermisste es nicht, dass ich meine Erforschung der Natur mit niemandem teilen konnte. Im Gegenteil: Ich genoss es, etwas zu wissen, was sonst keinem bekannt war.

Mein Vater nahm mich zwar, etwa so ab meinem zehnten Lebensjahr, hin und wieder mit auf die Jagd. Von ihm lernte ich, wie man die Windrichtung bestimmt und sich gegen den Wind an Wild heranpirscht, er zeigte mir, wie ich das Alter eines Rehbocks oder einer Ricke erkennen kann, und weihte mich in vieles mehr ein, was die jagdbaren Wildtiere betrifft. Doch mein Interesse ging schon damals tiefer und weiter, ich wollte über alle Lebewesen mehr wissen, vor allem wollte ich immer neue Arten kennenlernen und erforschen. Für mich waren Schnecken genauso wichtig wie die Beobachtung von Wildschweinen. Ein mir unbekannter Käfer faszinierte mich ebenso wie ein Rehkitz. Versuchte ich jedoch, meinen Vater für diese Krabbeltiere zu interessieren, lächelte er gutmütig und meinte, es sei doch egal, wie sie heißen würden.

Während meiner Kindertage durchstreifte ich unermüdlich die Wälder, Wiesen, Heckenrosen- und Wacholderwildnisse meiner Heimat in Freyburg und die sumpfigen Auen der Unstrut, stets auf der Suche nach neuen Arten, nach Lebewesen, die ich zuvor noch nie gesehen hatte. Ich fühlte mich schon damals als Entdeckungsreisende. Unbedingt wollte ich später, sobald ich erwachsen war, in ferne Länder aufbrechen, um mein Leben, und zwar mein ganzes Leben, uneingeschränkt der Erforschung fremder Lebewesen widmen zu können.

Die Vögel waren für mich in dieser Zeit, wie gesagt, Tiere unter vielen anderen. Doch mehr und mehr wandte ich mich ihnen zu. Allmählich begriff ich, dass Vögel zu einer besonderen Tiergruppe gehören. Denn sie sind mit ganz einmaligen Eigenschaften beschenkt. Als einzige Lebewesen hüllt sie ein Federkleid ein, und diese Federn können eine im Tierreich einzigartige Farbenpracht entfalten. Gewiss, auch Schmetterlinge, Käfer und Korallenfische erfreuen durch ihre Buntheit. Doch nur bei den Vögeln gibt es diese Vielfalt, nur bei ihnen hat jede einzelne Art ihre ganz speziellen Farben. Da ist das Kobaltblau des Prachtfasans, den ich im Himalaja bewunderte, das schimmernde Gefieder des Glanzstars, den ich in Namibia sah, und das aufblitzende Türkis des heimischen Eisvogels, dessen Anblick mir immer einen freudigen Ausruf entlockt. Andere prunken in Rot, wie Gimpel, Bluthänfling und Rotkehlchen. Da ist das goldene Leuchten des Pirols und der Goldammer oder das Clownsgewand der Stieglitze. Und erst die Farbpalette tropischer Vögel, von den Papageien bis zu den Kolibris! Gerade diese Vielfalt der Gefiederzeichnungen bewirkt, dass sich zahlreiche Hobbyornithologen der Vogelbeobachtung und Artbestimmung in ihrer Freizeit widmen,

Doch Vögel haben noch viel mehr zu bieten, etwas unvergleichlich Schönes – ihren Gesang. Und auch da hat wieder jede Art die ihr eigenen Melodien. Ohne den Sänger selbst zu sehen, kann ich ihn an seiner Stimme erkennen, weiß, welcher Vogel sich hoch im Baumgeäst oder im dichten Gebüsch versteckt. Bin ich mit Freunden unterwegs beim Wandern, sind diese überrascht, wenn ich ihnen sage, dort singt ein Buchfink, da drüben jubiliert ein Fitis, und im Unterholz schmettert der Zaunkönig sein Lied – und obwohl er einer der kleinsten Sänger ist, hat er eine unglaubliche Stimmkraft. Das anfängliche Staunen meiner Mitwanderer erlischt bald, denn sie als Ungeübte hören nur ein undefinierbares Gezwitscher. Es verlangt Übung, die Töne zu unterscheiden und den einzelnen Arten zuzuordnen.

Ich habe mir die Gesänge bereits als Kind eingeprägt, habe mich an die mir zuvor unbekannten Sänger angeschlichen, bis ich sie sah und feststellen konnte, wer da singt. So hatte mein Gehör Zeit, sich an die Töne zu gewöhnen und sie untrennbar mit der zugehörigen Vogelart zu verbinden. Allerdings muss auch ich jedes Frühjahr meine Ohren wieder neu eichen, wenn im Frühlingswald der vielstimmige Vogelchor erschallt und die einzelnen Gesänge ineinanderfließen.

Doch damit nicht genug. Die Einzigartigkeit der Vögel erschöpft sich nicht in ihrem arteigenen Federkleid und ihrem Gesang, sie verfügen über eine weitere einmalige Fähigkeit – sie können fliegen! Nun gut, auch Fledermäuse, Flughunde und manche Insekten beherrschen den Luftraum, jedoch sehen wir sie meist nicht, weil die einen nur nachts und in der Dämmerung fliegen und die anderen zu klein oder uns eher lästig sind. Die Flugkünste der Vögel hingegen können wir überall bewundern, ob in unseren Gärten, Städten oder Dörfern, auf Feldern, im Wald, auf Wiesen und im Gebirge. Vögel teilen den Lebensraum mit uns, sie sind allgegenwärtig und unsere ständigen Begleiter. So selbstverständlich sind sie uns, dass wir mitunter vergessen und nicht wahrnehmen, wie einzigartig sie eigentlich sind.

Weiter geht es auf der Holperstraße. Die Sonne steigt über den Horizont. Es wird jetzt richtig hell. Bald halten wir wieder und bekommen Frühstück in einer Imbissstube am Straßenrand. Wir sitzen an einem länglichen Holztisch, und ich blicke ringsum in graue Gesichter. Wahrscheinlich sehe ich genauso zermürbt aus. Eine fröhliche Stimmung will nicht aufkommen, selbst als Kaffee serviert und vor jeden ein Teller mit drei Spiegeleiern gestellt wird – außer vor mich. Aus unerfindlichen Gründen soll ich frühmorgens einen lieblos arrangierten Salat aus ein paar welken Blättern, Zwiebeln und Tomaten verspeisen. Vielleicht weil ich keine Jägerin bin und die einzige Frau in der Gruppe? Jedenfalls weigere ich mich, den Salat anzurühren, und bestehe darauf, ebenfalls Eier zu bekommen. Die Wirtin, erkennbar russischer Abstammung, schaut mich stumm und mürrisch an und tut zunächst so, als würde sie mich nicht verstehen. Als die anderen bereits fertig gegessen haben, bringt sie mir aber schließlich das Gewünschte. Vielleicht täusche ich mich, doch ich habe den Eindruck, als würde sich mein Bruder über mein Benehmen ärgern. Wahrscheinlich möchte er bei den anderen Jägern nicht unangenehm auffallen und hätte sich wohl gewünscht, dass ich klaglos den Salat mampfe. Vielleicht ist er aber auch nur wegen der durchwachten Nacht und aus Müdigkeit wortkarg und abweisend.

Holger *Tatsächlich hatten außer meiner Schwester alle ihre Spiegeleier erhalten. Wahrscheinlich hatte man ihre Portion nur vergessen. Meine Schwester glaubte tatsächlich, sie werde absichtlich benachteiligt, und war deshalb sehr ungehalten. Als ich es bemerkte, ging ich sofort zu den Küchenfrauen, die mir zu verstehen gaben, die Spiegeleier seien in der Pfanne und würden in Kürze serviert.*
Ich ahnte da schon nichts Gutes. Das lange Warten am Flughafen auf die Dolmetscherin, die Männer, die Autoabgase und das holprige Fahren auf der Piste und dann noch die Spiegeleier waren zu meinem Leidwesen – obwohl ich hoffte, dass es nicht geschähe – der Beginn für ihren »Kriegspfad«.

Von den anderen Jägern kann ich mir kein Bild machen, weiß nicht, wie sie heißen und woher sie kommen. Zwar haben wir uns am Flughafen einander vorgestellt, doch habe ich mir die einzelnen Namen noch nicht eingeprägt. Bisher hat sich, auch bei der Frühstückspause, kein Gespräch entwickelt. Später erfahre ich, dass die anderen und auch mein Bruder vom Reiseveranstalter über die jeweiligen Teilnehmer informiert wurden. Sie wissen also, wer wie heißt, wie alt der Einzelne ist, welchen Beruf jeder ausübt und welche Jagderfahrung sie haben. Informationen, die ich vorab auch gern gehabt hätte, um mir ein erstes Bild von den Mitreisenden zu machen.

Weiter geht es durch eine schier endlose Steppe. Seltsam, wir fahren an drei Friedhöfen vorbei, die dicht an der Straße liegen, aber ohne eine Siedlung in der Nähe. Was ich beim Vorbeifahren erspähen kann, sind mit arabischem Halbmond geschmückte Gräber und einige mausoleum- oder moscheeartige Kuppeln.

Wie geheimnisvolle, verzauberte Städte aus vergangenen Zeiten wirken diese Friedhöfe.

Bei Tageslicht erkenne ich deutlich, wie total verrottet die Fahrbahn ist. Da wölben sich zerrissene Reste des Asphalts neben canyonartigen Vertiefungen. Der Fahrer befleißigt sich einer eigenartigen Fahrweise. Die Räder der rechten Fahrzeugseite lässt er auf der festgefahrenen Erde neben der Straße rollen. Da dieser Rand aber zu schmal ist, fährt er mit den Rädern der linken Seite auf der ehemaligen Straße. Die Erschütterungen für uns Passagiere im Inneren sind gewaltig.

Diese karge, eintönige und flache Landschaft im äußersten Osten Kasachstans wird auch Wermutsteppe genannt, weil außer dieser anspruchslosen Pflanze wenig anderes hier gedeiht. Rund ums Jahr wird die Gegend vom Wind gebeutelt, der im Frühjahr und Herbst mit über hundert Stundenkilometern übers Land rast. Fast immer kommt er aus Südosten durch die Dsungarische Pforte, einen schmalen Einschnitt zwischen den Bergen. Zu Zeiten der Seidenstraße war es ein wichtiger Durchlass für Handelskarawanen, aber auch die kriegerischen Horden der Dsungaren fielen früher durch diese Senke ein, die seither nach diesem Stamm benannt ist. Die Kasachen warnten sich durch weithin sichtbare Feuer auf den Bergrücken vor den Überfällen. Seit dem 16. Jahrhundert versuchten die Dsungaren, ihr Reich nach Westen auszudehnen. Sie waren Buddhisten, ehemals Angehörige des Mongolenreiches und Kämpfer unter Dschingis Khan. In der wechselvollen Geschichte Kasachstans wird diese Zeit als »Jahre der großen Not« bezeichnet. Buddhafiguren in Felsen graviert, eingeritzte Zeichen in Sanskrit und buddhistische Gebetstempel geben Zeugnis von der Anwesenheit der dsungarischen Steppennomaden im Osten Kasachstans.

Schließlich wussten sich die kasachischen Stammesältesten, die Khane, nicht mehr anders zu helfen, als im Jahr 1731 einen

Beistandspakt mit Russland zu schließen. Es war ein verhängnisvoller Fehler. Die folgenden 150 Jahre gehörte das gesamte kasachische Territorium zum russischen Zarenreich.

Den Dsungaren hingegen erging es noch schlimmer, ihr Reich wurde unwiederbringlich von den Chinesen zerstört, nur wenige Angehörige ihres Volkes überlebten. Nach erbarmungslosen Kämpfen richtete China 1759 ein furchtbares Massaker unter den Steppennomaden an, woraufhin in der entvölkerten Region Chinesen angesiedelt wurden. Seitdem heißt die Region Xinjiang, der Name Dsungarei darf in China nicht mehr verwendet werden.

Mir war diese Bezeichnung schon als Kind bekannt, ohne zu wissen, dass es die eines untergegangenen Volkes war, denn ich hatte einen Dsungarischen Zwerghamster. Ein niedliches Tierchen, kaum acht Zentimeter groß, mit plüschigem silbergrauem Fell und schneeweißem Bauch. Das kleine Kerlchen hatte keine Scheu vor mir. Es kuschelte sich vertrauensvoll in meine Hand, und wenn ich ihm Apfelstücke und Körner gab, stopfte es sich beide Backentaschen voll und sah dann noch putziger aus.

Seit etwa fünf Stunden sind wir unterwegs, da erreichen wir erstmals einen Ort. Ich sehe gerade noch eine prunkvolle Moschee, um die sich unscheinbare Häuser ducken. Bevor ich ein Foto machen kann, biegen wir in einen verlassenen, mit Gräsern bewachsenen Hinterhof ein. Dort wird unser Gepäck in ein berggängiges, kastenförmiges Fahrzeug verladen, wahrscheinlich ein russischer Militärlastwagen. Nach kurzem Strecken und Beinevertreten steigen wir um, hocken nun noch enger beisammen, nicht mehr hintereinander in drei Reihen, sondern aufgereiht an den zwei Seiten und an der zur Fahrerkabine geschlossenen Vorderwand. Seitlich sind zwei kleine Fenster, doch ich bin zu weit entfernt und kann kaum nach draußen sehen. Dafür fällt mein Blick auf einen jungen Mann, der vorher noch nicht da war und der neben meinem Bruder sitzt. Er mag vielleicht 28 Jahre alt sein, ist klein und schlank, wirkt sportlich wie ein Bergsteiger oder Kletterer. Mir gefällt sein wacher Gesichtsausdruck. Der Junge ist mir auf Anhieb sympathisch.

Mit fast akzentfreiem Deutsch wendet er sich an die Gruppe, stellt sich als unser Dolmetscher vor und teilt mit, dass er uns bis zum Hauptcamp begleiten werde und wir mit all unseren Fragen und Wünschen zu ihm kommen könnten.

»Wie kommt es, dass du unsere Sprache so perfekt beherrschst?«, fragt überrascht einer der Jäger.

Mit leicht genervtem Ton, als verstünde es sich von selbst, vielleicht auch, weil er es als unhöflich empfindet, so einfach geduzt zu werden, antwortet der junge Mann: »Wie auch nicht, schließlich habe ich Germanistik studiert!«

Holger gibt dem neben ihm sitzenden Dolmetscher die Hand und sagt: »Mein Name ist Holger, und wie heißen Sie?«

»Thälmann!«

»Wie? Wirklich Thälmann, so wie Ernst Thälmann?« Mein Bruder und ich sind irritiert und glauben, uns verhört zu haben.

»Klar! So wie der große Arbeiterführer!«

Holger lässt nicht locker: »Ein Vorname ist das aber nicht. Ist es Ihr Familienname oder ein Spitzname?«

»Ich heiße so! Warum auch nicht? Schluss damit! Aus!«

Die fünf Jäger im Auto können den Disput wohl kaum verstehen. Wie mein Bruder mir inzwischen mitgeteilt hat, sind sie in Westdeutschland aufgewachsen und nicht, wie wir beide, im Osten. Uns elektrisiert dieser Name, denn er versetzt uns zurück in die Vergangenheit. Wir waren Thälmann-Pioniere. Fast jedes Kind in der DDR wurde bei Schuleintritt zuerst Jungpionier und ab dem dritten Schuljahr zum Thälmann-Pionier. Uns wurde ein blaues Halstuch umgebunden, wichtig war der exakte Knoten. Jeden Montag zum Morgenappell mussten wir die Pionieruniform tragen, das Halstuch korrekt gebunden, eine weiße Bluse oder Hemd und einen blauen Rock oder Hose. So wie wir nie auf den Gedanken gekommen wären, nicht zur Schule zu gehen, so gehörte das Pionierdasein ganz selbstverständlich zu unserer Schulzeit.

Im Westen kennt nicht jeder Ernst Thälmann, den umjubelten und idealisierten Arbeiterführer, dessen Namen wir ihm zu Ehren trugen. Doch bei uns in der DDR war dieser Mann allgegenwärtig, nicht als Mensch, sondern als Idealgestalt, in Filmen, auf Plakaten und als Denkmal. Zahlreiche Schulen, Betriebe, Straßen und Plätze waren nach ihm benannt. In unseren Schulbüchern wurde er als Held, als mutiger und unbeugsamer Kämpfer verklärt, dem wir nacheifern sollten. So wie er sollten wir alle unsere Kräfte und unser Leben dem Kampf gegen den Kapitalismus weihen, sollten gegen Ausbeutung und gegen Unterdrückung kämpfen und uns mit heißem Herzen für den Sieg des Kommunismus auf der ganzen Erde einsetzen. Er wurde uns als makelloses Idol geschildert. Da wir es nicht besser wussten, glaubten wir die idealisierten Schilderungen. Wer Ernst Thälmann wirklich war, erfuhren wir nicht. Der Mensch blieb unsichtbar hinter der Lichtgestalt verborgen.

Den Machthabern in der DDR muss es gut gepasst haben, dass der allseits beliebte Arbeiterführer kurz vor Ende des Zweiten Weltkrieges im Konzentrationslager Buchenwald ermordet wurde. So hatten sie einen Rivalen weniger. Als Märtyrer gestorben konnte er ihnen ihre Allmachtstellung nicht streitig machen. In der Riege der Kommunisten gab es stets erbitterte Machtkämpfe. Besonders Walter Ulbricht, unser ungeliebter, bei vielen sogar verhasster, verspotteter und dennoch langjähriger Staatschef, wäre sicherlich durch den populären KPD-Führer aus seiner bevorzugten Stellung verdrängt worden. Ein toter Thälmann, verklärt zu einem Heiligen, nützte den Genossen mehr als der lebende, so konnten sie vor allem die Jugend besser für ihre Ziele motivieren und manipulieren.

Ich frage mich nur, ob damals jemand aus der Bevölkerung wusste, dass der bewunderte Arbeiterführer und Vorsitzende der Kommunistischen Partei Deutschlands eigentlich ein unerbittlicher Stalinist gewesen war? Ich habe diese Tatsache erst viel später erfahren, als ich schon lange in Westdeutschland lebte, und konnte es kaum fassen. Denn er war uns als gütiger Mensch dargestellt worden, und ich hatte seinen Tod sogar betrauert. Nun aber war mir klar: Hätte Ernst Thälmann überlebt und wäre in der DDR an die Macht gekommen, hätte es bestimmt »Säuberungen« wie in der Sowjetunion gegeben, also Verfolgung und Ermordung von Menschen, die politisch als Abweichler galten oder machtbesessenen Funktionären im Weg waren.

Ernst Thälmann zettelte 1923 den Hamburger Aufstand an, der jedoch nach nur zwei Tagen scheiterte und dennoch fast hundert Menschen das Leben kostete. Bereits 1933, wenige Monate nach der Machtergreifung Hitlers, wurde Thälmann verhaftet. Elf Jahre verbrachte er in Einzelhaft, durfte aber Bücher und Zeitungen lesen und sogar Briefe und Entwürfe zu einem Buch verfassen. Er war in dieser Zeit in einem Gefängnis und nicht im Konzentrationslager. Erst als Hitler den Befehl zu seiner Ermordung gab, wurde er nach Buchenwald gebracht und gleich bei seiner Ankunft erschossen. Regelmäßig bekam er zuvor in der Haft Besuch von seiner Frau Rosa. Sie brachte die Bittgesuche ihres Mannes zur sowjetischen Botschaft in Berlin. 24 Briefe schrieb er an Stalin. Sie wurden nach Ende der Sowjetunion in Stalins privatem Archiv gefunden. Der sowjetische Diktator hatte keinen einzigen der flehentlichen Briefe beantwortet und die meisten ungeöffnet abgelegt. In unsäglich unterwürfigem Ton schmeichelte der deutsche Kommunistenführer sich bei dem sowjetischen Herrscher ein, schilderte sich als treuen Gefolgsmann. Als der Hitler-Stalin-

Pakt vereinbart wurde, rechnete der Gefangene damit, nun ganz bestimmt freizukommen. Es wäre Stalin ein Leichtes gewesen, Thälmanns Freilassung bei Hitler zu erwirken. Doch er dachte gar nicht daran. Stalin hätte keinen Vorteil davon gehabt. Im Gegenteil, ein freier und bei den Menschen populärer Arbeiterführer mit dem Spitznamen Teddy hätte Stalins Machtanspruch schmälern können. Da setzte der sowjetische Diktator lieber auf den tumben und wenig intelligenten Walter Ulbricht, der schließlich Statthalter in der DDR wurde.

Von diesen Hintergründen weiß heute kaum jemand, und sicherlich sind diese auch unserem jungen Dolmetscher nicht bekannt.

»In welcher Stadt haben Sie denn studiert?«, frage ich.

»In Magdeburg!« Und dann erzählt er begeistert von seiner Studentenzeit, als hätte er die DDR noch erlebt.

Mein Bruder schaut skeptisch und meint dann: »Sagen Sie mal, also die Wende war vor dreißig Jahren. Da waren Sie doch noch gar nicht geboren, wenn ich Ihr Alter richtig einschätze.«

»Ja, leider! Schade, die DDR gab es zu meiner Studienzeit nicht mehr, das bedaure ich sehr. Ich hätte sie gerne erlebt.«

Oje, denke ich. Wenn er wüsste oder auch nur wahrhaben wollte, wie viele Opfer dieses Experiment des Kommunismus gekostet hat, wie viele Leben zerstört worden sind.

Wilde Schönheit der Steppe

Endlich eine Pause. Nicht nur ich steige mit steifen Bewegungen aus dem Wagen. Die Männer reihen sich gleich neben der Straße rechts auf, ich wende mich nach links und gehe ein paar Schritte. Es bereitet mir einen tiefen Genuss, den harten, trockenen Steppenboden unter meinen Füßen zu spüren. Es sind die für Menschen eigentlich lebensfeindlichen Landschaften wie Hochgebirge, Wüsten und eben diese Steppe, die mich berühren, die mein Herz höherschlagen lassen. Am liebsten würde ich immer weiter gehen, dem Horizont entgegen.

Über die Schulter werfe ich einen Blick zurück, die Männer stehen draußen neben dem Fahrzeug, einer raucht. Für mich das Signal, dass ich einige Minuten Zeit habe, in die Weite hineinzulaufen. Wie schön – da ist nichts! Eine Ebene bis zum Horizont. Keine Menschenseele, keine Siedlung weit und breit. Der Boden ist steinig. Dürre, sonnengebleichte Kräuter, die kaum noch Chlorophyll in ihren Blättern haben, kämpfen zwischen den Steinen ums Überleben. Gelbe Federgräser wiegen sich im Wind. In der Ferne sehe ich halbwilde Pferde, sich selbst überlassen. Kein Zaun engt sie ein, wohin sollten sie auch galoppieren? Die Weite ist Eingrenzung genug.

Etwas Rotes durchbricht leuchtend die steingraue Eintönigkeit. Was mag das sein? Eine vom Wind verwehte Plastiktüte? Ich höre, wie nach mir gerufen wird, man will die Fahrt fortsetzen. Doch als hätte ich die Stimmen nicht gehört, spurte ich los, in die entgegengesetzte Richtung, magisch von dem roten Fleck angezogen. Und werde belohnt! Es ist keineswegs Wohlstandsmüll, sondern etwas sehr Wertvolles – eine Tulpe! Eine wilde Pflanze, die Wildform unserer Gartentulpen. Wie ein Wunder der Steppe hält sie ihren zarten Blütenkelch der Sonne entgegen. Was für ein Kontrast, eine anmutige Blume inmitten der steinigen Ödnis. Die Steppen Asiens sind die Heimat der Tulpen und nicht etwa Holland, wo mittlerweile die meisten Zuchtsorten herkommen. Der Name »Tulpe« leitet sich von *tulipan* her, hat seinen Ursprung in einer der Turksprachen und meint den Turban, weil der Blütenkelch dieser Kopfbedeckung ähnelt.

Wilde Tulpen sind Überlebenskünstler, angepasst an die rauen Bedingungen in einem Gebiet, wo es im Winter eisig kalt und im Sommer glühend heiß ist. Eigentlich blühen sie im Frühjahr, diese eine hat wohl den Anschluss verpasst und ihre Blütezeit in den Sommer verlegt. Ich beuge mich hinunter zu der grazilen Schönheit, bedanke mich bei ihr für den kostbaren Moment, den sie mir geschenkt hat, und renne dann zurück zum Fahrzeug. Kiesel spritzen unter meinen weiten Sprüngen davon, und der Duft des Wermuts steigt mir in die Nase.

Die Männer sitzen bereits im Wagen. Vor Freude über meine Entdeckung mache ich schon den Mund auf, um voller Begeisterung von meiner Tulpe zu erzählen. Überlege es mir jedoch sofort anders, haben wir uns doch noch nicht kennenlernen können. Deshalb weiß ich nicht, wie mein Entzücken über eine Pflanze von den mir fremden Männern aufgenommen werden würde. Zudem bin ich froh, dass niemand eine Bemerkung wegen meiner Verspätung macht, auch Thälmann nicht, und ich will keinen Anlass geben, ihren Unmut herauszufordern. Ich mustere die Gesichter, sehe jedoch keine Vorwürfe darin. Wahrscheinlich sind sie alle übermüdet, sind wir doch seit zwei Uhr in der Nacht nun schon zehn Stunden mit dem Fahrzeug unterwegs. Hinzu kommen das zweistündige Warten auf die Pässe, die sieben Flugstunden und die Zeitverschiebung von fünf Stunden. Aber nicht nur die durchwachte Nacht zermürbt uns, auch das unaufhörliche Rütteln und Schütteln des Autos auf den holprigen Pisten setzt uns zu.

Die Mitfahrer haben sich diesmal anders aufgereiht und für mich einen Platz nahe am glaslosen Fenster frei gelassen, dort wollte wohl wegen des kalten Fahrtwindes niemand sitzen. Mir jedoch ist gerade dieser Platz sehr willkommen, so kann ich hinaussehen und die Szenerie vor meinen Augen vorbeiziehen lassen. Zu sehen gibt es allerdings nichts – nur die gleichbleibende Steppe. Dennoch gefällt es mir, diese eintönige Landschaft mit den Augen abzutasten, jede Einzelheit wahrzunehmen und Ausschau zu halten nach Tieren.

Auf einem der Leitungsdrähte, die sich entlang der Schlaglochstraße ziehen, entdecke ich eine Blauracke. Zuletzt habe ich diese Vögel in Bulgarien und in Rumänien am Donaudelta gesehen. Sie sind etwa so groß wie eine Dohle, aber im Gegensatz zu den Schwarzgefiederten prächtig gefärbt. Wie der Name vermuten lässt, schmückt sie ein himmelblaues Federkleid an Kopf, Hals, Brust und Flügeln. Der Rücken ist rotbraun, und die Flügelspitzen sind schwarz. Blau ist eine seltene Farbe bei Vögeln, deshalb umso auffälliger.

Blauracken gehören zur großen Gruppe der Rackenvögel, sind aber der einzige europäische Vertreter ihrer Familie. Alle weiteren Arten leben in den Tropen. Und so wirkt die Blauracke mit ihrer ultramarinblauen Färbung auch wie ein exotischer, tropischer Vogel.

Als wir dicht unter der Leitung vorbeifahren, schwingt sich die Blauracke in die Luft, sodass ihr Gefieder in der Sonne glänzend noch besser zur Geltung kommt. Was für eine ungewöhnliche Erscheinung! Ich schaue schnell in die Runde, um die anderen an diesem einmalig schönen Anblick teilhaben zu lassen, sage dann aber doch nichts. Vielleicht hätte ich mich trauen sollen, ihnen meine Beobachtung mitzuteilen, überlege ich im Nachhinein. Dann wäre ich vielleicht Teil der Gruppe geworden. Doch ehe ich den Mut dazu gefasst habe, ist der Augenblick schon vorbei.

Ich blicke umher. Alle schauen stumpf vor sich hin, als wären sie gar nicht anwesend. Um die Strapazen dieser unmöglichen Autofahrt besser zu überstehen, hilft es, innerlich abzuschalten. Mir jedoch gelingt es kaum jemals, mich so weit in mich selbst zurückzuziehen und dabei Unliebsames und Belastendes auszublenden. Ich möchte lieber alles, sogar das Negative, ganz bewusst durchleben und, wenn es sein muss, auch durchleiden.

Ich mag es, wenn ich innerlich wach und meine Gedanken in Bewegung sind. Langweilen tue ich mich nie, wirklich nie, weil mir stets etwas einfällt, über das ich nachdenken kann. Während ich mich wieder dem Fenster zuwende, versuche ich zum Beispiel mir vorzustellen, wie es für die Menschen gewesen sein muss, die hierher in die öden Steppengebiete Kasachstans deportiert wurden. Stalin hatte 1941, wenige Wochen nach Beginn des Krieges mit Deutschland, die Umsiedlung der Wolgadeutschen befohlen. Sie wurden der kollektiven Kollaboration beschuldigt, allesamt als Verräter gebrandmarkt. Sie waren die Nachkommen der Einwanderer, die 1763 der Einladung der deutschstämmigen Zarin Katharina der Großen gefolgt waren und sich vor allem an den Ufern der Wolga, aber auch in anderen Gebieten angesiedelt hatten. Mehr als eine halbe Million Menschen verloren 1941 ihre Heimat, in der ihre Vorfahren fast 200 Jahre lang friedlich gelebt hatten.

Im Morgengrauen fielen Spezialeinheiten in die Dörfer ein, trieben die Menschen mit Waffengewalt aus ihren Häusern – wer sich weigerte, wurde erschossen. Kaum konnten sie ein paar Habseligkeiten zusammenraffen, dann wurden sie in bereitstehende

Viehwaggons gepfercht. In den menschenleeren Siedlungen blieben gedeckte Tische und halb verzehrte Mahlzeiten zurück.

Männer, Frauen, Kinder, Alte und Kranke waren wochenlang unterwegs. Die Züge fuhren in verschiedene Richtungen, außer nach Kasachstan auch nach Sibirien und in das Altaigebiet. Familien- und Dorfgemeinschaften wurden auseinandergerissen und in verstreute Regionen verbannt, damit der Kontakt untereinander erschwert oder ganz unmöglich war. Die Züge mit den Deportierten standen oft lange im Niemandsland, bis die Weiterfahrt gestattet wurde. Die Verzweiflung, der Hunger, der Durst, die Trauer, wenn Angehörige die Strapazen nicht überlebten, müssen unerträglich gewesen sein. Mir wird innerlich ganz kalt, als ich an das millionenfache, unmenschliche Leid denke. Wir Menschen können, wie grundsätzlich alle Lebewesen, viel aushalten, solange unser Lebenswille nicht erlischt, solange uns Hoffnung aufrecht hält. Ich schaue mich unter den Mitreisenden um. Keiner hat bisher gemurrt, sie alle haben die strapaziöse Fahrt klaglos ertragen, zudem haben wir diese Reise freiwillig auf uns genommen. Was aber wäre, wenn wir durch eine Zeitmaschine plötzlich in die Vergangenheit geschleudert und wie die Wolgadeutschen deportiert würden, eingepfercht in einem Viehwaggon? Ohne zu wissen, warum, wohin und wie lange es dauert.

Wenn die Transporte damals ihr Ziel erreicht hatten, wurden die Verbannten in Lastwagen verladen und irgendwo in der Steppe wie eine wertlose Fracht ausgekippt. Was für ein Schock! Weit und breit nichts. Sie wussten nicht, wo sie waren, wieso sie dort sein mussten, warum man ihnen das antat. Jetzt, wo der Winter nahte, beutelte der kalte Steppenwind die im Sommer aus ihren Häusern Vertriebenen, die nun ohne warme Kleidung waren. Es gab keine Unterkünfte, nicht einmal Bretterbuden, und nichts, womit sie sich welche hätten bauen können.

Einige müssen trotz des bisherigen schier unerträglichen Leidenswegs die Kraft gefunden haben, sich und die anderen aufzurichten. Sie gruben sich Erdlöcher. Die Hoffnung, irgendwann in die Heimat zurückzukehren, speiste ihren Lebensmut. Hat man ihnen Schaufeln gegeben? Womit haben sie die Erdbehausungen abgedeckt? Wovon sich ernährt? Vielleicht bekamen sie Hilfe von den Kasachen? Doch denen ging es selbst schlecht. Die Hälfte der kasachischen Bevölkerung war in den Jahren zuvor verhungert, denn das Sowjetregime hatte den Nomaden das Vieh weggenommen und es in Kolchosen zentralisiert, wo die meisten Tiere an Futtermangel, falscher Haltung und Krankheiten eingegangen waren.

Wer von den Wolgadeutschen in der ersten Zeit nicht starb, musste in den bald darauf von ihnen selbst errichteten Arbeits- und Gefangenenlagern schuften. Das schlimmste Lager in Kasachstan trug den Namen »Karlag«, wo die Menschen unter furchtbaren Bedingungen in den Kohlegruben arbeiteten. Erst lange nach dem Krieg konnten sie die Lager verlassen und wurden rehabilitiert, waren nun keine Verräter mehr, durften aber nicht an die Wolga zurückkehren. So machten sich viele von ihnen auf den Weg in die noch ältere Heimat – nach Deutschland, wo inzwischen circa zwei Millionen Russlanddeutsche aus dem ehemaligen Wolgagebiet leben. Wer von uns Deutschen weiß aber von der Tragödie, die ihre Eltern und Großeltern erleiden mussten?

Sinnend blicke ich aus dem Fenster, versuche, die düsteren Bilder zu vertreiben. Da macht ein kleiner Vogel am Rand der Piste auf sich aufmerksam. Aufgeregt wippt er auf einem Stein hockend auf und nieder, sodass seine weißen Schwanzfedern aufleuchten wie ein Signal, womit er wahrscheinlich ein Weibchen anlocken will. Es ist ein Steinschmätzer, aus der Entfernung kann ich nicht erkennen, welcher Art er angehört; die Schmätzer ähneln sich untereinander.

Während ich den spatzenkleinen Vogel beobachte, entdecke ich unweit einen Wiedehopf, der mit seinem sechs Zentimeter langen gebogenen Schnabel zwischen Kräutern nach Insekten herumstochert. Es ist ein fremdartig anmutender Vogel, etwas kleiner als eine Dohle, mit rostrotem Gefieder und schwarzweiß gebänderten Flügeln. Mit seiner hohen Federhaube, die er bei Erregung wie einen Fächer entfaltet und steil aufrichtet, ist der Wiedehopf unverwechselbar. Obwohl er auch in Deutschland beheimatet ist, bekommen ihn bei uns nur wenige Menschen zu Gesicht. Doch mir ist er seit meiner Jugend vertraut. Aufmerksam wurde ich auf ihn, als ich durch die Obststreuwiesen meiner Heimat Freyburg streifte. Eines Tages hörte ich eigentümlich dumpfe Töne, die ich keinem Tier zuordnen konnte, schon gleich gar keinem Vogel. »Up up up«, klang es unentwegt und eintönig und irgendwie unheimlich.

Neugierig schlich ich mich näher, und da entdeckte ich ihn, den Sänger. Auf einem Weidezaunpfosten saß der Wiedehopf, den ich damals noch nicht mit Namen benennen konnte. Ich dachte, er habe sich verflogen und stamme aus Afrika, bis ich mithilfe eines Lexikons herausfand, wie er hieß. In fast allen Ländern, in denen ich unterwegs war, begegnete mir der Wiedehopf, in Frankreich und Spanien, aber auch in der Mongolei, in Ägypten und im Jemen. Dort erzählten mir die Leute, im Koran stehe geschrieben: Der Wiedehopf habe der Königin von Saba Kunde gebracht von König Salomo, dem er wiederum von einer wunderschönen Frau vorgeschwärmt habe. So habe er die beiden füreinander interessiert, bis die Königin von Saba eine Kamelkarawane mit wertvollen Geschenken ausgestattet und König Salomo besucht habe. Der Wiedehopf als Kuppler, eine amüsante Vorstellung.

Der Motorlärm unseres Fahrzeugs hat den Wiedehopf beunruhigt. Er schwingt sich in die Luft und ähnelt dabei mit seinen auffallenden Farben und den breiten und rundlichen Flügeln einem riesigen Schmetterling, durch seinen gaukelnden Flug wird dieser Eindruck noch verstärkt.

Die Landschaft verändert sich, verliert ihre Weite. Beim Blick aus dem Fenster erkenne ich, dass wir einem Taleinschnitt hinauf in die Berge folgen. Die Vegetation wird abwechslungsreicher, Büsche säumen den Schotterweg, dann Nadelbäume. Ein Tannenhäher, schokoladenbraun mit tropfenförmigen, weißlichen Flecken, lässt seinen schnarrenden Ruf erschallen. Diese Vögel kenne ich aus den Alpen und den deutschen Mittelgebirgen. Wie der Eichelhäher sammeln Tannenhäher die Zapfen von Fichten und Kiefern in ihrem Kehlsack und verstecken sie im Erdboden, als Nahrungsdepot für den Winter. Nicht alle Samen werden von den Hähern wiedergefunden und keimen dann im Frühjahr. So machen die Vögel sich gewissermaßen bei der Waldverjüngung verdient und gelten bei Förstern als Gärtner des Waldes.

Die Luft riecht würzig nach dem Harz der Bäume. Im blauen Viereck des Fensters sehe ich einen Adler hoch am Himmel kreisen. Der Bergwald wird immer dichter.

Der Wagen holpert auf einem steinigen Weg in Serpentinen hoch hinauf in die Berge. Der Fahrweg ist so schmal, dass das Fahrzeug rechts und links Büsche und Äste streift. Ich muss aufpassen und rechtzeitig meinen Kopf vom offenen Fenster zurückziehen, wenn die Vegetation hereinpeitscht.

Nach fünfzehnstündiger Fahrt, die eher einem Höllentrip gleicht, erreichen wir unser erstes Ziel. Das Basiscamp liegt auf 1200 Meter Höhe. Mit wackeligen Knien steige ich aus und stehe gemeinsam mit den anderen vor einem länglichen Holzhaus, das an der Außenwand mit Steinbockgehörnen geschmückt ist. Es ist das Küchen- und Aufenthaltshaus, in dem wir unsere Mahlzeiten einnehmen werden. Bevor wir uns recht umsehen können, werden wir von einer Gruppe ungarischer Jäger umringt, die vor uns da waren und jetzt zum Flughafen zurückfahren. Es zeigt sich, dass ein Ungar sich recht gut in unserer Sprache verständlich machen kann. Er wird von den deutschen Jägern bestürmt: »Hattet ihr Jagderfolg?«

»Oh, es war schlimm!« Drastisch berichtet er von den Strapazen der Jagd. »Macht euch auf etwas gefasst! Unglaublich, diese Kasachen! Zehn, zwölf Stunden auf dem Pferd! Es war nicht zum Aushalten! Mein Hintern ist nur noch rohes Fleisch!«

Die Deutschen blicken sich stumm an. Schließlich fragt mein Bruder: »Und, haben Sie einen Steinbock erlegt?«

»Jaja, das schon, aber unter welchen Bedingungen! Spaß hat es nicht gemacht. Geregnet hat es die ganze Zeit. Jeden Tag nur Regen. Alles pitschnass! In der Nacht ist das Zelt im Sturm davongeflogen!«

Es klingt dramatisch. Doch die Jäger scheinen nur wissen zu wollen, ob es Steinböcke gibt. Einer fragt noch einmal nach: »Sie hatten also Jagderfolg?«

»Ja klar!«

»Und die anderen?«

»Auch«, antwortet der Ungar.

»Alle?«

»Ja, schon, aber unter welchen Schwierigkeiten!«

»Na, das ist doch was!«, rufen die Neuankömmlinge erleichtert aus.

Ich stehe daneben und mache mir so meine Gedanken. Wenn die ungarische Gruppe im gleichen Gebiet war, in dem jetzt die deutschen Jäger auf Erfolg hoffen, schmälert das deren Aussichten. Die Steinbockrudel sind durch die Anwesenheit, das Herumstreifen und das Schießen aufgescheucht, beunruhigt und verunsichert. Da wird es schwer werden, nahe genug an die Tiere heranzukommen.

Holger *Sinn und Zweck der Unterredung war natürlich zu erfahren, wie die Jagdaussichten der ungarischen Jäger gewesen waren. Erfährt man das Ergebnis, weiß man sofort, ob es ausreichend Wild gibt. Wichtig ist außerdem, mehr über die Jagdhelfer zu erfahren. Sind sie bemüht, ihre Gäste gut zu führen? Das beruhigt und entspannt, und die Aufregung auf das Kommende wird etwas gemildert. Auch die Information über die körperliche Herausforderung war wichtig, um sich darauf einstellen zu können. Dass die Ungarn trotz aller Probleme mit Erfolg belohnt wurden, war motivierend für uns. Denn wenn ich erfahre, dass schon jemand anders einen Gipfel bezwungen hat, dann rechne ich mir gute Chancen aus, es ebenfalls zu schaffen.*

Auf einmal kommt eine Frau – es ist unsere Köchin, wie ich später feststelle – freudestrahlend auf mich zugestürzt. Ehe ich michs versehe, hat sie mich an ihren weichen Busen gedrückt. Begeistert ruft sie: *»Dobro poschalowat! Dewotschka!«* Mit diesen russischen Worten heißt sie mich willkommen und nennt mich Töchterchen.

»Spasibo«, stammle ich, um mich für die herzliche Begrüßung zu bedanken. Verblüfft schaue ich ihr ins Gesicht, kennen wir uns? Vielleicht bin ich ihr in der Mongolei begegnet? Dort war ich unter anderem auch bei Kasachen zu Gast, obwohl mir scheint, dass sie eher russischer Herkunft ist, zumal sie mich ja auch auf Russisch begrüßt hat.

Aber nein, wir kennen uns nicht. Sie freut sich einfach, eine Frau in der Männergesellschaft entdeckt zu haben. Vielleicht bin ich sogar die erste Frau, die hier in diesem Jägerlager aufgetaucht ist.

Holger *Ich habe nachgefragt: Es steht fest, dass meine Schwester die erste Frau war, die bei einer solchen Gebirgsjagd dabei war.*

Je drei Männer bekommen ein Blockhaus zugeteilt. Holger und ich erhalten ein Häuschen mit Terrasse für uns zwei. Es liegt etwas erhöht über dem Küchenhaus. Von einem schmalen Vorraum gelangt man in den Schlafraum, in dem drei Betten stehen, zwischen denen jeweils ein halber Meter Platz ist. Zwei Fenster spenden Licht, lassen sich jedoch nicht öffnen. Ein kleiner Eisengussofen für die kalte Jahreszeit steht in der Ecke. Schränke oder Ablagen für Sachen sind nicht vorhanden, so verschwenden wir keine Zeit mit Auspacken, breiten nur unsere Schlafsäcke auf den Betten aus. Am Hang weiter entfernt ist ein Waschraum für alle mit Sauna und dem Toilettenhäuschen.

Schon ist Abendbrotzeit. Die Köchin serviert uns an einem langen Holztisch Kartoffelstampf, Fleischrollen und Paprikagemüse. Dabei lächelt sie mir gutmütig zu und zwinkert mit den Augen, wahrscheinlich um mir zu bedeuten, dass sie das Essen auf meinem Teller besonders liebevoll angerichtet hat.

Inzwischen kann ich einigen Gesichtern bereits Namen zuordnen. Von Anfang an ist mir Thomas aufgefallen. Er ist attraktiv, groß und kräftig und mit etwa 45 Jahren wohl der jüngste der Männer; er scheint der Wortführer zu sein. Jedenfalls durchdringt seine wohlklingende Stimme immer mal wieder die Essensgeräusche und das Stimmengemurmel. Ein anderer, etwa fünfzigjähriger Mann, schlank und groß, heißt Markus. Als er berichtet, dass er Gynäkologe sei, fühlt Thomas sich sofort herausgefordert, einen dreckigen Gynäkologenwitz zum Besten zu geben. Keiner lacht, vielleicht meinetwegen, vielleicht ist ihnen der Witz aber auch einfach zu schmutzig. Der kleine und etwas dickliche Mann, der neben mir sitzt, heißt Udo. Stolz berichtet er, dass er extra dreißig Kilo abgenommen habe, um für die Jagd fit zu sein. Ungläubig schauen wir uns an.

»Wirklich? Du hast dreißig Kilo mehr gewogen?«

Wir können uns alle nicht vorstellen, wie er wohl vorher ausgesehen hat. Jetzt ist er ja immer noch nicht gerade schlank. Weil er so klein ist, muss er kugelrund gewesen sein.

»Wie hast du es denn geschafft, so viel abzunehmen?«, frage ich.

»Ich bin den Rennsteig entlanggewandert.«

Da der Rennsteig ein berühmter Wanderweg in Thüringen ist, glaube ich zunächst, Udo stamme auch aus dem Osten. Es stellt sich aber heraus, dass er ein Pfälzer ist. Dann sind da noch Frank und Oliver, der sich als Einziger immer mal wieder eine Zigarette anzündet, dabei jedoch höflich nach draußen geht. Mit Ende vierzig bis Ende fünfzig sind es alles Männer in den »besten Jahren«.

Nach dem Abendessen bleiben sie sitzen und öffnen ihre Bierflaschen. Unser Dolmetscher gesellt sich zu ihnen, um »sein Deutsch zu praktizieren«, wie er erklärt. Er heiße zwar nach dem Arbeiterführer, bestätigt er mir noch einmal, aber da man seinen Vornamen zunächst mit kyrillischen Buchstaben geschrieben habe, sei daraus »Telmann« geworden.

Die Gespräche drehen sich vor allem um bisherige Jagderlebnisse und die Hoffnung auf eine spannende und erlebnisreiche Zeit im Alatau. Markus, der Gynäkologe, war schon einmal in Kasachstan zur Jagd auf Maralhirsche, allerdings in den bewaldeten Tälern. Es war eine Pirsch- und Ansitzjagd, geritten ist er noch nicht. Außer Thomas, der in Kanada bei einer Pferdetour dabei war, hat niemand Reiterfahrung, auch mein Bruder nicht. Um wenigstens ein Gefühl dafür zu haben, wie es sich auf dem Rücken eines Pferdes anfühlt, hatte er sich zu Hause von einem Bauern ein Arbeitspferd geben lassen. Der Gaul war aber wohl kaum von der Stelle zu bewegen. Ich bin mir sicher, dass auch ohne Reitpraxis niemand Schwierigkeiten haben wird. Wie ich durch meine Erfahrung in der Mongolei weiß, ist das Reiten auf diesen robusten Steppen- und Gebirgspferden nicht schwierig: Man kann sich einfach draufsetzen und den Tieren vertrauen, das ist schon alles.

Meine Erfahrungen spielen bei den Gesprächen allerdings keine Rolle. Woher sollten die Männer auch wissen, welche Abenteuer ich schon bestanden habe? Und in ihre Unterhaltungen möchte ich mich nicht einmischen, ich höre lieber zu. Das war schon immer so, es liegt mir nicht, ungefragt etwas über mich preiszugeben. Wer mich bei meinen Vorträgen, Interviews und Lesungen erlebt, bei denen ich mich stets sehr offen und selbstbewusst gebe, wird wahrscheinlich nicht glauben können, dass ich im Grunde meines Wesens ein schüchterner Mensch bin. Selbst mit noch so viel Lebenserfahrung ändert sich eine solche Charaktereigenschaft nicht, jedenfalls ist es bei mir so.

Ich bleibe noch eine Weile, bin aber irgendwann zu müde, um den Gesprächen noch weiter zu folgen, verabschiede mich und wandere etwa dreißig Meter vom Aufenthaltshaus den Hang hinauf zu unserem Blockhaus.

Begegnung mit den Kasachen

Am nächsten Morgen erwache ich nach tiefem Schlaf wunderbar erholt. Mein Bruder schlummert noch, so nehme ich mein Fernglas und schleiche mich leise hinaus auf die Terrasse vor dem Häuschen. Ein Elsternpaar rumort laut keckernd in den Kiefern und schwingt sich dann auf zu einem Rundflug über das weite Tal, an dessen locker bewaldetem Hang sich das Camp befindet. Die Sonne ist noch hinter dem Horizont verborgen, und Dunst liegt über dem Land. Tief unten breitet sich ein See aus, der so groß ist, dass ich sein gegenüberliegendes Ufer nicht sehen kann. Es ist der Alakölsee mit einer Länge von 104 Kilometern, einer Breite von sechzig Kilometern und einer Tiefe von 54 Metern. Also fast schon so groß wie ein Binnenmeer. Obwohl sein Wasser salzhaltig ist, leben in ihm Hechte und andere Fische, heißt es im Reiseführer. Seine von dichtem Schilf umwucherten Ufer bieten zahlreichen Tieren einen geschützten Lebensraum. Der Fluss Tentek speist den See und bildet mit seinem Delta ein riesiges Feuchtbiotop mit Tümpeln, Lachen, Teichen. Es soll ein Amphibien- und Vogelparadies sein. Der Alakölsee ist zudem ein wichtiger Rastplatz für Zugvögel, denn er befindet sich genau auf der zentralasiatisch-indischen Vogelzugroute. Er ist außerdem Sammelplatz für Wasservögel und Brutgebiet für seltene und vom Aussterben bedrohte Arten. Inzwischen wurde das Gebiet zum Biosphärenreservat erklärt und unter Schutz gestellt, wie ich im Kasachstan-Reiseführer gelesen habe.

Langsam rötet sich der östliche Himmel. Als die Sonne emporsteigt, vergoldet sie mit ihren Strahlen die spiegelnde Seefläche. Auch mit Fernglas kann ich so weit unten – schließlich liegt der See von meinem Aussichtspunkt gut 800 Meter tiefer – weder Menschen noch Tiere erkennen.

Im Küchenhaus öffnet die Köchin die Tür, blickt zu mir hoch, winkt freundlich und ruft ihren Morgengruß: *»Dobri djen!«*, und fügt hinzu: *»Zavtrak skoro«*, also: Das Frühstück sei gleich fertig.

Inzwischen ist auch mein Bruder wach, und bald darauf sitzen wir mit den anderen Gästen wieder am langen Tisch, wo uns zwei Spiegeleier serviert werden. Spiegeleier scheinen das übliche Frühstücksessen für Gäste zu sein, denn sie werden uns auch später stets vorgesetzt.

Um sieben Uhr stehen wir mit unserem Gepäck bereit, um mit einem Geländefahrzeug weiter hinauf ins Gebirge zu fahren, wo uns die kasachischen Führer mit ihren Pferden erwarten.

Die Köchin verabschiedet sich von mir mit den Worten *»Do skorogo* – bis bald!«, und drückt mich wieder fest an ihr Herz. Sie sagt noch mehr, doch so weit reicht mein Russisch nicht mehr. Es ist zu lange her, dass ich die Sprache in der Schule gelernt habe.

Auf steilen und engen Serpentinen geht es immer höher hinauf, weit über die Baumgrenze. Wieder werden wir arg durchgeschüttelt und sind froh, nach zwei Stunden aussteigen zu dürfen. Wir befinden uns nun auf 2200 Meter Höhe. Mein Blick fällt auf zwei Jurten, in einer befindet sich die Küche mit einem länglichen Esstisch, in der anderen schlafen die Angestellten.

Jedem Jäger werden ein kasachischer Jagdführer und dessen Jagdhelfer zugeteilt, was wohl schon vor unserer Ankunft so festgelegt wurde. Denn als Holger seinen Namen nennt, eilt sofort ein älterer Kasache auf ihn zu und stellt sich als Aslan vor. Er und sein junger Gehilfe Sarik packen sofort unsere Ausrüstung zusammen, tragen sie zu den Pferden und verstauen sie in den robusten Packtaschen, die seitlich beidseits des Sattels der Reitpferde hängen. Deshalb muss man beim Aufsteigen das Bein nicht nur über den Pferderücken, sondern auch über die breiten Packtaschen schwingen, was sportliches Können erfordert.

Unser Dolmetscher Telmann, der uns bis zum oberen Camp begleitet hat, um uns mit seinen Sprachkenntnissen beizustehen, verabschiedet sich nun und fährt wieder hinunter ins Hauptcamp. Ihn werden wir erst bei unserer Rückkehr wiedersehen. Dabei hätten wir ihn gerade bei der Tour bitter nötig, denn Aslan und Sarik sprechen nur Kasachisch und eine Handvoll deutscher Wörter, wie zum Beispiel: komm, bleib, sitz, essen, trinken, schlafen.

Bevor es losgeht, werden wir in die Küchenjurte gebeten, wo uns eine Kasachin und ihre Enkelin erwarten und uns die obligatorischen Spiegeleier, Gebäck, Nüsse und Tee servieren. Kaum hat mich die ältere Frau erblickt, passiert mir dasselbe wie mit der russischen Köchin im Hauptcamp. Die Kasachin eilt auf mich zu und umarmt mich freudestrahlend. Wieder bin ich sehr verwundert über die herzliche Begrüßung. Vielleicht freut sie sich einfach, eine Geschlechtsgenossin zu sehen. Oder sie denkt, ich würde mich einsam fühlen zwischen all den Männern. So hautnah sind mir Frauen bei meinen Reisen sonst nie begegnet. Da war ich aber auch immer ohne männliche Begleitung unterwegs, deshalb vermute ich, dass es daran liegen wird, dass ich hier allein unter lauter Männern bin. Nachdem ich ihr meinen Namen gesagt habe, erfahre ich, dass sie Zalina und ihre Enkelin Aina heißt.

Nachdem wir uns mit dem Imbiss gestärkt haben, besteigen wir unsere Pferde, die braun, klein, kräftig und robust sind, so wie ich diese Rasse aus der Mongolei bereits kenne. Meines trägt den Namen Sniker, wie mir Sarik, der junge Kasache, mitteilt. Ich kann nur raten, woher dieser ungewöhnliche Name stammt, denn ein kasachischer ist es nicht, wie ich später in meinem Sprachführer nachschlage. Vielleicht war ja der Schokoriegel Snickers namensgebend, er ist in Kasachstan extrem beliebt.

Doch wie bin ich überrascht, als Sarik mein Pferd an die Leine nimmt. Ich schaue mich nach den anderen Reitern um. Das kann doch nicht wahr sein, ich bin die Einzige, deren Pferd geführt wird. Und dabei bin ich von uns allen diejenige, die mit Pferden vertraut ist.

Hängt das Pferd an einem Seil, findet es seinen eigenen Rhythmus nicht, es muss sich nach dem Vorausgehenden richten. Für den Reiter fühlt es sich so an, als würde er auf einem hölzernen Gegenstand hocken und nicht auf einem lebendigen Tier. Bis zur ersten Rast muss ich das ungute Gefühl aushalten, denn der junge Kasache reagiert weder auf mein Rufen noch auf meine Zeichen. Er blickt sich kurz um, erkennt nichts, was ein Anhalten nötig machen würde, reitet stoisch weiter und zieht mich hinter sich her.

Unsere Gruppe, die zu Beginn gemeinsam gestartet ist, trennt sich bald. Die kasachischen Führer bestimmen, in welches Gebiet sie ihren Jagdgast führen. Ohne Vorankündigung und ohne Verabschiedung reiten sie einer nach dem anderen in verschiedene Richtungen davon. Und ehe ich michs versehe, sind wir plötzlich mit unseren Führern allein. Holger und ich werden die anderen Jäger erst bei unserer Rückkehr ins Basiscamp wiedersehen.

Mühsam versuche ich, Aslan bei der ersten Rast mit Gesten klarzumachen, dass ich reiten kann. Er schüttelt ablehnend den Kopf und will das Seil nicht entfernen. Wie nur mache ich mich verständlich? Ich sage: »Ich ... Mongol ... Pferd ... reiten ...« Aslan nickt, als würde er verstehen, und sagt: »Aha, Tourist.«

»Nein!«, rufe ich empört: »Kein Tourist. Ein – Jahr – ich – Mongolei.«

Aslan zuckt die Schultern. Ihm erschließt sich nicht, was mein Gestammel bedeuten soll. Mein Bruder beobachtet mit gerunzelter Stirn meinen Disput und weist mich zurecht: »Lass doch sein! Sie verstehen dich sowieso nicht!« Er will, dass ich mich füge und die Kasachen nicht verärgere. »Es ist doch nicht schlimm, am Seil zu gehen.«

Das kann er nur deshalb sagen, weil er nicht weiß, wie toll es sich anfühlt, frei und ungebunden zu reiten.

Auch mit wenigen Worten, sogar nur mit dem Klang der Stimme und mit Körpersprache kann man sich verständlich machen, wenn das Gegenüber sich darauf einlässt. Gerade das können oder wollen unsere beiden Kasachen aber nicht. Ihre Aufgabe ist es, den Jagdgast zum Erfolg zu führen, für mich sind sie eigentlich nicht zuständig. Sie betrachten mich wie eine ihnen aufgezwungene Nebensache, zumindest fühlt es sich für mich so an. Schon in diesen ersten Stunden bahnt sich ein unlösbarer Konflikt an. Ich gehe aber zunächst davon aus, dass ich die beiden Männer schon noch davon überzeugen werde, dass ich eine gleichwertige Person bin und auf keinen Fall schwach und hilfsbedürftig.

Da ich mir nicht die Freude am Unterwegssein verderben lassen will, löse ich einfach selbst die Leine. Die Kasachen lassen es kommentarlos geschehen. Sarik legt den Strick in Schlingen und befestigt ihn an seinem Pferd.

Sofort spüre ich, dass sich der Kampf gelohnt hat. Ja, ich hatte recht, mein Pferd kann nun frei seine Schritte setzen und seinen eigenen Weg wählen. Ich wiege mich im Sattel, meine Verkrampfung löst sich, mein Pferd reagiert darauf, und es entsteht eine Verbindung zwischen Pferd und Reiter. Nur Holger ist verstimmt, wie ich in seinem Gesicht lese. Er glaubt, dass ich die Kasachen gegen mich aufgebracht habe. Er braucht sie und muss sie bei Laune halten, will er Jagderfolg haben.

»Sie haben es doch nur gut gemeint«, sagt er vorwurfsvoll. »Sie können doch nicht wissen, dass du reiten kannst.«

Ich entgegne nichts, denke aber bei mir: Und du weißt nicht, wie gut es mir jetzt geht und wie froh ich bin, nicht mehr am Strick zu hängen. Die Missstimmung zwischen uns bleibt allerdings wie ein dunkler Schatten zurück.

Holger *Ich war sehr froh, auf meinem Pferd gut reiten zu können, zumal ich im Gegensatz zu meiner Schwester eher ungeübt im Umgang mit Pferden bin. Als wir jedoch im Bergcamp erfuhren, dass unser Reitweg circa sechs bis acht Stunden dauern würde, war mir dann doch ein wenig mulmig zumute. Das entspricht ungefähr einer Wegstrecke von dreißig bis vierzig Kilometern im unwegsamen Gebirgsgelände, um so in das direkte Jagdrevier zu gelangen. Den Gedanken, es auf dem Pferderücken nicht mehr auszuhalten, verwarf ich jedoch augenblicklich. Es ist nicht hilfreich für den angestrebten Erfolg, über ungelegte Eier nachzudenken, wie man so schön sagt. Bei bestem Sonnenwetter ritten wir gemächlich etwas unterhalb des Gebirgskammes im steilen Gelände, als ich hinter mir meine Schwester reden hörte. Erst glaubte ich an Selbstgespräche, traute mich jedoch nicht, mich umzudrehen, um mein Gleichgewicht nicht zu verlieren. Viel zu sehr war ich darauf konzentriert, den Gangrhythmus meines Pferdes auszubalancieren und zugleich die wundervolle Gebirgslandschaft in mich aufzusaugen. Hinter mir wurde es immer stimmgewaltiger, sodass ich es im schaukelnden Gang meines Vierbeiners doch wagte, einen Blick zu riskieren.*

Und ich sah zu meinem Entsetzen, dass meine Schwester die Zügel nicht fest im Griff hatte, sondern stattdessen mit den Armen wild in der Luft gestikulierend auf Aslan einredete, sie unverzüglich von der Führungsleine zu befreien. Jeder Reiter hat ein langes, zusammengerolltes Führungsseil am Sattel seines Pferdes. Nimmt der Vorausreitende das Seil des Nachfolgenden, so ist das Pferd gezwungen, fast in der Reitspur des vorgehenden Pferdes zu laufen. Mehrmals konnte ich diese sehr hilfreiche Variante des Reitens in

Anspruch nehmen, als wir bei Nacht im steilen Gelände unterwegs waren.
Die Jagdführer wissen tatsächlich nicht, mit wem sie es zu tun bekommen. Sie sind für alle Gäste verantwortlich. Passiert einem Gast etwas, dann verlieren sie unweigerlich ihre Führungslizenz, fallen unbarmherzig in Ungnade bei ihren eigenen Leuten. Die Existenzgrundlage einer großen Familie geht verloren. Zudem ist Hilfe, weitab von jeglicher Zivilisation, erst nach vielen Stunden, wenn nicht erst nach Tagen zu erwarten, da nur in den Basislagern Funk- und Telefonkontakt zu Außenposten besteht, um Rettungsmaßnahmen einzuleiten. Genau das war mir bei der Planung der Reise auch bewusst, und dennoch wollte ich diese Herausforderung bestehen und erleben.
Obwohl ein ungeübter Reiter, durfte ich von Beginn an sehr wohl allein reiten, während meine Schwester sich »an der Leine« befand. Ich habe nicht sofort erfasst, wie sich Carmen da gefühlt haben muss. Ich war in diesem Moment nur darauf bedacht, nicht das Gleichgewicht zu verlieren, und meinte, wir könnten diese Angelegenheit vielleicht später bei einer Rast besprechen. Dann jedoch wurde es hinter mir wieder leiser, man hörte nur noch den gleichmäßigen Huftritt unserer Pferde. Carmen hatte es geschafft, das Seil selbst zu lösen, und Aslan ließ sie gewähren.

Vom Pferderücken lasse ich meinen Blick umherschweifen über die Berglandschaft, die karg und eintönig wirkt. Wir befinden uns bereits über der Baumgrenze, nur in den Senken und Tälern wachsen noch einige Bäume. Auf dem steinigen Boden entdecke ich während des Reitens Pflanzen, die auch in den Alpen vorkommen, wie Edelweiß, Enzian, Kartäusernelken, Eisenhut, Hornklee. Alles Pflanzen, die nach dem Ende der Eiszeit unsere Alpen wieder besiedeln konnten, weil sie in einigen unvergletscherten Gebieten Zentralasiens überlebt hatten. Die Pflanzen sind spärlich verteilt, alle paar Meter reckt sich ein Blümchen aus dem steinigen Boden empor.

Von einem Bergrücken reiten wir hinunter in ein von einem Gebirgsbach durchflossenes bewaldetes Tal. Wir machen eine zehnminütige Pause, um den Pferden, die außer unserem Gewicht auch noch die schweren Packtaschen durch das steile Terrain schleppen müssen, eine Erholung zu gönnen. Während ich mit meinem Fernglas ein kleines Stück dem Bach folge, aber keinen einzigen Vogel entdecke, nutzt Holger die Rast, um sich im kalten Gebirgswasser zu erfrischen. Schon müssen wir wieder aufsteigen, für eine Mittagspause geben uns die Führer keine Zeit. »*Alis! Odan äri alis!*«, sagt Aslan und ergänzt auf Deutsch: »Viel weit.«

Aus der Packtasche krame ich mir schnell einen Nussriegel.

Es wird ein langer und anstrengender Tag. Beim ersten Morgenlicht um sechs Uhr waren wir im Basiscamp aufgestanden und sind nach dem Frühstück zum Bergcamp hochgefahren worden und von dort um zehn Uhr losgeritten. Nach siebenstündigem Ritt erreichen wir nun endlich unseren Lagerplatz. Unsere Jagdführer halten auf einer ebenen Fläche im ansonsten hügeligen Bergland. Am niedergedrückten Gras erkenne ich, dass hier schon öfters gelagert wurde. Aslan wirft ein paar leere Konservenbüchsen beiseite und schiebt alte Plastiktüten unter Steine. Viel Müll ist es nicht, deshalb vermute ich, dass nach Ende der Jagdsaison alles eingesammelt und ins Tal gebracht wird.

Sarik befreit die Pferde vom Gepäck, sattelt ab und pflockt die Tiere in der Nähe an, wo in einer feuchten Senke Feuerkraut, Pestwurz und hüfthohe Gräser wachsen. Schnell ist mithilfe von Aslan unser Zelt aufgebaut, und während Holger seinerseits den Kasachen bei ihrem Zeltaufbau hilft, bestücke ich unser Zelt mit Matten und Schlafsäcken. Sarik wirft den Kocher an und bereitet Tee zu. Aslan breitet am Boden vor unseren Zelten eine Decke aus, öffnet eine Fleischkonserve, schneidet Scheiben von einer Salamiwurst ab. Käse und Brot runden das Mahl ab.

Die Sonne verschwindet bereits hinter den Bergen, da bedeuten uns die kasachischen Jäger, dass sie noch einmal losreiten, um nach Steinböcken Ausschau zu halten, und fragen, ob wir mitkommen wollen. Holger ist sofort dazu bereit. Ich staune. Als ungeübter Reiter müsste er doch nach sieben Stunden im Sattel fix und fertig sein und sich nur noch nach Ruhe sehnen. Doch er weiß, was er will, und besiegt die körperliche Müdigkeit. Um Erfolg bei der Steinbockjagd zu haben, darf er keine Schwäche zeigen, und sicherlich wachsen ihm Kräfte zu bei dem Gedanken, zum ersten Mal in seinem Leben eines Sibirischen Steinbocks ansichtig zu werden.

Aslan fragt sogar mich, wahrscheinlich aus pflichtbewusster Höflichkeit: »Du, Frau, komm?«, wobei er den Berghang hinaufzeigt. Wie er mich dabei ansieht, signalisiert mir, dass er nicht damit rechnet, dass ich mitkomme. In seinen Augen lese ich, was er denkt: dass mich der anstrengende Ritt geschafft haben muss. Schließlich bin ich eine schwache Frau. Fast würde ich nur mitreiten, um ihm zu zeigen, dass er sich in mir täuscht. Dann aber denke ich, dass ich es gar nicht nötig habe, irgendetwas zu beweisen. In meinen Entscheidungen will ich mich nicht von ihm und seinen falschen Meinungen beeinflussen lassen. Bereits als er meinen Bruder fragte, hatte ich mich entschieden: Ich will die Ruhe genießen, mich einfühlen, die Umgebung auf mich wirken lassen, mir bewusst machen, wo ich bin, nämlich in Zentralasien in einem wilden Gebirge. Ich blicke den dreien nach, wie sie davonreiten, und bin froh über meine Entscheidung.

Mein Pferd Sniker ist allein zurückgeblieben. Als er bemerkt, dass ich herumlaufe, um Blumen zu fotografieren, hört Sniker auf zu fressen. Er wendet mir den Kopf zu, dreht ihn in welche Richtung ich mich auch begebe, und beginnt erst wieder zu grasen, als ich mich auf einen rotbraunen Granitblock setze, der bei einem Bergsturz bis zum Hochtal hinabgerollt ist. Von meiner Warte habe ich einen hervorragenden Rundblick auf die ringsum ansteigenden Gipfel.

Alles ist ruhig. Kein Tier lässt sich blicken, kein Vogel fliegt vorbei. Leichter Wind bewegt die Gräser. Das Abendlicht wirft einen rötlichen Schein auf die Berge, als würden sie von innen glühen. Die Ruhe der Umgebung überträgt sich auf mich. Meine Gedanken kreisen eine Weile um den heutigen Tag, den ersten in Kasachstans Bergen, dann auf einmal führen sie mich zurück in die Vergangenheit, als ich wegen Republikflucht im Gefängnis war. Auf einem niedrigen Hocker ohne Lehne musste ich stundenlange Verhöre über mich ergehen lassen. Der Stasibeamte thronte hinter einem schweren Schreibtisch und blickte auf mich herab. Weil er mich nicht kleinkriegen konnte, wollte er mich wenigstens demütigen. Bevor ich zurück in die Zelle geführt wurde, sagte er: »Dresdener Bergsteiger sind gerade auf dem Weg nach Kasachstan, um dort an einer Expedition teilzunehmen.« Süffisant fügte er hinzu: »Da hätten Sie dabei sein können! Das haben Sie sich aber durch Ihre Flucht vermasselt!«

Die Teilnehmer kannte ich vom gemeinsamen Klettern im Elbsandsteingebirge. Meine Verzweiflung wollte ich mir nicht anmerken lassen und entgegnete frech: »Ach was! Kasachstan, was ist das schon! Mir stehen bald alle Berge der Welt offen!«, obwohl ich damals nicht einmal ahnen konnte, dass es so kommen würde.

Und nun bin ich doch hier, in den wilden Bergen Kasachstans. Auf dem rostroten Granitblock sitzend genieße ich die Ruhe, lasse meine Blicke und meine Gedanken umherschweifen. Dann richtet sich meine Aufmerksamkeit auf die Oberfläche des Steines, auf dem sich Flechten angesiedelt haben. Erst als ich genau hinschaue, erkenne ich, dass sie sehr verschieden sind in ihren Farben und Formen. Fast das gesamte Farbenspektrum scheinen sie abzudecken. Eine der Flechten leuchtet gelb, andere orange, auch tiefrote, schwarze und weiße entdecke ich, und wieder andere zeigen unterschiedliche Nuancen von Grün. Sie haben nicht nur verschiedene Farben, sie sind auch unterschiedliche Arten. Der Stein bietet einer vielfältigen Anzahl von Flechten einen Lebensraum – unglaublich, wie viele es sind. Hätte ich nicht Muße und Zeit, wäre mir das gar nicht aufgefallen.

Flechten wird meist keine Aufmerksamkeit geschenkt, obwohl sie uns mit ihren bunten Farben eigentlich überraschen und erfreuen könnten. Oft werden sie sogar als störend und ärgerlich angesehen, als Schmutz, den es zu beseitigen gilt. Auch Wissenschaftler beschäftigen sich selten mit diesen Organismen, die vielerorts auf Steinen, Bäumen und Mauern wachsen. Dabei sind Flechten etwas Einzigartiges. Es sind faszinierende Doppelwesen, eine untrennbare Lebensgemeinschaft zweier völlig verschiedener Organismen. Erst ziemlich spät, im Jahr 1866, erkannten Biologen, dass es sich bei der Flechte um einen Doppelorganismus handelt. Die beiden Partner, der Pilz und die Alge, bilden eine Symbiose. Gemeinsam schaffen sie es, unwirtliche Lebensräume zu besiedeln, in denen einer allein nicht überleben könnte. Der Pilz bietet der Alge mit seinem Körper Schutz, er ist gewissermaßen das Haus, und die Alge sorgt mittels Fotosynthese für die Nahrung. Der Zusammenhalt ist also für beide von Vorteil.

Es existieren mehr Flechtenarten, als sich der Unkundige vorstellen kann. Über 25 000 verschiedene Flechten gibt es weltweit, wobei immer wieder andere Pilz- und Algenarten beteiligt sind. Wurzeln haben Flechten keine, und sie wachsen nur sehr, sehr langsam, meist nur wenige Millimeter im Jahr. Dafür können sie unglaublich alt werden. In Grönland wurden Flechten gefunden, die seit 4500 Jahren leben. Aber schon ein einziger Fußtritt eines Menschen kann ihr Leben auslöschen. Deshalb sorgen Naturschützer zum Beispiel in der Namib-Wüste dafür, dass Besucher nicht von den Wegen abweichen.

Es ist sieben Uhr am Abend. Die Sonne versteckt sich schon seit einer Stunde hinter den Bergkämmen. Der glühende Ball erreicht den Horizont und sendet letzte goldene Strahlen durch einen Einschnitt in das Hochtal und hüllt mich ein in Licht.

Suche nach Steinböcken

Inzwischen ist es stockdunkel. Kein Stern am Himmel. Auch der Mond ist hinter Wolken verborgen und spendet kein Licht. Eine laue Nacht, die erste im August. Stille. Ich hocke noch immer auf dem Granitblock und lausche in die Dunkelheit hinein. Ich sorge mich um meinen Bruder, wie hält er diese Anstrengung nur aus? Da vernehme ich Geräusche von rollenden Steinen. Dann Hufgetrappel. Mein Sniker begrüßt die Ankommenden mit Gewieher und erhält Antwort. Holger und seine Begleiter kehren zurück. Das Leuchten ihrer Stirnlampen sehe ich erst, lange nachdem ich das Geklirr der Hufe auf den Steinen gehört habe.

Ich warte. Bin aufgeregt. Was wird Holger mir berichten? Hat er Steinböcke gesehen? Nun bereue ich doch, mich ihnen nicht angeschlossen zu haben. Erst als sie schon ganz nah sind, sehe ich sie: Drei dunkle Gestalten wanken heran. Sie steigen von ihren Pferden, diese werden von Sarik abgesattelt und angepflockt. Sofort wenden die Tiere ihre Köpfe den Gräsern zu und beginnen zu fressen, wie ich im Schein meiner Stirnlampe erkenne. Ich vermute, mein Bruder wird todmüde sein und sich sofort im Schlafsack verkriechen, doch er stiefelt zum Zelt der Kasachen, um mit ihnen zusammenzusitzen. Ich gehe mit, obwohl ich mich viel lieber mit ihm allein in unserem Zelt unterhalten hätte.

Zwischen ihren Schlafsäcken hat Aslan auf dem Zeltboden aufgetischt: Fleischkonserven, Käse, Brot, Salami. Es wird unsere Standardernährung sein – morgens, mittags und abends.

»Habt ihr Steinböcke gesehen?«, frage ich meinen Bruder neugierig.

»Ja.«

»Und?«

»Zu weit weg!«, antwortet er wortkarg.

Sicher ist Holger sehr müde, und das Reden strengt ihn an, doch ich möchte trotzdem mehr erfahren und frage, warum sie sich nicht angepirscht haben.

»Auf Schussweite heranzukommen hätte Stunden gedauert«, erklärt er. »Und dann wäre es sowieso dunkel gewesen.«

Mehr erfahre ich nicht. Ich tröste mich damit, dass er mir am nächsten Morgen erzählen wird, wie es war; was er gedacht und gefühlt hat, als er das erste Mal in seinem Leben Sibirische Steinböcke sah.

Am nächsten Tag stehen wir um halb fünf auf. Es ist noch Nacht. Die Pferde werden gesattelt, und wir reiten in die Dunkelheit hinein. Frühstücken werden wir erst nach unserer Rückkehr, denn wir müssen uns an die Steinböcke anschleichen, bevor es Tag wird. Die Stirnlampen dürfen wir nicht anschalten, um die scheuen Tiere nicht zu warnen.

Aslan führt unseren Trupp an. Sein Pferd findet traumwandlerisch seinen Weg durch die Nacht, obwohl da gar kein Weg ist und auch kein Steig, nur Steine, Geröll und Büsche. Hinter ihm reitet Holger, dann komme ich. Sarik bildet den Schluss. Ich genieße den Ritt. Es hat etwas Geheimnisvolles, mit Pferden durch die Nacht in einem mir unbekannten Gebiet zu reiten.

Allmählich lichtet sich die Dunkelheit. Die Konturen der Landschaft werden sichtbar, ganz langsam wie bei einem Foto im Entwicklerbad. Wir reiten einen Bergrücken entlang. Es muss die Strecke sein, die Holger am Abend mit den Führern zurückgelegt hat. Sie haben ihm verständlich gemacht, dass sie ihn heute zur Jagd auf die gestern gesichteten Tiere führen wollen.

Gegen den heller werdenden Himmel staffeln sich grauschwarze Bergkulissen. Kein Windhauch. Es ist still. Vergeblich lausche ich nach einem Vogelruf.

Wir steigen ab. An langen Leinen werden die vier Pferde an Eisenpflöcken gesichert, die Sarik in den Boden rammt. Geschickt hat er die Tiere weit genug voneinander verteilt, sodass sie sich beim Fressen nicht ins Gehege kommen und jedes genug Nahrung findet. Wir schultern unsere Rucksäcke und stiefeln los, in der Reihenfolge, in der wir auch geritten sind. Holger hält sich dicht hinter Aslan, sie gewinnen einen ziemlichen Vorsprung. Ich komme gar nicht so schnell hinterher. Es mag an der Höhe von fast 3000 Metern liegen, vielleicht auch daran, dass ich zu viele Monate am Schreibtisch saß und an meinem Buch über Kanada gearbeitet habe. Leichtfüßig klettert Holger über felsige Steilstufen, läuft geschmeidig einen schmalen Grat entlang, auf dessen linker Seite der Berghang fast senkrecht abfällt. Dabei leidet er doch unter Schwindelgefühlen, wenn er zu nah an Abgründen entlanggehen muss. Bei Touren in den Alpen hatte er Höhenangst verspürt, wie er mir erzählte. Davon ist hier nichts zu spüren, obwohl er dazu guten Grund hätte. Ich jedenfalls will nichts riskieren und vermeide es, in dem unwegsamen Gelände hinterherzuhasten, setze meine Füße mit Bedacht. Bei einem Unfall würde es lange dauern, bis Hilfe von außen möglich wäre. Ein Notruf mit dem Handy ist ausgeschlossen, und auch ein Bergrettungshubschrauber, wie in den Alpen, steht nicht zur Verfügung. Man müsste den Verunfallten mit Pferden mühsam aus dem Gebirge transportieren.

Bald sind die beiden außer Sicht. Ich kann mir Zeit nehmen, denn mit meinem Bruder ist abgesprochen, dass ich ihn bei der Jagd nicht stören werde.

Schließlich sehe ich Holger am Boden sitzen. Er macht mir ein Zeichen, näher zu kommen. Ich hocke mich neben ihn, und er flüstert: »Fort. Sind nachts weggezogen.«

Es ist mir neu, dass Steinwild in der Nacht wandert. Es muss einen Grund gegeben haben. Wahrscheinlich wurden sie von Wölfen beunruhigt.

Ich behalte meine Meinung für mich und frage stattdessen: »Wo ist Aslan?«

»Er sucht einen starken Bock, den er vorige Woche noch hier gesehen hat.«

»Wow, so gut hast du ihn verstanden?«

»Na ja, mit Mühe. Ein bisschen Deutsch kann er, den Rest muss ich mir denken.«

Wir schweigen. Schauen über die Felskante hinweg in die Weite. Die Entfernungen in diesen Bergen sind ungewöhnlich groß. Ein breites Tal liegt zwischen unserem Berg und dem sich drüben aufschwingenden Berghang. So riesig ist die Distanz, dass wir selbst mit Ferngläsern kaum Details erkennen können und Tiere schon gleich gar nicht. Mir schwant, dass es sehr, sehr schwierig werden wird, nah genug an Steinwild heranzukommen. Wir blicken nach Osten, wo ein rötlicher Streifen den Himmel schmückt. Plötzlich, wie ein Warnsignal, blinkt ein roter Punkt zwischen zwei Felsspitzen, wird größer – schon steigt die Sonne empor. Als rot glühender Ball hängt sie über den Bergen. Es fasziniert mich immer wieder zu beobachten, wie im Sonnenlicht die Farben entstehen, alles, was grau war, wird bunt und leuchtet in vielfältigen Tönen.

Aslan kommt zurück. Er schüttelt den Kopf und weist mit der Hand in die Richtung, wo wir die Pferde zurückgelassen haben. Als wir dort ankommen, steigen wir auf, reiten zum Camp und frühstücken erst einmal. Ich gehe davon aus, dass wir anschließend die Zelte abbrechen und in ein anderes Gebiet reiten werden.

Doch Aslan macht Holger klar, dass wir bleiben und am Abend wieder dorthin reiten, wo sie gestern schon und wir gemeinsam heute Morgen waren. Meiner Meinung nach wird sich die Situation auch am Abend nicht ändern. Ich bin mir sicher, dass dort nichts ist. Hatte ich doch weite Einblicke in die Täler und Berge, es gab weit und breit kein Steinwild. Dabei meine ich nicht, dass ich Steinböcke hätte entdecken können, denn die Vergrößerung unserer Ferngläser ist nicht stark genug. Aber Aslan hat geübtere Augen als wir und benutzt zudem ein Spektiv. Das ist ein monokulares Fernrohr, durch das man mit nur einem Auge schauen kann und das noch stärker vergrößert als ein binokulares Fernglas. Und wenn selbst er nichts gesehen hat, dann ist es meiner Meinung nach sinnlos, am Abend wieder in das gleiche Gebiet zu reiten.

Die Tiere ziehen nicht dauernd umher. Sie müssen in dieser rauen Natur mit ihren Kräften haushalten und bleiben lange dort, wo sie gute Einstände haben, also reichlich Nahrung und Schutz. Haben sie ein Gebiet verlassen, kehren sie nicht so bald dahin zurück.

Eine alte, erfahrene Geiß führt das Rudel an, bestehend aus weiblichen Tieren und Jungen. Nur im Winter gesellen sich Böcke zur Weibchenherde. Es ist die Zeit, wenn sich die Tiere paaren. Dann versuchen Böcke, die Führung über den Harem zu übernehmen, und kämpfen miteinander um die Vorherrschaft. Der Sieger bleibt bei den Weibchen bis zum Frühjahr. Außerhalb der Paarungszeit bilden Böcke sogenannte Junggesellengruppen, nur sehr alte Böcke ziehen einzeln umher.

Ich teile Holger meine Kenntnisse über das Wesen der Tiere mit, er nickt. Diese Verhaltensweisen sind ihm nur allzu gut bekannt, und er versucht, Aslan zu überreden, in einem neuen Gebiet auf Steinbocksuche zu gehen. Der Kasache hört aufmerksam zu, scheint zu verstehen, doch dann breitet er die Arme aus und zeigt, wie groß die Hörner des starken Bocks waren, den er vor längerer Zeit gesichtet hat. Also stimmt Holger zu, es am Abend noch einmal zu versuchen. So ein kapitaler Bock, das wäre was.

Holger *Bei der Jagd darf man nicht zu schnell die Flinte ins Korn werfen. Geduld, Ausdauer und jagdliches Gespür sind gefragt. Ich war fasziniert von diesem gewaltigen Gebirge mit seinen hohen Bergen und tief einschneidenden Tälern. Hier spürte ich hautnah die noch unberührte Natur. In dieser zerklüfteten Berglandschaft sieht man die Tiere nur mit einem geübten Auge, wie es die Kasachen besitzen und sich über viele Jahre antrainiert haben. Aslan justierte das Spektiv, wies mich ein, und da sah ich endlich, vielleicht auf tausend Meter Entfernung, sechs große und alte Steinböcke. Langsam zogen sie zwischen dem Felsgeröll umher und suchten in dem kargen Gelände nach Nahrung. Dann legten sich einige nieder, hinter Felsspalten und Mulden verschwanden ihre Körper, wurden unsichtbar für unsere Blicke.*

Am zweiten Abend saßen wir wieder am gleichen Fleck und guckten uns die Augen aus dem Kopf. Kein Steinbock war mehr zu sehen. Carmen war etwas zurückgeblieben. In vorderster Stellung, am Gratrand, hockte ich mit Aslan und schaute immer wieder tief in die unendlichen Schluchten. Plötzlich stieß mich Aslan mit dem Arm an und zeigte vorsichtig nach links. Erst sah ich gar nichts, dann doch – ein schwarzer, runder Fleck im steilen Fels, vielleicht 400 Meter von uns entfernt. Tatsächlich, ich konnte es nicht gleich realisieren, aber in meinem Fernglas wurde es zur Gewissheit. Langsam und behäbig bewegte sich drüben am Gegenhang ein riesengroßer Braunbär.

Wildtiere, man will es kaum glauben, nehmen nach Osten hin an Gewicht und Körpergröße zu. Ein markantes Beispiel hierfür sind die Kamtschatkabären, die um ein Vielfaches größer sind als Braunbären in Europa. Wildtiere sind im hohen Norden oder im weiten Osten Europas und in Asien lebensfeindlichen klimatischen Verhält-

nissen ausgesetzt. Nur die stärksten Individuen überleben dort und geben ihre Erbanlagen an ihre Nachkommen weiter.

Bevor ich jedoch meine Kamera startklar hatte, war der Bär wie weggezaubert im Felsgewirr verschwunden. Manchmal ist es auch nur dieser winzige Moment, der uns bleibt, ein fesselndes Erlebnis fürs ganze Leben in Erinnerung zu behalten. Ich werde meinen ersten frei lebenden Braunbären jedenfalls nie mehr vergessen.

Die Männer legen sich nach dem Essen, es war Frühstück und Mittagsmahl in einem, zum Schlafen nieder. Ich nehme mein Waschzeug und steige etwa hundert Höhenmeter tiefer hinunter zum Fluss, der durch einen schmalen Taleinschnitt dahinbraust. Kein Mensch in der Nähe. So wage ich es, mich splitterfasernackt auszuziehen. Das Wasser ist erfrischend kalt. Die Sonne steht im Zenit, scheint hell herab, so grell, dass es die Augen schmerzt. Im Nu bin ich wieder getrocknet.

Vergeblich halte ich Ausschau nach Vögeln, die sich sonst gern an Gebirgsbächen aufhalten. Wir sind weit über der Baumgrenze, ein extremer Lebensraum, den nur wenige Tiere besiedeln können. Eine gute Strecke wandere ich den Flusslauf abwärts, wo Disteln, Flockenblumen und Mauerpfeffer seine Ufer säumen. Ein Apollofalter gaukelt von einer pinkfarbenen Distelblüte zur anderen und kann sich wohl nicht entscheiden, bei welcher der meiste Nektar zu holen ist. Diese Falter, nach dem griechischen Gott Apollo benannt, dem Gott des Lichtes, der Musik und der Kunst, sind zarte Geschöpfe mit weißen, lichtdurchlässigen Flügeln, die am Vorderflügel mit schwarzen Punkten verziert und am Hinterflügel mit roten Ringen geschmückt sind. Diese roten Augenflecken dienen als Warnsignal, um Vögeln, Eidechsen und Schlangen mitzuteilen, dass die Falter zwar schön, aber giftig sind. Die toxische Substanz reichert schon die Raupe in ihrem Körper als Schutz an, indem sie sich von giftigen Pflanzen ernährt.

Eine Weile erfreue ich mich am Anblick des Apollofalters, der bei uns bereits sehr selten geworden ist. In unseren Alpen, am Riedberger Horn bei Balderschwang, konnte ich diese Schmetterlinge im letzten Jahr noch beobachten. Ursprünglich stammen die Apollofalter, die eine Flügelspannweite von bis zu acht Zentimetern haben, aus sibirisch-mongolischen Gebieten. Nach der Eiszeit breiteten sie sich westwärts bis Spanien und Sizilien aus, wobei sie felsige Gebirgsregionen und Steilhänge mit Magerrasen bevorzugen.

So sorgfältig ich mich auch umschaue, ich kann nur diesen einen Falter entdecken. Er ist sowieso spät dran. Der August hat gestern begonnen, im Hochgebirge kündigt sich bereits der Herbst an. Am Ende des Sommers ist ihre Lebenszeit besiegelt, die Weibchen haben ihre Eier an der Futterpflanze, dem Mauerpfeffer, gelegt und sterben alsbald, wie zuvor die Männchen. Seltsamerweise sind es die Eier, die dort den Winter überstehen. Umgeben und geschützt von der Eihülle liegen darin die fertig entwickelten Räupchen und warten auf den Frühling, dann schlüpfen sie als samtig schwarze Raupen. An den Seiten haben sie gelbrote Punkte, die zu zwei Längsstreifen verschmelzen. Es kommt aber auch vor, dass im Spätsommer geschlüpfte Raupen an geschützten Stellen den Winter überdauern und sich dann im Frühling in einen Falter verwandeln.

Ich wandere noch ein Stück weiter bachabwärts, setze mich dann am Rand des Gebirgsbaches auf einen mit Flechten bewachsenen Stein und lausche dem sprudelnden Wasser. Wenn man genau hinhört, nimmt man wahr, dass es kein gleichmäßiges Rauschen ist, sondern an Intensität anschwillt und dann wieder abnimmt. Mal singt es hell, wenn es über Steine springt, dann wieder gurgelt es dunkel, wenn es sich in eine Vertiefung fallen lässt. Der Bach fabriziert eine lebendige, sich stetig ändernde Melodie.

Während ich der Wassermusik zuhöre, denke ich an das Gespräch mit Holger. Er hat mir erzählt, dass sie gestern Abend sechs starke Böcke gesehen haben. Sie lagerten dicht beieinander auf einem mit Steinen und karger Vegetation bedeckten Berghang und käuten wieder. Es muss ein fantastischer Anblick gewesen sein, so viele dieser kompakten braunen Tiere mit den weit über den Rücken gebogenen Hörnern zu sehen.

Steinwild lebt in den Hochgebirgen Europas, Asiens und Nordafrikas. Früher wurde es als eine einzige Art angesehen, bis Wildbiologen begannen, einzelne Unterarten zu benennen. Neue genetische Untersuchungen haben bewiesen, dass der Sibirische und der Alpensteinbock gar nicht so nah miteinander verwandt sind, wie ihre äußere Erscheinung vermuten lässt. Es zeigte sich, dass der Sibirische Steinbock in der Evolutionsgeschichte im Stammbaum an der Basis steht. Sein nächster Verwandter ist der Syrische Steinbock. Der Alpensteinbock ist mit dem Iberischen Steinbock am engsten verwandt, obwohl sie sich äußerlich stark unterscheiden.

Mir fällt meine erste Begegnung mit einem Alpensteinbock ein. Unterwegs in den Allgäuer Alpen hatte ich im Schlafsack zwischen Alpenrosen übernachtet. Noch vor Sonnenaufgang wurde ich wach und stieg auf in die Felsregion. Ich fühlte mich großartig, frei und allein im Gebirge, so früh am Morgen, als noch keine Wanderer unterwegs waren. Als würden mir die Berge allein gehören, weitete sich mein Herz, und ich atmete tief die frische Morgenluft ein. Ein Geräusch ließ mich zusammenzucken. Als würde jemand niesen und dann durch die Nase blasen. Mein Herz schlug mir bis zum Hals. Mir wurde schlagartig klar, da verbarg sich jemand hinter den Latschenkiefern. Jemand, der sich angeschlichen und mich vielleicht schon lange beobachtet hatte. Den Impuls, Hals über Kopf davonzustürzen, musste ich mit aller Macht unterdrücken.

Instinktiv weiß ich: Wer flüchtet, der hat schon verloren. Denn Flucht provoziert Verfolgung, und meist ist der Verfolger schneller als der Flüchtende. Also tat ich das einzig Richtige: nachschauen, wer dort auf mich lauerte. Kennt man die Gefahr, kann man reagieren, Entscheidungen treffen und versuchen, sich durch überlegtes Handeln zu retten. Ich ging ein paar Schritte nach vorn, bog die Zweige der Latschen beiseite – und sah ihn! Einen kapitalen Steinbock! Was für ein Tier! Das Haupt zierten Hörner, die wohl einen Meter lang waren, stark wie mein Arm mit dicken Knoten und Spitzen, die fast den Rücken berührten. Den Kopf hielt er, trotz der schweren Hörner, stolz nach oben aufgerichtet. Am Hals hing ein buschiger Kinnbart herab. Seine kräftigen Beine hatte er fest in den felsigen Boden gestemmt. Er wirkte wie ein aus Bronze gegossenes Standbild, das Kraft und Stärke symbolisiert. Als er mich sah, stieß er einen schrillen Pfiff aus, ähnlich wie ich ihn von Gämsen kannte, nur durchdringender. Dann flüchtete er nicht etwa, sondern zog gravitätisch Schritt um Schritt von dannen.

Später sah ich in verschiedenen Bergregionen der Alpen noch öfters Steinwild, dabei war es Anfang des 18. Jahrhunderts so gut wie ausgestorben. Nur in einem einzigen Gebiet, im Gran Paradiso in den norditalienischen Alpen, hatte eine Restpopulation von geschätzten fünfzig Exemplaren überlebt. Von diesen wenigen Überlebenden stammen alle Tiere ab, die heute in den Alpen der Schweiz, Österreichs, Frankreichs, Sloweniens und Deutschlands die Felsregion besiedeln. Etwa 40 000 Exemplare sollen es inzwischen wieder sein.

Steinböcke existierten jahrtausendelang unbehelligt vom Menschen in den unzugänglichen Bergen. Als aber die Alpentäler immer dichter bewohnt wurden, die Bergbauern in höhere Lagen vordrangen, Bergwald rodeten und Almen anlegten, verdrängten sie das Steinwild aus seinem Lebensraum noch höher hinauf in die Felsen. Sein Schicksal war aber erst besiegelt, als im 16. Jahrhundert weit tragende Waffen entwickelt wurden. Ab da nahm sein Bestand rapide ab. Die Jagd auf Steinwild wurde durch Mystik, Magie und Aberglauben befeuert, denn alles an den Tieren, das Blut, die Knochen und alle anderen Körperteile, galt als Heil bringendes Wundermittel. Dem Horn wurde magische Schutzwirkung zugeschrieben, ebenso den Bezoarkugeln, die sich im Magen der Tiere aus Haaren bilden, die beim Lecken des Fells unabsichtlich aufgenommen werden und zu tennisballgroßen Kugeln verfilzen. Besonders begehrt war das Herzkreuz, eine knöcherne Verdickung zwischen Herzkammer und Vorhof. Die hohen Preise, die für die mystisch-magisch verklärten Steinböcke gezahlt wurden, machten die Jagd auf sie äußerst lukrativ. Quasi in letzter Minute wurde das Alpensteinwild vor dem Aussterben gerettet. Die Gegend um den Gran Paradiso war königliches Jagdgebiet. Der italienische König Vittorio Emanuele II. erkannte die Gefahr und ordnete im Jahr 1856 den totalen Schutz der Tiere an, ließ sie sogar von Wildhütern streng bewachen.

Allmählich erholte sich die Population in seinem Gebiet. Bald merkten die anderen Alpenländer, dass es bei ihnen keinen einzigen Steinbock mehr gab. Daraufhin wurde 1906 in der Schweiz, in St. Gallen, eine Zuchtstation gegründet mit neugeborenen Kitzen, die Wilderer am Gran Paradiso gefangen hatten. Alle heute in den Alpen lebenden Steinböcke sind also Abkömmlinge von Tieren, die dem italienischen König geklaut wurden.

Als ich zum Lager zurückkehre, schlafen die beiden Kasachen noch, aber Holger ist schon wach. Ich zögere erst, doch dann kann ich mich nicht zurückhalten und äußere ihm gegenüber meinen Verdacht: »Meinst du nicht, Holger, dass Aslan sich nicht auskennt mit Steinböcken? Du weißt doch, Steinwild kehrt nicht so bald zurück, wenn es ein Gebiet verlassen hat. Aslan hat behauptet, sie wandern in der Nacht, es sind jedoch tagaktive Tiere. Sie fressen zweimal am Tag, am Vormittag und nachmittags, die übrige Zeit liegen sie herum, käuen wieder und verdauen. Es hat keinen Zweck, immer wieder in das gleiche Gebiet zu gehen. So verlierst du nur kostbare Zeit.«

»Willst du schlauer sein als die Kasachen? Sie leben hier und kennen die Verhaltensweisen der Steinböcke am besten. Ich verlasse mich auf sie!«

Erst in diesem Moment erkenne ich meinen Fehler. Mein Wissen als Biologin nützt meinem Bruder wenig, schadet ihm nur. Nicht ich, sondern Aslan ist der Führer. Holger ist auf ihn angewiesen, und ich darf sein Vertrauen in ihn nicht erschüttern. Ich muss mich in Zukunft zügeln und darauf achten, meine Meinung für mich zu behalten.

Holger *Die Steinböcke in den Felsen zu lokalisieren war höchst schwierig und bedurfte eines geschulten Auges. Mein Jagdführer Aslan meinte, die Tiere würden hinter Felsspalten verborgen liegen. Ich musste auf seine Aussage vertrauen. Grundsätzlich ist es ungeschriebenes Gesetz, sich als Jagdgast unterzuordnen, besonders in unüberschaubaren jagdlichen Situationen. Carmen war das nicht gewohnt, sie hatte sich bisher wohl kaum jemals unterordnen und anpassen müssen.*

Am Nachmittag reiten wir wieder zur schon bekannten Stelle. Kein Tier weit und breit. Die Führer bedeuten uns, auf sie zu warten, während sie stundenlang umherstreifen und mit ihren Ferngläsern die Gegend absuchen. Holger und ich hocken schweigsam nebeneinander. Wir wissen beide, wo nichts ist, kann auch nichts herbeigezaubert werden. Eigentlich ist es unlogisch, dass die Kasachen darauf bestehen, Tag um Tag in dieses steinbockleere Gebiet zu reiten, werden sie doch finanziell am Jagderfolg beteiligt. Sie müssten doch daran interessiert sein, hier keine Zeit zu vergeuden, denn unser Aufenthalt kann nicht verlängert werden. Diese Gedanken bestätigen mir meinen Verdacht, dass sie zwar guten Willens sind, aber wirklich keine Ahnung von Steinböcken haben. Sie sind Pferdezüchter und keine Jäger, sonst würden sie sich auskennen.

Wir bleiben bis zwanzig Uhr. Als wirklich keine Sicht mehr ist, reiten wir in der Finsternis zum Lagerplatz. Holger, der vor mir reitet, kann ich gerade noch als dunklen Umriss erkennen. Als wir ankommen, verziehe ich mich gleich in unser Zelt, obwohl ich nicht müde bin. Doch ich habe nicht die geringste Lust, mit den Kasachen zusammen in deren Zelt zu sitzen. Holger dagegen gesellt sich zu ihnen, isst mit ihnen die karge und eintönige Verpflegung aus Brot und Wurst und trinkt mit ihnen Tee. Ich höre, wie sie miteinander reden, jeder in seiner Sprache, und obwohl sie sich nicht verstehen, brechen die drei immer wieder in fröhliches Gelächter aus.

Holger macht es richtig, er kommuniziert, baut eine Beziehung auf. So mache ich es auch immer bei meinen Reisen, gehe auf die Menschen zu, widme mich ihnen, stelle mich auf sie ein. So entsteht gegenseitiges Vertrauen. Doch ich konnte mir die Menschen, mit denen ich zusammen war, bisher immer aussuchen und mich, wenn es nicht passte, anderen zuwenden. Diese beiden kasachischen Männer haben wir nicht selber wählen können. Holger muss mit ihnen auskommen. Ich dagegen brauche sie nicht und glaube, so frei zu sein, sie ignorieren zu können. Was ein Fehler ist, der Folgen haben wird.

Das Tal der Libellen

Am nächsten Tag geht es doch tatsächlich zum vierten Mal in das gleiche Gebiet. Um fünf Uhr morgens starten wir, wie tags zuvor ohne Frühstück oder Tee zu trinken. Mich beschleicht der Verdacht, dass unsere Kasachen gar kein anderes Gebiet kennen, vielleicht gar nicht im Alatau beheimatet sind und deshalb so verzweifelt immer wieder die gleiche Gegend absuchen. Ich behalte meine Gedanken diesmal für mich – was würde es auch nützen, sie laut auszusprechen? Für Holger tut es mir leid, dass wir an dermaßen unfähige Führer geraten sind. Er hat sich sehr auf diese Jagd gefreut, die für ihn etwas ganz Besonderes und Einmaliges sein sollte. Er weiß, für ihn wird es keine Wiederholung geben können. Noch einmal wird er sich dieser körperlichen Herausforderung nicht stellen und es sich auch finanziell kein zweites Mal leisten können.

Wie zu erwarten, wird wieder kein Steinbock gesichtet. Diesmal entscheidet Aslan schon nach wenigen Stunden, zurückzureiten und noch am Vormittag das Lager abzubrechen. Wir packen zusammen und sind froh, endlich weiterzuziehen.

Mit den Pferden reiten wir den Steilhang hinab, zu dem reißenden Bergbach, an dem ich mich gestern gewaschen und den Apollofalter bewundert habe. Auf der anderen Bergseite geht es ebenso abschüssig wieder hinauf. In dermaßen schwierigem Gelände ist es wichtig, das Pferd vom eigenen Gewicht zu entlasten, indem man den Oberkörper beim Abstieg nach hinten biegt und sich beim Aufstieg aus dem Sattel hochstemmt und sein Gewicht leicht nach vorn verlagert.

Wir queren einen steinigen Berghang, reiten immer höher hinauf, und der Blick weitet sich über Höhenzüge und Täler. Ein berauschendes Gefühl von Freiheit durchdringt mich, sofort überfällt mich der brennende Wunsch, immer so weiterzureiten, Tag um Tag, grenzenlos dem Horizont entgegen. Hatte ich nicht vor Jahren, als ich in der Mongolei war, den Plan geschmiedet, von der Mongolei bis nach Europa zu reiten? Ich hatte dort eine junge Frau getroffen, Ylvie, sie war aus den Niederlanden und Abenteurerin wie ich.

Der Plan war: vier Pferde und zwei Frauen auf den Spuren von Dschingis Khan.

Wir hatten uns bereits Kartenmaterial besorgt und eine mongolische Familie gefunden, die uns geeignete Pferde verkaufen wollte. Nach unserer Rückkehr in die Heimat, sie in die Niederlande, ich nach Deutschland, konnten wir den Plan aber nicht sofort verwirklichen. Es gab Verzögerungen, und dann brach unser Kontakt ab. Ich habe nie wieder etwas von Ylvie gehört, so hartnäckig ich auch versuchte, sie zu erreichen.

Die Freude, die mir das Reiten durch diese steppenartige Weite des Alatau macht, hat in mir diese Idee wieder aufflammen lassen. Warum sollte es nicht möglich sein, sie doch noch zu verwirklichen? Allein geht es nicht. Ich bin nicht groß genug, um die Pferde ohne Hilfe zu satteln und, noch schwieriger, zu beladen. Es braucht mindestens einen zweiten Menschen. Einer muss das Gepäck am Pferd hochstemmen, während der andere es befestigt. Ich blicke zu Holger hinüber, der seitlich von mir reitet. Er sitzt sicher im Sattel, als hätte er das schon oft getan, und es scheint ihm zu gefallen. Jedenfalls hat er bisher nicht geklagt, dass ihm das stundenlange Reiten Probleme bereiten würde. Ob er für so ein gewagtes Unternehmen zu begeistern wäre? Auf den Spuren von Dschingis Khan von Asien nach Europa reiten – was für eine tolle Idee!

Vom Pferderücken aus blicke ich nicht nur in die Ferne über Bergketten und Täler hinweg, sondern auch zum Boden, wo ich leuchtende Blumen entdecke: Enzian, Steinbrech, Edelweiß, Primeln und den tiefblauen Himmelsherold, eine meiner Lieblingspflanzen, weil sie zart und klein auf den höchsten Gipfeln wächst und Wind und Wetter standhält. Und dann ist da eine kleine gelbe Blume, deren Namen ich nicht kenne. Sie leuchtet in dem steinernen Meer wie ein von der Sonne auf die Erde gefallener Tropfen, der zu blühen begonnen hat.

Während ich in Hochstimmung bin, meinen Träumen von einer Reise auf Dschingis Khans Spuren nachhänge und mich an der weiten Landschaft und den Blumen erfreue, öffnet Holger, der dicht neben mir reitet und lange geschwiegen hat, plötzlich den Mund und sagt mit tiefer Enttäuschung in der Stimme: »Alles leer!«

Ich schaue ihn überrascht an und verstehe nicht. Wieso leer? Was meint er? Es ist doch so herrlich hier, ringsum so viel Landschaft, so viel Natur.

»Was meinst du?«, frage ich nach.

»Keine Steinböcke. Nichts! Gar nichts!«

Da erst verstehe ich. Er ist Jäger, hatte diesem Jagderlebnis entgegengefiebert und eisern dafür gespart – und nun das! Weit und breit – nichts! Kein Wild! Ich kann seine Enttäuschung gut verstehen und nachempfinden. Bin ich doch früher selbst auf Jagd gegangen, wenn auch nie mit dieser Leidenschaft wie unser Vater und mein Bruder.

Als Älteste von uns vier Geschwistern wurde ich schon mit etwa zehn Jahren vom Vater mit zur Jagd genommen. Er hatte bemerkt, dass ich mich für Tiere und Natur interessierte und allein im Wald herumstreifte. So nahm er mich mit auf den Hochsitz, auch bei Treibjagden durfte ich dabei sein. Vielleicht wäre es dabei geblieben, nur ab und zu meinen Vater zur Jagd zu begleiten, hätte ich nicht in Büchern, die von Expeditionen handeln, gelesen, dass man in der Wildnis jagen muss, um sich mit Nahrung zu versorgen. Und dorthin, in die Wildnis, wo es keine oder nur sehr wenige Menschen gibt, wollte ich, solange ich denken kann. Also beschloss ich, das Jagdhandwerk zu erlernen, was sich dank meines jagenden Vaters gut bewerkstelligen ließ.

Schon als Kind war mir die Gegenwart von Waffen zur Selbstverständlichkeit geworden, wenn unser Vater die seine am Küchentisch putzte. Ich schaute interessiert zu, und er erklärte mir die Handhabung. Nun lernte ich auch selbst den Umgang mit dem Gewehr, übte das Zielen auf Scheiben und Tontauben. Ich wurde eine sichere Schützin. Genauso wichtig, wie gut zu zielen und zu treffen, war es für mich, zu lernen, wie man ein Tier richtig, also waidmännisch, ausnimmt, sodass das Fleisch nicht verdirbt. Einen großen Tierkörper zu zerteilen ist nicht einfach. Vater war mir ein geduldiger Lehrmeister, und als ich achtzehn Jahre alt war, wusste ich schon so viel über die Jagd, dass ich die Prüfung ohne Probleme bestand.

Seelisch belastet hat es mich nicht, ein Tier zu töten. Doch wirkliche Jagdleidenschaft, also zu schießen, ohne sein eigenes Leben schützen und erhalten zu müssen, die hatte ich nie. Ich wollte die Fähigkeit zur Jagd später für mein abenteuerliches Leben bei Expeditionen nutzen. Holger dagegen hatte von Kindheit an die Jagdleidenschaft in sich. So manches Mal saß er damals als Schulkind neben mir auf der Kanzel, mucksmäuschenstill harrte er stundenlang aus, in fiebriger Erwartung, dass das Wild aus der Dickung heraustreten würde. So schulte er nicht nur seine Geduld, sondern auch sein Gehör und das Ansprechen von Wild. Damit ist das präzise Beobachten und Identifizieren von Wild gemeint – ist es zum Beispiel ein Rehbock oder eine Ricke, und wie alt ist das jeweilige Tier? Holger war auch dabei, als ich meinen ersten Keiler schoss. Ich war damals zwanzig Jahre alt und mein kleiner Bruder erst sieben. In dieser Zeit jagte man noch ohne Zielfernrohr, musste das Wild über Kimme und Korn anvisieren. Da war es schon eine Kunst, gut zu treffen. Deshalb traute ich meinen Augen nicht, als das Tier im Schuss lag. Das war selten, denn meist springt auch die tödlich getroffene Beute noch ins schützende Unterholz, und es muss mit Spürhunden nach ihr gesucht werden.

Auch wenn ich später nie mehr auf Tiere geschossen habe, weil ich sie lieber als lebende Wesen beobachte, bin ich froh über die Erfahrung und Kenntnisse, die ich in meiner Kindheit und Jugend von meinem Vater gewonnen habe.

Holger *Carmen schwelgte in Gedanken, und ich sprach sie darauf an: »Weißt du noch, als du deinen ersten Keiler geschossen hast?« Ich glaubte, ihre Gedanken erraten zu haben, denn unsere Erinnerungen flossen zu einem großen Fluss zusammen. Tatsächlich saßen wir zusammen vor 52 Jahren auf einer Jagdkanzel unseres Vaters und lauerten bei zehn Grad minus auf Wildschweine. Carmen kam nur selten nach Hause, da sie ihr Biologiestudium in Greifswald absolvierte. Unser Vater organisierte für ihre Besuche immer optimale Jagdbedingungen. Mit Begeisterung half ich, der Siebenjährige, ihm da bereits, wo ich nur konnte. Carmen war die zweite Frau im damaligen Kreis Bischofswerda bei Dresden, die auf die Jagd ging, und ich war felsenfest davon überzeugt, sie sei die beste und leidenschaftlichste Jägerin.*

An diesem gemeinsamen Abend sah ich den Keiler durch den mit viel Schnee behangenen Wald wechseln und gab Carmen das Zeichen zu schießen. Und sie schoss sofort, ohne zu zögern. Eine wichtige Eigenschaft für einen Jäger, um die jagdliche Chance nicht zu vergeben. Denn oft sind es nur wenige Augenblicke, wo ein Tier zielgenau und waidgerecht erlegt werden kann. Noch heute bin ich davon begeistert, und unser Vater war damals sehr stolz auf seine Tochter, die als erste Frau im Kreis einen Keiler erlegen konnte. Ich kann mich noch sehr gut daran erinnern, als wir drei gegen 22 Uhr im hohen Schnee des Waldes vor dem erlegten Wildschwein standen und das Erlebte in Gedanken Revue passieren ließen.

Während ich neben Holger reite und meinen Gedanken nachhänge, erreichen wir am späten Nachmittag eine Anhöhe über einem Flusstal, die eben genug ist, dass wir dort unsere Zelte aufbauen können. Libellen schwirren über die Wasserfläche, so viele habe ich noch nie auf einmal gesehen. Mit ihren silbern glitzernden Flügeln wirken sie wie kleine Zauberwesen.

Nachdem wir die Zelte errichtet und gegessen haben, reitet Holger mit den Kasachen wieder los. Ich bleibe im Lager und genieße die Stimmung, schaue den Libellen zu, die unermüdlich hin und her kreuzen und hell aufblitzen, wenn ein Sonnenstrahl ihre transparenten Flügel trifft.

Von der Anhöhe steige ich hinab zum heftig strömenden Gebirgsfluss. Dicht über meinem Kopf flitzen die Libellen durch die Luft. Sie sind Jäger, im Flug erhaschen sie andere Insekten. Ich sehe allerdings außer den Libellen keine anderen und frage mich, wovon sie sich wohl ernähren. Als Larven im Wasser haben sie sich einen Fettvorrat anfressen können, doch jetzt finden sie keine Beute und müssen durchhalten, bis sie sich fortgepflanzt haben.

Immerfort nach Tieren Ausschau haltend folge ich dem Wasserlauf. Am Ufer im dürren Gras huscht ein mauskleines Tier herum. Ich bleibe sofort stehen, um es nicht zu verscheuchen. Dennoch ist es in einer Höhlung an der Uferböschung verschwunden. Ich warte. Geduld ist beim Beobachten von Tieren unabdingbar. Es dauert nicht lange, da schaut ein rundes Köpfchen aus dem

Loch, und dann wagt sich das Tier sogleich ganz heraus. Tatsächlich, es ist ein Dsungarischer Zwerghamster. Ich freue mich und muss schmunzeln. Da ist es also, das kleine Haustier meiner Kindertage, hier in seiner Heimat, wo es in Freiheit leben kann.

Ich erinnere mich an das samtige Fell, wenn mein Hamster sich in meine Hand schmiegte. Er war gerade so klein, dass er darin Platz fand. Da hockte er dann arglos auf meiner Handfläche und begann sich zu putzen. Weil Hamster zutraulich und zahm werden und kaum jemals beißen, sind sie noch heute beliebte Heimtiere. Entdeckt und beschrieben wurden die putzigen Zwerghamster erstmals 1773 vom deutschen Naturforscher Peter Simon Pallas, der von der Zarin Katharina der Großen auf Entdeckungsreisen nach Kasachstan und in andere, bislang unerforschte Gebiete geschickt wurde. Er veröffentlichte zahlreiche wissenschaftliche Arbeiten, aber auch spannende Reiseberichte. Simon Pallas lebte lange in Russland, ein Jahr vor seinem Tod kehrte er nach Deutschland zurück und starb in Berlin 1811 kurz vor seinem siebzigsten Geburtstag.

Berge in Eis und Schnee

Es ist Nacht. Ich liege im Schlafsack. Mein Sniker wiehert. Kurz darauf Stimmen und Hufgetrappel. Ich krieche aus dem Zelt und helfe meinem Bruder beim Abladen des Gepäcks.

»Hattest du Jagderfolg, Holger?«, frage ich.

»Nee, nicht mal was gesehen.«

Nachdem er die Jagdsachen ausgezogen hat, geht er zum Zelt der Kasachen.

»Komm doch mit, wir essen noch was.«

»Bin zu müde«, weiche ich aus, denn das, was die Kasachen als Proviant dabeihaben, ist nicht gerade verlockend für mich. Holger zuckt nur mit den Schultern, sagt aber nichts. Ich spüre: Es scheint ihm nicht zu gefallen, dass ich mich absondere. Mir ist klar, dass mein Verhalten zu Irritation bei Aslan und Sarik führt. Doch ich kann mich einfach nicht überwinden, bei ihnen im Zelt zu hocken. In den wenigen Tagen unseres Zusammenseins hat sich in mir ein Groll gegen sie aufgebaut. Warum, weiß ich nicht so genau. Es sind Kleinigkeiten, Blicke, kurze Bemerkungen, Handlungen, die ich vielleicht missdeutet habe. Doch auch wenn ich mir sage, dass meine Abneigung gegen sie ungerechtfertigt ist, durch Missverständnisse genährt wurde, weil wir nicht die gleiche Sprache sprechen, so hilft mir das nicht weiter. Wieder einmal merke ich, dass Gefühle mitunter stärker sind als der Verstand.

Am nächsten Tag reiten wir nicht, wie zuvor an allen Tagen, im Morgengrauen los, sondern frühstücken zuerst. Dabei bemerke ich, dass der Proviant merklich zusammengeschmolzen ist. Vom Brot ist nur noch ein schmaler Kanten übrig, Fleischkonserven scheint es keine mehr zu geben, denn Sarik öffnet stattdessen zum Frühstück eine Thunfischbüchse. Unsere Führer haben nicht nur wenig Erfahrung mit dem Steinwild, sondern auch die Verpflegung falsch berechnet.

Wir brechen die Zelte ab und packen zusammen. Wie Holger mir mitteilt, hat er gestern Abend erfahren, dass wir höher hinauf in den Bergen ein neues Lager errichten werden. Das Reiten ist für mich so vergnüglich wie am Vortag. Ich genieße es, wieder im Sattel zu sitzen. Mein Körper hat sich inzwischen an die ungewohnte Beanspruchung gewöhnt. Man könnte meinen, Reiten sei gar nicht anstrengend, weil das Pferd ja die Arbeit mache. Doch dem ist nicht so. Unablässig und ohne dass es einem recht bewusst wird, muss der Körper das Gleichgewicht wahren, sich im Rhythmus des Pferdes bewegen. Sowohl Oberkörper als auch Becken und Beine, die eng mit dem Pferdekörper in Kontakt sind, arbeiten konstant. Ein besseres Training für Muskeln, Knochen, Sehnen und Faszien kann es kaum geben.

In den ersten Tagen verspürte ich zwar keinen Muskelkater, war aber froh, wenn ich in den Pausen von Sniker absteigen und mich erholen konnte. Wie mag es Holger mit dem Reiten gehen? Er zeigt keine Schwäche, folgt den Führern ohne Zögern zu deren Erkundungsritten, während ich es vorziehe, im Lager zu bleiben, wie gestern Nachmittag, als ich das Glück hatte, den Dsungarischen Zwerghamster zu beobachten. Gespräche mit meinem Bruder, auf die ich mich gefreut hatte, finden kaum statt. Er wirkt angespannt, mitunter sogar traurig. Ich muss ihn nicht fragen, warum, und ich lasse ihn in Ruhe, denn ich weiß, was ihn bedrückt: Die Tage vergehen ohne den Anblick von Wild. Ich erinnere mich, in welch froher Erwartung er vor der Reise war. Wie schade, dass seine Hoffnungen sich bisher nicht erfüllen. Doch er beißt die Zähne zusammen und versucht, die Kasachen bei Laune zu halten. Denen kann man wirklich keinen Vorwurf machen. Auch wenn ich meine negative Meinung über sie nicht geändert habe, bemerke ich doch, wie sehr sie sich bemühen, Holger zum Jagderfolg zu führen. Aslan schaut mit wachen Augen umher, hält immer wieder inne, steigt vom Pferd, sucht mit dem Fernglas die Berge ab. Doch wo nichts ist, kann er auch nichts herbeizaubern. Ich erinnere mich daran, was uns der ungarische Jäger bei unserer Ankunft berichtet hatte. Bestimmt ist das Wild durch deren Jagd beunruhigt worden und hat seine gewohnten Einstände verlassen.

Wie Aslan gestern Abend meinem Bruder trotz seiner wenigen deutschen Wörter klarmachen konnte, werden wir heute höher hinaufreiten, auf 4000 Meter hohe Gipfel.

In der Ferne huschen bräunliche Gestalten davon, kaum wahrnehmbar im ebenfalls steinbraunen Gelände. Mithilfe des Fernglases erkenne ich ein Rudel Steingeißen, weibliche Steinböcke. Jetzt vor der Paarungszeit, die erst im Winter beginnt, sind sie noch ohne männlichen Führer. Die Geißen tragen Hörner, allerdings sehr kurz und weniger stark gebogen als die der Böcke. Es mögen zwölf oder fünfzehn Tiere sein. Sie fliehen nicht vor uns, wir sind zu weit von ihnen entfernt, als dass sie uns hätten wahrnehmen können. Ihre Flucht muss einen anderen Grund haben, den wir nicht kennen.

Seit einigen Stunden sind wir unterwegs, da ragt vor uns eine Felskante auf. Als wir sie erreichen, öffnet sich der Blick auf die gegenüberliegenden Berge. Ein atemberaubender Anblick. Vor allem weil sich diese hohen Berge so unerwartet vor uns erheben und sie von Eis und Schnee bedeckt sind. Diese weiße Kette von 5000 Meter hohen Gipfeln bildet die Grenze zu China. Dahinter beginnt das Gebiet, in dem früher die Dsungaren lebten und das heute Xinjiang heißt.

Die Blicke von mir und meinem Bruder treffen sich. Wir wissen uns vereint in dem Gefühl der Begeisterung, die dieser fantastische Anblick in uns hervorruft. Wie schön doch die Natur sein kann! Wir lieben beide die Berge, die für uns Freiheit bedeuten.

Zwischen unserem Aussichtspunkt an der Felskante und den Schneebergen geht es abrupt und fast senkrecht hinunter in ein breites Tal. Es mag mehr als tausend Meter tiefer liegen. Unglaublich, diese Dimensionen, die es nur in wenigen Gebirgen gibt. Ein reißender Fluss durchströmt das Tal dort unten, wie ich im Fernglas erkenne. Weiß schäumt das Wasser an Stromschnellen – oder sind es Wasserfälle?

Während Holger und ich auf unseren Pferden sitzend die Aussicht genießen, steigt Aslan ab und sucht die Umgebung mit seinem Fernglas ab. Doch da die Gegend so weiträumig ist, genügt es ihm nicht, und er lässt sich von Sarik das Spektiv reichen.

Um den Pferden Gelegenheit zum Grasen zu gönnen, steigen wir schließlich ab. Die Bezeichnung »Grasen« trifft allerdings kaum zu, denn auf dieser Höhe von 3800 Metern ist die Vegetation sehr karg. Für die Pferde gibt es jedoch keine zusätzliche Nahrung von ihren Besitzern, kein Kraftfutter, mit dem sie unterwegs ihren Energiebedarf decken könnten. Sie müssen mit dem auskommen, was sie in der Natur finden. Deshalb nützen sie jedes noch so kurze Innehalten dazu, ein paar Halme zu ergattern. Spärliche Büschel von dürrem Federgras wachsen verstreut zwischen den Steinen. Die einzelnen Halme sind jeweils einige Meter entfernt, doch der Hunger der Pferde ist so groß, dass sie jedes Pflänzchen erspähen und abzupfen.

Ich nutze die Zeit, in der Aslan die Gegend mit dem Spektiv absucht, um Fotos von Bergblumen zu machen, die ich zuvor schon beim Reiten gesehen habe und die auch noch in dieser

Höhe wachsen. Kleinblütiger Enzian drückt sich an den steinigen Boden, ebenso Edelweiß und rosa Steinbrech.

In der graubraunen Steinwelt fallen knallgrüne Polsterpflanzen mit etwa einem Meter im Durchmesser auf. Durch ihre saftig grüne Farbe erscheinen sie weich wie ein Moos. Als ich sie aber berühre, trifft meine Hand auf eine steinharte Oberfläche. Die Überraschung ist groß und unerwartet, weil die Pflanze das totale Gegenteil vorspiegelt. Es handelt sich um eine Art, die extrem langsam wächst und den Boden mit ihren korallenartigen, hügeligen Polstern überzieht. Sie hat eine hölzerne Pfahlwurzel, die tief hinabreicht. Ich kenne diese Gewächse aus dem Hochgebirge der Anden. Dort heißen sie Yareta, mit wissenschaftlichem Namen *Azorella compacta*, wobei es verschiedene Unterarten gibt, die aber für den unkundigen Betrachter alle gleich aussehen. Ich jedenfalls kann nicht erkennen, ob die kasachische eine andere Art ist als diejenige in Südamerika. In den Anden bedeckten sie mitunter Flächen von dreißig Quadratmetern. Man schätzt, dass diese Polsterpflanzen, wenn sie dermaßen groß sind, 3000 oder auch 5000 Jahre alt sind, je nachdem, wie extrem das Klima in den Hochlagen ist.

Auf den ersten Blick würde man sie wegen ihres moosartigen Aussehens einer niederen Pflanzenfamilie und auf keinen Fall einer Blütenpflanze zuordnen. Auch da täuscht uns diese eigenartige Yareta. Sie gehört einer der höheren Pflanzengattungen an, nämlich den Doldenblütlern, zu denen auch wilde Möhre, Petersilie, Fenchel, Liebstöckel, Engelwurz, Riesen-Bärenklau und nicht zuletzt der Schierling gehören, mit dessen Extrakt das Todesurteil des Philosophen Sokrates vollzogen wurde.

Sosehr ich mich auch bemühe, Blüten kann ich keine entdecken. Kein Wunder, denn die winzigen Dolden sind millimeterklein und fast farblos.

Da die Pflanze so langsam wächst – rund einen halben Millimeter im Jahr –, gehört sie zu den ältesten lebenden Gewächsen auf unserer Erde. Gerade als ich daran denke und überlege, wie alt wohl die grünen Polster auf dieser Hochfläche sein werden, tritt mein Pferd bei der Suche nach Nahrung unabsichtlich auf eine Yareta. Der mit Spikes bewehrte Huf bricht die Pflanze brutal auseinander. Die grüne Oberfläche ist aufgeplatzt, und das verholzte Innenleben liegt frei. Eine Wunde, die, wenn überhaupt, unter den harten Witterungsbedingungen nur langsam heilen wird. Ein falscher Schritt und ein jahrtausendealtes Lebewesen ist zerstört.

Aslan gibt das Kommando, wieder aufzusitzen. Wir reiten hinunter in eine Senke, die von Felsen begrenzt wird. Im Schatten der Gesteinswand liegt Schnee vom letzten Winter. Trotz der wärmenden Augustsonne ist noch reichlich davon vorhanden. Ein Netz von Wasseradern rinnt aus der Schneemasse heraus, fließt über die Ebene. An den tiefsten Stellen sammelt sich das Wasser in zwei flachen Tümpeln und speist blühendes Leben. Blaue, lila, gelbe und weiße Alpenblumen, in größerer Anzahl als bisher, bilden einen farbenprächtigen Blumenteppich. Ein Distelfalter flattert von Blüte zu Blüte, entrollt seinen spiralförmigen Saugrüssel zu einem zentimeterlangen Rohr, das er in den Nektar tunkt. Die Tümpel selber aber sind ohne tierisches Leben, kein Molch, kein Frosch, keine Kröte, nicht einmal Wasserläufer oder Schnecken.

Ich habe Zeit zum Beobachten der Distelfalter, von denen gleich drei sich die Blüten streitig machen. Die Pferde sind abgesattelt, die Männer haben sich zum Schlafen in die Mittagssonne gelegt. Ich schaue mich weiter auf der Hochfläche um und entdecke eine mir unbekannte Pflanze mit hellblauen, fast weißen Blütenkelchen von der Größe und Form eines Fingerhutes. Zuerst glaube ich, es sei eine Glockenblume, beim genaueren Betrachten entscheide ich mich für eine mir nicht bekannte Enzianart.

Nach zwei Stunden brechen wir wieder auf. Ich wundere mich, hier wäre ein guter Platz für ein Basiscamp, weil es Wasser gibt, das in dieser Gebirgssteinwüste sonst nur in den Tälern vorhanden ist. Zudem hätte Holger keine weiten Anritte, die Steinböcke aufzuspüren, die sich, so vermute ich, in den Steilwänden des Gebirgsmassives aufhalten könnten. Es ist der am besten geeignete Lebensraum für Steinwild, so will mir scheinen, den wir bisher gesehen haben. Doch Aslan entscheidet anders, und die Sprachbarriere verhindert es, dass er uns seine Überlegungen mitteilen könnte oder – wie es mir am liebsten wäre – wir gemeinsam überlegen und entscheiden könnten, so wie ich es bei Bergtouren mit Freunden gewohnt bin. Mir gefällt es gar nicht, wenn einer alles bestimmt, das lasse ich mir sonst nie bieten. Zudem verfestigt sich bei mir der Eindruck, dass Aslan gar keinen Plan hat. Wahrscheinlich ist er es in seinem Leben seit jeher gewohnt, nicht weit vorauszuplanen, sondern jeweils nach Situation zu entscheiden und flexibel zu bleiben. So zu leben hat gewiss seine Vorteile, auch so kann man das Leben und seine Herausforderungen bewältigen. Nur passt diese Strategie einfach nicht zu mir und meinem Charakter.

Mich ohne Mitbestimmung, ohne Austausch, ohne gemeinsame Überlegungen Anordnungen fügen zu müssen ist für mich ungewohnt und dermaßen unerfreulich, dass ich den Ärger in mir wachsen spüre. Ich verbrauche ziemlich viel Energie, um ihn im Zaum zu halten und am Überkochen zu hindern.

Aslan lenkt unsere Gruppe wieder hinauf zum Hochplateau und zur Abbruchkante, wo wir heute Vormittag den überraschenden Blick auf die Schneeberge hatten. Wieder suchen unsere kasachischen Jäger Stunde um Stunde mit Fernglas und Spektiv die Gegend ab. Schließlich scheinen sie Wild entdeckt zu haben, denn Aslan gibt Holger einen Wink, ihm zu folgen. Es kann aber auch sein, dass er nichts wahrgenommen hat und glaubt, weiter unten bessere Sicht zu haben.

Holger, der sich besser mit den Kasachen verständigen kann als ich – richtiger ausgedrückt: ich habe es ganz und gar aufgegeben, mich um Verständigung mit ihnen zu bemühen –, ist der Ansicht, dass sie wirklich erfahrene Jäger sind, woran ich mittlerweile zweifle.

Holger *In den Steilhängen hatten die kasachischen Jäger mehrere Steinböcke lokalisiert, die parallel zum Hang in unsere Richtung zogen. Nach den Ruhephasen suchen die Tiere in der kargen Landschaft ständig nach brauchbarer Äsung. Auf konstanten und vertrauten Wechseln ziehen sie zu bestimmten Zeiten von einem Ort zum anderen. Es musste schnell eine Entscheidung getroffen werden. Die Wetterlage kann sich im Hochgebirge in kürzester Zeit wandeln: Sturm, Regen, Hagel und Hochnebel konnten jederzeit über uns hereinbrechen. Die Jagd wäre in diesem zerklüfteten und schwierigen Gelände dann unmöglich. Es blieb uns nicht viel Zeit bis zur Dunkelheit.*

Aslan signalisierte mir, es zu versuchen. Er wollte mit mir 500 bis 700 Höhenmeter absteigen. Ich war bereit, jede mir sich bietende Chance zu nutzen, um die uns entgegenkommenden Steinböcke auf gleicher Höhenlage abzupassen. Das Gelände hatte ein enormes Gefälle. So stiegen mein Jagdführer und ich zügig den Hang hinunter. Carmen und der junge Sarik verblieben mit den Bergpferden oben am Grathang. Zu Beginn der Reise dachte ich noch, das direkte Jagderlebnis mit meiner Schwester teilen zu können. Bald wurde mir jedoch bewusst, dass dies so gut wie ausgeschlossen war. Das feinsinnige Steinwild ist Beute von Schneeleoparden, Bären, Wölfen und Adlern und letztendlich auch vom Menschen, sodass die Jagd auf diese scheue Wildart alles Können erfordert. Jeder zusätzliche Zweibeiner ist dabei einer zu viel.

Aslan und Holger beginnen mit dem Abstieg, der so steil ist, dass ich die beiden Männer nach wenigen Minuten nicht mehr sehen kann. Das Gestein ist brüchig, Felsplatten liegen locker aufeinander. Ich stelle es mir schwierig vor, in der abschüssigen Wand Halt zu finden und dabei nicht abzustürzen.

Sarik und ich sitzen schweigsam nebeneinander. Kein Wort fällt zwischen uns. Er hat ein Funkgerät, um mit Aslan in Kontakt zu treten. Ab und zu höre ich, wie er leise in das Gerät hineinflüstert.

Mir wird die Zeit nicht lang. Der Blick von der Felswarte auf die gegenüberliegende Kette schneeweißer Berge und hinab in das breite Tal und die sich aufschwingenden Bergflanken auf der gegenseitigen Talseite ist fantastisch. Die Weite nimmt mich mit auf eine innere Reise. In mir verschmelzen Traum und Wirklichkeit.

Zu meinen Füßen wachsen Federgräser, die sich im Wind wiegen. Neben mir sprießt ein Edelweiß zwischen Steinen, und auf der anderen Seite reckt sich eine winzige Primel der Sonne entgegen. Wie schön ist das alles! Wie wunderbar, dass ich hier sein kann, dass sich in meinem Leben alles so gefügt hat, wie ich es wollte, wie ich es mir vorgestellt, gewünscht und erträumt hatte. Für mich ist der Aufenthalt in Kasachstans Bergen ein Gewinn. Wie gern hätte ich, dass es auch für Holger schön ist, dass sich seine Jagdträume erfüllen. Wahrscheinlich ist meine Abneigung gegen unsere Führer deswegen so groß, weil sie durch ihre falschen Entscheidungen die Jagd für meinen Bruder besonders anstrengend und schwer machen.

Holgers Erleben war anders als meines. Während ich mich ausruhte, es bequem hatte, die Stille genoss und meine Gedanken schweifen lassen konnte, war es für ihn mühsam und gefährlich, aber auch spannend und aufregend.

Holger *Die Rechnung von Aslan ging auf. Etwa 800 Höhenmeter tiefer waren wir am anvisierten Standort angelangt, krochen auf dem Bauch liegend vor bis zu einem Felsvorsprung. Ich* *meinte, es sei günstiger, noch etwa fünfzig Meter weiterzurobben, um näher an den Tieren zu sein, aber Aslan lehnte ab. Er fürchtete wohl, die entgegenkommenden Steinböcke zu vergrämen. Wie sich später herausstellte, war das nach meiner Einschätzung der Lage eine Fehlentscheidung.*

Nach dem schweißtreibenden Abstieg kühlte mein Körper in der liegenden Position sehr schnell aus. Ich begann heftig zu frieren, mich schüttelte es regelrecht. An einen sicheren Schuss wäre in dieser Situation nicht zu denken gewesen. Deshalb begab ich mich aus der Bauchlage in die Hockstellung hinter einen Felsen, um meinen Körper zu entspannen und so wieder etwas aufzuwärmen.

Während mein Bruder unten auf Steinböcke wartet und friert, wecken mich melodische Töne aus meiner Versunkenheit, sie schwingen auf und ab. Die Rufe erinnern mich an Alpendohlen, nur weicher, weniger krächzend und variantenreicher. Mal sind sie nah, mal ferner, dann wieder ganz nah. Wo sind sie, die Vögel, die diesen hellen und frischen Gesang fabrizieren? Sie trillern, pfeifen, zwitschern unentwegt. Ich schaue mich vorsichtig um, blicke hinter mich, seitlich, drehe mich wieder um, versuche, meinen Blick nach den Tönen auszurichten, doch der Schall wird von den Felsen in verschiedene Richtungen gelenkt. Die Rufe werden lauter, als wären die Vögel zum Greifen nah. Es klingt, als würden sie langsam ungeduldig, als wären sie ärgerlich, weil ich nicht auf ihr Gezwitscher reagiere. Das kann doch nicht wahr sein! Wieso sehe ich sie nicht? Wie durch eine Eingebung richte ich schließlich meinen Blick direkt nach oben, obwohl die Töne nicht von dort kommen. Und da fliegen sie, ein, zwei Meter über meinem Kopf. Fast berühren sie meine Haare. In der Luft tanzen sie auf und nieder, lassen sich fallen, als wollten sie auf meinem Scheitel landen, und schwingen sich dann wieder in die Höhe. Sie machen ganz den Eindruck, als wollten sie mir etwas Wichtiges mitteilen.

Ich bin jedoch überzeugt, es ist die reine Neugier, die sie zu diesem ungewöhnlichen Verhalten motiviert.

Es sind rotschnäblige Alpenkrähen. Doch auch wenn sie so heißen, sind sie in den Alpen nur noch selten, sogar äußerst selten zu sehen. Dort ist die Alpendohle mit dem gelben Schnabel viel häufiger und weitverbreitet. Mir scheint, die Alpenkrähen haben das Versteckspiel genossen und machen sich lustig über mich, weil ich so lange gebraucht habe, sie zu entdecken. Mit dieser Annahme liege ich bestimmt nicht ganz falsch, denn wie alle Rabenvögel gehören sie zu den intelligentesten Tieren. Sie sind fähig, vorauszudenken und sich in andere Lebewesen hineinzuversetzen, wie Verhaltensforscher mit raffinierten Versuchen vielfach bewiesen haben. Kaum haben sie bemerkt, dass ich sie gesehen habe, verabschieden sie sich flatternd von mir. Wie gerne hätte ich sie länger beobachtet! Es sind acht schwarze Gesellen, deutlich sehe ich ihre langen, dünnen, sichelförmig gebogenen feuerroten Schnäbel und die ebenso roten Füße. Im schwarzen Gefieder blitzen ihre Augen, und schon ziehen sie einen Kreisbogen über mir, segeln davon über das breite Tal hinweg und verschwinden hinter Felszacken. Ich werde sie nicht wiedersehen.

Langsam senkt sich die Dämmerung herab. Rosa Tinte rinnt über das blendende Weiß der Schneeberge, übergießt sie für Augenblicke mit einem unwirklichen Licht, als wäre ein magischer Moment über die Berge gekommen. Und schon ist er vorbei, Dunkelheit breitet sich aus. Mit dem Dunkel kommt die Kälte. Eine eisige Weltraumkälte fällt vom Himmel herab auf die Erde. Sie lässt alles erstarren. Trotz meiner schützenden Kleidung dringt sie tief in mich ein, unter meine Haut bis zu den Knochen. Was machen Holger und Aslan nur so lange dort unten im Abgrund? Es ist zu dunkel, um noch etwas zu erkennen, geschweige denn einen sicheren Schuss anzubringen. Und wenn ich schon so friere mit meiner dicken Mehrfachkleidung, wie schlimm muss es da erst meinem Bruder ergehen, der, um beim Abstieg beweglich zu sein, viel dünner angezogen ist als ich.

Sarik hat über Funk eine Anweisung bekommen. Er pflockt die Pferde ab, führt zwei an der Leine hinter sich her und reitet hinab. Vorher hat er mir wortlos eine der Pferdedecken übergeworfen, die ich dankbar um mich wickle. Ich bewundere, wie er es versteht, drei Pferde auf einmal zu beherrschen, noch dazu in tiefer Dunkelheit und im schwierigen, abschüssigen Gelände ohne Weg und Steg.

Ich bleibe allein zurück, mein Pferd neben mir. Ein Stern nach dem anderen erscheint, und dann breitet sich der Nachthimmel über mir mit einem Glitzern und Leuchten aus, so klar, wie er nur in Gebirgen und Wüsten sein kann. Der samtschwarze Himmel scheint gepunktet oder vielmehr unendlich viele Löcher zu haben, durch die das Sternenlicht hindurchbricht.

Es ist still. Kein Laut ist zu hören. Mein Pferd hat aufgehört zu fressen. Dösend steht es da, ein Bein zur Entlastung angewinkelt. So hat es sicher schon unzählige Male gestanden. Von Jugend an daran gewöhnt, keine eigenen Entscheidungen treffen zu können, das ganze Leben lang abhängig zu sein. Ungleich stärker als der Mensch sind Pferde ihm dennoch untertan. Sie werden von Nomaden nicht gefühlvoll gezähmt, sondern mit Gewalt. Ist es nicht seltsam, dass jedes einzelne Pferd zugeritten werden muss? Pferde sind zwar domestiziert, dennoch werden sie als wilde Geschöpfe geboren und müssen ans Reiten gewöhnt werden – und wehren sich heftigst gegen den ersten Ritt ihres Lebens.

Der Rücken ist ihr empfindlichster Körperteil, denn die Wirbelsäule ist ihre Schwachstelle. Sie hängt quasi schwebend zwischen Vorder- und Hinterbein, und ausgerechnet auf diesem Abschnitt, dieser fragilen Struktur, sitzt der Reiter, nur einen Fingerbreit über den Knochen. Deshalb sollten Jungpferde erst geritten werden, wenn ihre Muskulatur ausreichend entwickelt ist, um den Bewegungsapparat zu festigen.

Das Fluchttier Pferd, das unvorbereitet zum ersten Mal die ungewohnte Last eines Reiters spürt, wird in äußerste Alarmbereitschaft versetzt und tut alles, um den Reiter abzuwerfen. Wie man beim Rodeo sehen kann, das für Pferde ein unauslöschbares Trauma bedeutet. Zuschauer, die sich ein spannendes Event versprechen und denjenigen bejubeln, der sich oben hält, machen sich nicht klar, wie furchtbar dieses Ereignis für das Tier ist, das bisher keine Erfahrung mit einem Gewicht auf seinem Rücken hatte und zudem durch den Lärm, die Gerüche, die fremde Umgebung, überhaupt durch die ganze Situation aufs Äußerste in Angst und Schrecken versetzt worden ist.

Für das Pferd ist es besser, wenn der Reiter vor dem ersten Ritt mit Geduld, Respekt und Einfühlungsvermögen eine Beziehung zu dem Fluchttier aufbaut. Er sollte sein Vertrauen gewinnen und ihm die Angst nehmen, ihm die Hand auf den Rücken legen, es vorsichtig striegeln. Das Pferd reagiert darauf mit Zittern. Man muss so lange sanft die Hand bewegen, bis das Zittern aufhört, dann eine Decke auflegen, später einen Sattel und irgendwann sich selbst im Steigbügel aufstemmen und sich vorsichtig, sehr vorsichtig mit Gefühl in den Sattel gleiten lassen. Dabei muss man dem Pferd Zeit geben, das Gewicht zu spüren, bis sich seine Angst legt.

Diese pferdeflüsterartige und schonende Zähmung hat sich heutzutage vielerorts durchgesetzt, doch bei den Nomaden habe ich sie nicht erlebt. In der Mongolei sah ich, wie ein Pferd zugeritten wurde. Für das Pferd eine schlimme Erfahrung, wahrscheinlich die schlimmste seines Lebens, und für den Menschen lebensgefährlich. Das Pferd raste im höchsten Schrecken über die Steppe, geriet mit dem Vorderhuf in den Bau eines Murmeltieres, stürzte und begrub den Reiter unter sich. Er wurde hervorgezogen und überlebte schwer verletzt. Trotz dieser brachialen Art, Pferde zuzureiten – man nennt es auch brechen –, gibt es anrührende Erzählungen bei den Nomaden über das tiefe Band und die enge Verbundenheit einzelner Pferde mit ihrem Herren.

Steinzeitmenschen jagten Pferde, um sie zu essen, wie Archäologen anhand ausgegrabener Knochen mit Einkerbungen von Feuersteinklingen bewiesen haben. Viele Generationen später diente das Pferd nicht mehr nur als Beute, sondern wurde zum Nutztier. Wie erst 2018 festgestellt werden konnte, begann die Haustierwerdung der Pferde tausend Jahre früher als bislang gedacht, nämlich etwa 5500 v. Chr. Nach allem, was man inzwischen weiß, wurden Pferde zuallererst genau hier in den Steppengebieten Kasachstans domestiziert. Beim Dorf Botai, in der Nähe von Astana, grub man eine kupferzeitliche Siedlung aus. Die Hufe und das Gebiss der Pferde waren durch Domestikation bereits verändert. An den Zähnen fanden sich Verschleißspuren, die durch das Zaumzeug entstanden waren. Es waren also keine Wildpferde mehr, sondern bereits Nutztiere.

Für die Menschen bedeutete die Beherrschung des Pferdes einen immensen Gewinn. Wer reiten kann, genießt viele Vorteile. So entfiel zum Beispiel der Zwang, dauernd auf der Suche nach Jagdbeute weite Strecken zurücklegen zu müssen. Dadurch konnten größere Siedlungen entstehen, in denen man sich die Arbeit teilen konnte, sich Spezialisten herausbildeten und neue Erfindungen gemacht wurden.

Eine zusätzliche wertvolle Nahrung war die Milch der Stuten, die gemolken wurden, wie eingetrocknete Reste in Tongefäßen zeigen. Auf dem Pferderücken waren Menschen vielmals schneller als zu Fuß, konnten sich neue Gebiete erschließen, Handel treiben und waren bei Kämpfen anderen Völkern überlegen, wie der Eroberungszug von Dschingis Khan zeigt.

Die Pferde der Botai-Kultur sind allerdings nicht die Vorfahren heutiger Pferderassen – mit keiner einzigen sind sie genetisch verwandt. Dafür sind sie die Urahnen der Pzerwalski-Pferde, wie auch erst 2018 festgestellt wurde. Das bedeutet, Pzerwalski-Pferde sind gar keine echten Wildpferde, wie man bis dahin geglaubt hatte, sondern verwilderte Abkömmlinge der domestizierten Botai-Pferde. Von wem alle anderen Pferde abstammen, konnte noch nicht herausgefunden werden. Fest steht aber, dass es heute keine echten Wildpferde mehr gibt, denn auch die Mustangs und die »wilden« Pferde Namibias stammen von Hauspferden ab.

Stunden sind vergangen, da tauchen die drei Männer mit ihren Pferden auf. Keiner sagt ein Wort. Erst später im Zelt höre ich die ganze Geschichte von meinem Bruder.

Holger *Die erste richtige Pirsch auf Steinwild war unheimlich spannend und aufregend zugleich. Aslan war sich sicher, gute Aussichten auf Jagderfolg zu haben, aber die Tiere waren lange Zeit zu weit entfernt. Unter den sechs männlichen Steinböcken war ein besonders starker Bock, ein wahrhaft gewaltiges Tier mit einem mächtigen Körper und grauen Haaren. Genau den wollte ich erlegen und keinen anderen der Truppe. Er war sehr alt, in seiner letzten Lebensphase. Über kurz oder lang würde er aus Altersgründen sterben und irgendwo in einer Felsnische verenden.*
Mit meinem Entfernungsmesser konnte ich genau die Distanz zu den Steinböcken bestimmen. Nach Stunden des Ausharrens waren sie endlich auf 300 Meter an uns herangezogen. Aufgrund der schlechten Lichtverhältnisse hätte ich nicht mehr schießen dürfen – doch Aslan drängte mich. Im Moment eines Wimpernschlages war ich mir sicher, das Tier gut treffen und erlegen zu können. Der Schuss ging raus, und der Steinbock verschwand im Felsgewirr. Hatte ich getroffen?

Nachdem die Männer am Grat aufgetaucht sind, steige ich auf meinen Sniker, und wir reiten wieder, wie schon so oft, in die Dunkelheit hinein. Ich ärgere mich wieder einmal, warum nicht vor der Jagd ein Lager errichtet wurde, zu dem wir jetzt zurückkehren könnten. Ich kann mich einfach nicht daran gewöhnen, dass beim Unterwegssein im Hochgebirge so planlos und unverantwortlich gehandelt wird. Am meisten ärgere ich mich, dass ich keinen Einfluss nehmen kann, weil die Kasachen das nicht zulassen. Auch ohne ausreichende Sprachkenntnisse könnten und müssten wir alle unsere Entscheidungen gemeinsam treffen. Ich weiß, wie gefährlich es in diesen Höhen sein kann, wenn das Wetter umschlägt oder bei anderen unerwarteten Vorkommnissen.

Zuletzt geht es einen Steilhang hinab, wobei ich nicht erkennen kann, wie gefährlich er ist, dazu ist es zu dunkel. Weil jedoch mein Pferd rutscht und fast den Halt verliert, muss es ein extrem abschüssiger Abgrund sein. Es ist Mitternacht, als wir einen neuen, mir unbekannten Lagerplatz erreichen. Im Licht unserer Stirnlampen bauen wir die Zelte auf. In der Nähe höre ich einen Bach rauschen, wichtig, um unseren Wasservorrat zu erneuern, denn in dieser Höhe muss man viel trinken. Holger und ich haben für unterwegs je eine Literflasche dabei. Wie ich gesehen habe, bedienen sich die Kasachen aus Holgers Flasche. Sie scheinen tagsüber kein eigenes Wasser dabeizuhaben. Sie mögen an die Höhe und daran gewöhnt sein, nur morgens und abends Tee zu trinken, doch dass sie Holgers Wasservorrat reduzieren, der ihnen gutmütig die Flasche anbietet, nehme ich ihnen übel. Ich kann es nicht verhindern. Holger würde es nicht zulassen und wütend werden, wenn ich mich einmischte. Übrigens würde ich genauso mit Begleitern teilen, wie Holger es tut, das ist eine Selbstverständlichkeit, wenn man gemeinsam in der Wildnis unterwegs ist. Doch ich verüble es den Kasachen, so schlecht zu planen, und mache mir Sorgen um die Gesundheit meines Bruders, denn für uns ist es wegen der Höhenkrankheit gefährlich, zu wenig Flüssigkeit aufzunehmen.

Holger begibt sich trotz der späten Stunde ins Zelt der Kasachen. Gewiss ist er müde, aber auch hungrig. Zuletzt hatten wir während der Mittagsrast etwas gegessen. Ich bin von den Vorräten der Kasachen unabhängig, denn wie bei all meinen Reisen habe ich stets Notrationen an Nüssen, Rosinen, Marzipan und Schokolade bei mir. Sarik bringt mir, ohne dass ich darum gebeten habe, eine Tasse Tee zum Zelt. Ich bedanke mich: *»Rachmed!«* Das kasachische Wort für »danke«, eines der wenigen Wörter, die ich inzwischen gelernt habe. Sarik lächelt.

Tod einer Viper

Windböen zerren am Zelt. Das knatternde Geräusch reißt mich aus dem Schlaf. Der Sturm nimmt zu. Rüttelt an der Verankerung. Erschrocken erinnere ich mich, dass der ungarische Jäger erzählt hatte, dass ihre Zelte zerrissen und davongeflogen seien, und hoffe darauf, dass wir trotz unseres mitternächtlichen Zeltaufbaus die Heringe tief genug in den harten Steppenboden gerammt haben. Obwohl die Zeltbahnen vom Sturm gebeutelt werden und dabei laute Geräusche machen, schlafe ich wieder ein. Zum zweiten Mal wache ich auf, als Tropfen aufschlagen. Ein Geräusch, das ich während unzähliger Wanderungen hassen gelernt habe. Im Zelt zu sein, während es draußen gießt und man befürchten muss, dass es durch die dünne Zelthaut tropft oder vom Boden hereinrinnt. Und wenn man das Zelt schließlich regennass einpacken muss und es vor dem nächsten Gebrauch nicht trocknen kann, schon beim Gedanken daran schüttelt es mich. Es gibt nicht vieles, was noch unerfreulicher am Outdoorleben ist. Mit der Erinnerung daran, wie oft ich diese Unannehmlichkeiten schon durchlitten habe, schlafe ich wieder ein.

Kurz vor fünf Uhr bin ich dann endgültig wach. Inzwischen habe ich mich an diesen Rhythmus gewöhnt. Ich stehe auf, denn Holger hat mir, als er gestern vom Zelt der Kasachen zurückkam, mitgeteilt, dass es heute bereits wieder um fünf Uhr losgehen soll.

Ich öffne den Zelteingang und strecke die Nase hinaus. Erfreulicherweise regnet es nicht mehr. Im Zelt der zwei Kasachen rührt sich nichts. Ich nutze die stille Zeit, um mich unbeobachtet zu waschen. Mit meinem Waschzeug gehe ich zum Bach, der in der Nähe vorbeifließt. Seit zwei Tagen hatte ich keine Gelegenheit mehr, mich frisch zu machen.

Eine Stunde später sind alle wach, und nachdem wir uns mit Tee gestärkt haben, ohne etwas zu essen, um nicht zu viel Zeit zu verlieren oder auch um die spärlichen Reste zu schonen, wie ich vermute, reiten wir den Abhang hinauf, den die Pferde gestern in der Dunkelheit wegen der gefährlichen Abschüssigkeit hinabgerutscht und -gestolpert waren. Jetzt erst wird mit beginnendem Morgenlicht erkennbar, wie unwegsam der Steilhang ist. Sniker ist auch bergauf nicht sicher auf den Beinen, knickt immer wieder ein, stolpert, verliert seine Balance und schnauft hörbar. Seine Nase bläht sich weit, seine Adern schwellen an. Sein Brustkorb wölbt sich wie ein Blasebalg, weil die Lungen nach Luft ringen. Es scheint, Sniker verträgt die Höhe nicht. Die anderen Pferde zeigen diese Zeichen höchster Anstrengung nicht. Er ist von den vier Pferden das schwächste. Vielleicht haben sie ihn für mich ausgesucht, weil ich leichter bin als die Männer.

Als wir das Hochtal hinaufreiten, höre ich ein Murmeltier pfeifen. Ich wundere mich, dass es schon wach ist. Murmeltiere scheuen sonst die Morgenkühle und kommen erst aus ihrem Bau, wenn sie sich in der Sonne wärmen können. Ich freue mich auf unsere Rückkehr, da will ich die Tiere beobachten und fotografieren. Das Tal ist das schönste bisher. Der Bach durchfließt es mäandrierend und lässt vielfältige Vegetation gedeihen. Vom Pferd aus kann ich so schnell gar nicht alle Pflanzenarten bestimmen. Die weißen Federbüschel der Wollgräser fallen mir auf. Fast bereue ich, mitzureiten und nicht die Gelegenheit zu nutzen, das Tal zu erkunden.

»Warum seid ihr gestern bis spät in der Nacht in der Schlucht geblieben?«, hatte ich Holger heute Morgen gefragt, bevor wir auf die Pferde stiegen.

Er habe auf einen Steinbock geschossen, ihn aber ganz gewiss verfehlt. Dennoch stiegen sie heute zur Sicherheit noch einmal hinunter und schauten nach, ob er nicht doch getroffen sei.

Ich wunderte mich, denn Holger ist ein guter Schütze, der beste, den ich kenne. »Was ist passiert?«, erkundigte ich mich.

»Es war zu dunkel. Ich konnte nichts sehen«, antwortete er knapp. Sein verschlossenes Gesicht signalisierte mir, besser nicht weiterzufragen. Die Aussage war für mich irreal, kein Jäger schießt, wirklich kein einziger, wenn er nichts mehr sieht. Das wäre Irrsinn. Ich konnte mir keinen Reim darauf machen. Später erfuhr ich die ganze Geschichte: Aslan hatte ihn weit hinabgeführt, viele Hundert Höhenmeter, vielleicht sogar 800 oder noch tiefer, wo sich die Landschaft ganz anders darstellte, als man von oben ahnen konnte. Da gab es üppigen Bewuchs, sogar kleine Waldinseln. Die Männer tarnten sich hinter Büschen und warteten. Ein Bär tappte brummend vorbei, sein Fell war dunkel, fast schwarz. Vom noch tiefer gelegenen Talgrund zogen Steingeißen herauf, ein ganzer Trupp, und verschwanden wieder. Und dann trat er hervor, ein kapitaler Steinbock. Ein mächtiges, uraltes Tier mit grauem Haupt, langem Kinnbart und Hörnern, die sich weit über den Rücken bogen.

Mit seinem Entfernungsmesser maß Holger die Distanz, zu weit. Ab 300 Meter hätte er schießen können. Bei noch größerer Entfernung wäre die Präzision des Schusses gefährdet. Der Bock schritt behäbig auf die beiden Männer zu, die hinter einem Gebüsch getarnt waren. Er zupfte hier ein Pflänzchen und dann wieder dort, näherte sich immer mehr, war nur noch 250 Meter entfernt. Doch er kam spitz von vorn, was keinen sicheren Schuss ermöglichte. Holger wartete und hoffte, der Bock würde sich seitwärts drehen. Und gerade als er breit stand, knickte er die Beine ein und legte sich hin. Eine Haltung, die keinen Schuss erlaubt. Und so lag er, bis es zu dunkel war.

»Warum hast du nicht gepfiffen?«, fragte ich, denn so hatte ich es gelernt. Wenn ein Tier, ein Reh, ein Fuchs oder was auch immer, sich zu schnell bewegt, dann pfeift man oder schnalzt mit der Zunge. Daraufhin verharrt das Tier kurz, immer tut es das, und diesen einen Moment muss man nutzen, um sicher zu treffen.

Holger wollte diesen Trick auch anwenden, wie er mir sagte, aber Aslan war dagegen. Hatte den Kopf geschüttelt und signalisiert, Ruhe zu bewahren. Warum? Holger wusste es nicht. Da fehlte wieder die sprachliche Verständigung.

»Wieso hast du nicht gemacht, was du für richtig hältst?«

»Ich bin Jagdgast«, antwortete er schlicht. »Da muss ich mich nach dem Jagdführer richten.«

Holger muss es wissen, war er doch schon oft in verschiedenen Ländern Gastjäger und kennt deshalb die Regeln. Sicher, wer Gast in einem fremden Revier ist, muss sich den Anordnungen des Gastgebers fügen. Der Gast ist dann weisungsgebunden, so hat Holger es mir erklärt. Ich hatte genickt und gesagt, das würde ich einsehen. Doch wenn ich in mich hineinhöre, dann weiß ich: Anordnungen, die ich als falsch erkenne, denen könnte ich mich nicht fügen. Schon aus diesem Grund würde ich wahrscheinlich nirgendwo als Gast jagen, wenn ich denn noch jagen würde. Ich glaube, wenn es darauf ankommt, werde ich immer nur auf mich selbst hören. Vom Grund meines Charakters her bin ich eben eine Einzelgängerin und gewöhnt, mich nach meinen eigenen Entscheidungen zu richten. Und hier in Kasachstan, wo unsere Führer nicht gerade gute Jagdkenntnis zeigen, würde ich mich ihren Anordnungen nie fügen.

Holger aber wartete geduldig, und plötzlich stand der Bock auf. Die Umrisse des Tieres verschwammen in der umgebenden Dunkelheit. Eigentlich kein Gedanke daran, noch zu schießen. Doch Aslan sagte: »Schieß!« Dieser Anweisung hätte Holger nicht Folge leisten dürfen. Zermürbt durch das lange Warten und die Kälte glaubte mein Bruder, das Ziel deutlich zu sehen, und schoss, hatte er doch den Steinbock auf Schussentfernung vor sich.

Er wollte die vielleicht einzige Möglichkeit der gesamten Steinbockjagd nicht vergeuden. Doch noch während er schoss, erkannte er, dass es ein Fehler war. Er wusste im selben Moment, dass er das Tier nicht getroffen hatte, weil ihm das schlechte Licht etwas vorgespielt hatte. Der Bock flüchtete nicht etwa, sondern zog langsam von dannen, als wäre kein Schuss gefallen.

Dass das Wild den Knall eines Gewehrs nicht unbedingt mit Gefahr verbindet, habe ich früher selbst öfters erlebt. Sie hören den Schuss, können das Geräusch aber nicht zuordnen. Einmal standen zwei Rehe auf einer Lichtung, eines erlegte ich, das zweite hob nur kurz den Kopf und graste dann weiter. Es gibt aber auch wieder andere Beobachtungen, wo Tiere ihr Verhalten ändern, sobald die Schonzeit vorbei ist. Wird wieder gejagt und herrscht dadurch Unruhe im Revier, wird das Wild scheu und tritt später aus der Dickung heraus.

Es ist ein himmelblauer Tag. Nichts ist mehr zu spüren von der stürmischen Nacht und dem Regen. Wir reiten zur Abbruchkante, und wie gestern bleibe ich mit Sarik oben. Holger und Aslan steigen hinunter, um nach dem Steinbock zu schauen. Sie wollen ausschließen, dass er nicht vielleicht doch getroffen wurde und nun verletzt ist. Ich suche mir einen geeigneten Platz auf einem möglichst glatten Steinblock. Mit Blick auf die schneebedeckten Berge beobachte ich, wie sich dort über den höchsten Gipfeln Wolken bilden, hin und her wogen, sich zusammenballen, unablässig ihre Form verändernd. Sobald sie aber höher hinaufsteigen, lösen sie sich auf, verschwinden spurlos. Werden wie von einem gigantischen Wolkenfresser verschlungen. Es tobt ein Kampf zwischen feuchter und trockener Luft. Wo beide Luftschichten aufeinandertreffen, kann nur eine gewinnen. Bislang ist die trockene Luft Siegerin. Sie entscheidet, wie hoch sich die Wolken auftürmen dürfen. Wagen sie sich dennoch höher, wird der feuchte Wolkendunst von der Trockenheit aufgesogen. Doch die Wolken geben nicht auf, immer neue steigen aus den feuchten Tälern empor und sammeln sich über den Bergen.

Stunden vergehen. Die Sonne brennt auch in dieser Höhe kraftvoll herab. Ich habe Durst, gönne mir jedoch nur kleine Schlucke aus meiner Wasserflasche, denn ich vermute, Holger wird durstiger sein als ich. Und wegen der körperlichen Anstrengung wird er seine Wasserflasche geleert und sie wahrscheinlich mit Aslan geteilt haben.

Sarik schaut immer mal wieder nach den Pferden, die er etwa hundert Meter entfernt angepflockt hat, bindet sie ab und befestigt sie an anderer Stelle, damit sie genug zum Fressen finden. Als er zurückkommt, aber noch hinter mir ist, höre ich, wie er einen Stein heftig auf den Boden schleudert. Ich springe auf. Rufe: »Stopp! Halt!« Denn ich vermute, dass er irgendein Tier erschlägt, vielleicht einen Dsungarischen Hamster, obwohl er in der Steinwüste von 3800 Höhenmetern gewiss nicht mehr vorkommt, aber wer weiß.

Mein scharfer Ausruf erschreckt Sarik. Sofort hört er auf, Steine zu werfen. Ich eile zu ihm, will sehen, ob das Tier noch zu retten ist. Doch zu spät! Da liegt sie mit zerschmettertem Kopf, der Körper windet sich in Todeszuckungen. Es ist eine Viper.

Von Jugend an mag ich Schlangen. Sie faszinieren mich, nie konnte ich die Abscheu der meisten Menschen verstehen. Warum sich vor diesen sich schlängelnden Geschöpfen ekeln oder gar fürchten? Sind sie nicht wunderbar, wie sie sich elegant bewegen? Unglaublich schnell sind sie, obwohl sie keine Beine haben. Für mich sind sie wunderschön und zugleich interessant wegen ihrer Lebensweise. An die unterschiedlichsten Lebensräume haben sie sich angepasst.

Die einzige Giftschlange Deutschlands ist die Kreuzotter, deren Biss nicht tödlich ist, außer man ist schwer herzkrank. Beim Pilzesuchen habe ich als Kind sehr häufig Kreuzottern gesehen. Ich lernte, wie verschieden sie aussehen können. Es gibt drei unterschiedlich gefärbte Formen, die jedoch alle zur gleichen Art Kreuzottern gehören. Da sind zum einen die grauen mit dem gezackten Band über den Rücken. Andere haben einen metallisch glänzenden schwarzen Körper und werden Moorottern genannt. Sehr selten konnte ich kupferrote Kreuzottern beobachten. Schon damals hat es mich stets in den Fingern gejuckt, sie zu fangen. Doch ich traute mich noch nicht, habe mein Geschick beim Fangen lieber an harmlosen Ringelnattern geübt.

Von dieser kasachischen Viper hätte ich nicht gebissen werden wollen, denn ich weiß nicht, wie stark das Gift dieser Art ist. Es ist jedoch noch lange kein Grund, sie zu töten, nur weil sie giftig ist. Gefährlich wäre sie uns nicht geworden, denn Schlangen flüchten sofort, wenn sie durch den Schritt eines Menschen gewarnt werden. Sie wollte sich in der Sonne aufwärmen, nun ist sie tot.

Ihr schlanker Leib ist etwa zwölf Zentimeter lang und daumendick, verziert mit einem braunroten Zickzackband. Sie mag vielleicht drei oder sogar schon fünf oder zehn Jahre alt gewesen sein. In dieser lebensfeindlichen Umgebung konnte sie nur langsam wachsen, dennoch hat sie es jahrelang geschafft, sich hier zu behaupten, wo der Winter mindestens ein halbes Jahr dauert und es kaum Nahrung für sie gab. Wovon mag sie sich ernährt haben? Bisher habe ich in dieser Höhe weder Mäuse, Grashüpfer, Käfer noch anderes Getier entdecken können.

Sie war eine Überlebenskünstlerin, hat Kälte, Hitze und anderen Widrigkeiten getrotzt. Alle Gefahren hat sie überstanden, war clever genug, immer ausreichend Beute zu machen. Und dann kommt ein Mensch daher und erschlägt sie, ohne jeden Grund, aus reiner Willkür – oder war es aus Angst, gebissen zu werden? Der Biss einer Viper ist selten tödlich. Nun gut, niemand will von einer Schlange gebissen werden, auch wenn man nicht daran stirbt – ich auch nicht –, aber warum sie töten?

Die Sonne steht im Zenit, als Sarik mit den Pferden in die Schlucht hinunterreitet. Wie tief es hinabgeht, kann ich daran erkennen, dass er und die Tiere bald selbst mit dem Fernglas nur noch als Punkte wahrnehmbar sind. Oje, so weit nach unten musste Holger hinab, was für eine Leistung, welche Strapaze, gestern und heute diese enormen Höhenunterschiede zu bewältigen.

Ich warte und muss immer wieder an die tote Viper denken. Ihr Tod verdunkelt für mich den sonnenhellen Tag. Hier war ihr Lebensraum, in den wir eingedrungen sind. Unbehelligt von uns hätte sie noch viele Jahre leben, sich fortpflanzen können. Ihr sinnloser Tod macht mich immer wütender, je mehr Zeit ich habe, darüber nachzudenken.

Als Verhaltensforscherin weiß ich, dass die Furcht vor Schlangen weder beim Menschen noch bei Affen angeboren ist, sie wird erlernt, geprägt durch einen einzigen Schreckensschrei. Kinder und junge Affen sind neugierig, fassen alles an. Bei Versuchen mit unerfahrenen Affen haben diese furchtlos nach einer sich bewegenden Schlange gegriffen. Diese Neugier, diese Lust an Entdeckung ist angeboren und war in der Evolution mit entscheidend, dass wir zum Menschen wurden. Die Anlage, zu forschen, Neues und Unbekanntes zu erkunden, das Untersuchen, das Anfassen von Gegenständen ist in unseren Genen verankert. Kleine Kinder zerlegen alles, was sie in die Hände bekommen, in seine Einzelteile. Doch wie soll bei diesem Drang ein junges Menschen- oder Affenkind vor Gefahren geschützt werden?

Dafür hat sich die Natur die Prägung einfallen lassen. Affenbabys werden durch Warnrufe der Mutter geprägt. Beim Anblick einer Schlange stößt sie einen Schrei aus, und alle Hordenmitglieder fallen in das Gezeter ein. Es ist ein einprägsamer Vorgang für das Junge, den es nie mehr vergisst. Ein einziges Mal genügt, um für immer gewarnt zu sein. Beim Menschen kann ein solches Vorkommnis sogar eine Phobie auslösen. Später können sich Erwachsene meist nicht mehr daran erinnern, was bei ihnen die Furcht vor Schlangen, Spinnen oder anderem Getier bewirkt hat, weil es in einem sehr frühen Alter erfolgte. Irgendein Schreckerlebnis prägt einen für das ganze Leben. Nun gibt es bei uns in Mitteleuropa gar nicht so viele Schlangen, wie Menschen Furcht vor ihnen haben. Es genügt aber schon, dass die Kinder mit Rufen, die Abscheu und Ekel ausdrücken, gewarnt werden, irgendwelche »Viecher« anzufassen, zumal wenn sie sich krabbelnd oder schlängelnd wie Regenwürmer oder Eidechsen bewegen.

Jemand wie ich, der Schlangen nicht nur mag, sondern sie wirklich liebt und sie auch gern in der Hand hält, der ist gewiss selten. Ihr geschmeidiger Körper, ihre glatte Haut, weich und sanft wie Seide, faszinieren mich. Seit ich denken kann, durchpulst mich beim Anblick einer Schlange sofort der Wunsch, sie zu fangen. Meist begnüge ich mich aber damit, sie zu beobachten. Doch dieser erste Impuls ist immer da, der Wunsch, sie anzufassen, sie in meiner Hand zu fühlen. Das hat sich bei mir in all den Jahren nicht verändert.

Meine Mutter verabscheut Schlangen, ekelt sich sogar vor ihnen. Zu meinem Glück war sie nicht dabei, als ich meine erste Schlange fing. Sie konnte mir also nicht durch einen Schreckensschrei die Furcht vor Schlangen einprägen.

Als wir Tage später zurück im Hauptcamp oberhalb des Alakölsees sind, frage ich unseren Dolmetscher Telmann, ob es in diesen Bergen Todesfälle durch Vipernbisse gegeben habe. Er selbst weiß von keinem Vorfall, und auch die anderen Mitarbeiter des Camps können auf seine Frage von keinem Fall berichten.

»Ach natürlich, jetzt erinnere ich mich«, sagt Telmann dann doch. »Aisha Bibi ist an einem Vipernbiss gestorben.«

»Meinst du etwa die tragische Liebesgeschichte aus dem 11. Jahrhundert zwischen Karachan und der Schönen aus Samarkand?«, hake ich nach.

»Ja, jeder bei uns kennt sie«, bestätigt Telmann.

Kurz vor meiner Reise hatte ich die Sage in einem Buch gelesen: Die Tochter des Herrschers von Samarkand verliebte sich in Karachan, der aus Taras stammte, einem Ort in Kasachstan. Aisha Bibis Vater war strikt gegen eine Hochzeit mit dem Fremden. Das verliebte Mädchen sattelte zwei Pferde und flüchtete mit ihrer Kinderfrau Babahaszha. Fast hatten sie es bis Taras geschafft. Sie rasteten am Fluss Tales im gleichnamigen Tal. Aisha Bibi wusch sich und legte ihr selbst besticktes Brautgewand an, so wollte sie ihrem Geliebten entgegenreiten. Es fehlte nur noch der Kopfschmuck. Sie griff in die Satteltasche, doch eine Viper hatte sich dort versteckt und biss zu. Aisha Bibi starb, und Karachan ließ 1050 am Ort ihres Todes ein prunkvolles Mausoleum bauen, das noch heute besichtigt werden kann.

Nachdem ich eine Weile über diese Sage nachgedacht habe, bin ich mir ziemlich sicher: Die junge Frau starb nicht an einem Schlangenbiss. Reptilien suchen zwar gern in kühlen Nächten warme und geschützte Stellen auf, deshalb schlüpfe ich nie, ohne nachzusehen, in meine Schuhe, wenn diese vor dem Zelt standen, und beschaue mir prüfend auch alle anderen Sachen. Aber eine Viper in der Satteltasche? Selbst wenn sie in der Nacht tatsächlich dort hineingekrochen wäre, hätte sie sich während des Rittes längst wieder davongemacht. Meiner Meinung nach war es keine Schlange, sondern Ehrenmord. Die ungehorsame Tochter, die eine unerlaubte Liebesbeziehung wagte, hatte die Ehre ihres Vaters und der gesamten Familie beschmutzt und war in deren Auftrag ermordet worden. Damit es keinen Aufruhr unter der Bevölkerung über die Tötung der wegen ihrer Schönheit gerühmten und bewunderten jungen Frau gab und um kriegerische Konflikte mit dem Stamm von Karachan zu vermeiden, musste dann wahrscheinlich eine Viper als Schuldige herhalten.

Titanen der Lüfte

Von meinem Aussichtsplatz aus kann ich Sarik sehen. Eine lange Zeit schon verharrt er mit den Pferden auf einem Vorsprung. Vermutlich wartet er dort auf Holger und Aslan. Mit den Tieren ist es wahrscheinlich zu gefährlich, weiter in die Felsregion vorzudringen. Von meinem Bruder und seinem Führer kann ich auch mithilfe des Fernglases nichts sehen. Sie sind irgendwo im Gewirr der Felsen verschwunden. Ich mache mir Sorgen um Holger. Seit mehr als fünf Stunden ist er dort unten in der Schlucht mit ihren abschüssigen Wänden. Seit gestern Abend hat er nichts mehr gegessen. Seine Wasserflasche wird sicherlich leer sein. Die Kasachen sind vielleicht an derartige kräftezehrende Strapazen gewöhnt, aber mein Bruder? Ich habe mit ihm noch keine Tour gemacht und weiß nicht, wie belastbar er ist. Ein Mensch kann viel aushalten, oft habe ich das erfahren. Wenn nötig, kann man Grenzen überwinden und zu Leistungen fähig sein, die man vorher nicht für möglich hielt. Ja, wenn es nötig ist, ja dann! Ich finde es aber empörend, dass meinem Bruder sein Jagderlebnis dermaßen erschwert wird, nur weil die Kasachen unorganisiert und planlos handeln, zu wenig Proviant dabeihaben und gar kein Wasser. Ein abenteuerliches Erlebnis war zwar gewollt, jedoch kein Austesten der Grenzen körperlicher Leistungsfähigkeit.

Ich mache mir Sorgen um meinen Bruder. Sicher, er ist erwachsen und kann für sich selbst entscheiden, doch wenn man gemeinsam unterwegs ist, fühlt man sich automatisch für den anderen mitverantwortlich. Vor allem aber sind es Ärger und Wut, die mich beherrschen, weil mir die Sprache fehlt, um auf die Kasachen einzuwirken.

Holger *Mit jedem Tag mehr im Sattel und in dieser wilden Natur verspürte ich die enorme Herausforderung, die ich mir auferlegt hatte. Ich fühlte mich glücklich wie selten. Hunger und Durst traten in den Hintergrund. Durch die Jagdleidenschaft gewann ich immer wieder neue Kräfte. Allerdings merkte ich deutlich, dass mir dies nur gelang, weil ich meine ganze Konzentration auf mich selbst verlagerte. Als ich die Strapaze der Nachsuche geschafft hatte, war ich besonders stolz. Von da an wusste ich, wie weit ich meinen Körper in diesem Gebirge belasten konnte. Weil meine Schwester dies bei ihren Reisen schon oft selbst erlebt haben dürfte, berichtete ich ihr voller Stolz von meinem Erlebnis. Ich hätte nie erwartet, dass sie mit Besorgnis reagieren könnte. Es stimmt, die Kasachen waren in mancher Hinsicht eher nachlässig und fahrlässig, doch damit hatte ich mich abgefunden und mich darauf eingestellt. Da ich ihr Verhalten nicht verändern oder beeinflussen konnte, konzentrierte ich mich auf mich selbst und rebellierte nicht gegen sie.*

Ich habe es mein Leben lang nicht gelernt und nicht lernen müssen, mich mit unabänderlichen Situationen abzufinden. Die gibt es nämlich für mich gar nicht. Ich finde stets einen Ausweg. Immer habe ich ihn gefunden, soweit ich mich zurückerinnere. Nur diesmal gibt es keinen. Am Verhalten der Führer kann ich nichts ändern. Mit meinem Bruder kann ich nicht darüber reden, weil ich ihn nicht nerven will und ihm womöglich dadurch das Erlebnis verderben würde.

Was würde ich machen, wenn ich allein wäre, frage ich mich. Die Antwort lautet: Ohne meinen Bruder wäre ich gar nicht hier und vor allem nicht zusammen mit unseren Führern. Es hat sich in meinem Leben gut gefügt, aber wahrscheinlich habe ich es unbewusst selbst so eingerichtet, dass ich nie von anderen Menschen so abhängig war, dass ich nicht einfach davongehen, mich trennen konnte, noch bevor eine Situation unerträglich für mich werden sollte.

Während Holger ungeheuren Belastungen ausgesetzt ist, kann ich mich nicht beklagen. Mir geht es gut, ich sitze bequem auf einem rundlichen, etwas erhöhten Stein, wie auf einem Aussichtsplatz, und genieße trotz der Sorgen um meinen Bruder und des Ärgers über Aslans Verhalten den Rundblick über Gipfel und Täler. Ein dunkler Schatten, wie er manchmal bei Sonnenlicht von Wolken auf die Erde geworfen wird, erregt meine Aufmerksamkeit. Er zieht in gleichmäßiger Geschwindigkeit über die Berghänge, viel schneller, als es Wolken tun. Neugierig halte ich Ausschau nach dieser seltsamen Erscheinung. Mein Blick geht zum Himmel – und was ich sehe, entlockt mir einen Ausruf der Überraschung. Dort kreist ein riesiger Vogel. Ich kenne diesen Titanen der Lüfte, habe ich ihn doch bereits in den Alpen beobachtet. Es ist ein Bartgeier. Seine Flügel haben eine Spannweite von drei Metern. Neben dem Kondor ist er der größte flugfähige Vogel der Welt, selbst Adler sind kleiner. Sein kontrastreiches, fast bunt wirkendes Gefieder glänzt im Sonnenlicht. Sein Rücken ist schwarz und grau, aber Hals, Kopf, Brust und Bauch zeigen verschiedene Farbnuancen von Rostrot über Orange bis Hellgelb und Weiß. Ein prächtiger Vogel! Wer ihn sieht, wie er sich von Aufwinden emportragen lässt oder im Gleitflug zwischen Felswänden patrouilliert, muss ihn unwillkürlich bewundern. Seinen Namen erhielt der Vogel übrigens von den schwarzen, borstenartigen Federn, die einem Bart ähnlich seitwärts über seinem Schnabel hängen.

Der Geier hat mich entdeckt, kommt neugierig näher, mustert mich scharf und gleitet über mich hinweg, so nah, dass ich den roten Ring sehe, der seine Pupille umgibt. Das ist der Skleralring, ein Knochenring, den alle Vögel haben. Dabei handelt es sich um kleine Knochenplättchen, die das Auge schützend umgeben. Ein Überbleibsel von ihren Vorfahren, den Sauriern. Alle Vögel haben dieses Relikt aus der Urzeit, es ist allerdings bei den meisten Vogelarten, wie zum Beispiel bei den Hühnervögeln, kaum sichtbar. Beim Bartgeier wird der Ring bei Erregung von Blut durchpulst und leuchtet dann blutrot, was neben seiner Größe ein weiterer Grund ist, warum der Bartgeier gefürchtet und von den Almbauern verteufelt und verfolgt wurde.

Ob er sich meinetwegen so aufregt? Da erscheint der zweite, und ich bin für ihn nicht länger interessant. Die beiden riesigen Vögel umkreisen sich, lassen sich vom Aufwind höher und höher tragen und stürzen gemeinsam wieder hinab. Wunderschön, wie sie gleich darauf wieder aufsteigen und scheinbar schwerelos dahinsegeln.

Sie sind ein Paar und bleiben ein Leben lang zusammen. Bei Bartgeiern kann man äußerlich nicht feststellen, wer Weibchen und wer Männchen ist. Bei manchen Greifvögeln ist das Weibchen größer, nicht so bei Bartgeiern. Obwohl es jetzt im Spätsommer nicht die richtige Jahreszeit dafür ist, erfreuen sie mich dennoch mit einer kleinen Kostprobe ihrer Balzflüge, die sie voller Leidenschaft und mit Ausdauer im Frühjahr vollführen. Bartgeier haben keine brettbreiten und abgerundeten Flügel wie Adler, sondern schmale und spitze. Ihr Flugbild ähnelt eher den Falken, nur dass sie ungleich größer sind.

Sie haben ein weites Verbreitungsgebiet von Europa über Afrika nach Asien bis China. Bei uns allerdings zählen sie zu den seltenen Arten, nur noch 250 Exemplare soll es in ganz Europa geben. In den Alpen waren sie gänzlich verschwunden, brutal ausgerottet. Gnadenlos wurden sie verfolgt, bis keiner mehr übrig war. Es wurden sogar Abschussprämien gezahlt und mit Strychnin vergiftete Köder ausgelegt. Der letzte Bartgeier wurde 1913 im Aostatal erlegt.

Missverständnisse und Fehlinformationen hatten den Hass auf den harmlosen Vogel geschürt, der trotz seiner immensen Größe keine Beutetiere tötet, sondern sich einzig von Knochen ernährt. Somit hat er eine Nahrungsnische gefunden, die ihm von niemandem streitig gemacht wird. Eine besondere Technik hilft ihm, die langen Röhrenknochen, die von Raubtieren übrig gelassen werden, zu zerkleinern, denn mit seinem schwachen und zu weichen Schnabel könnte er es nicht. Er ergreift sie mit seinen Krallen, die beweglicher sind als bei anderen Vögeln, steigt sechzig oder sogar hundert Meter in die Luft und lässt die Knochen fallen, sodass sie auf den Felsen zerschmettert werden. Biologen haben beobachtet, dass er unermüdlich immer wieder aufsteigt, so lange, bis der harte Knochen zerbricht und der Geier die Stücke verschlingen kann, die dann von seiner starken Magensäure zersetzt werden.

Bartgeier können nur dort leben, wo es Beutegreifer wie Wolf, Luchs, Bär oder Adler gibt, die für sie die Tiere erlegen oder das Fallwild vom Fleisch befreien, bis nur noch das Skelett übrig ist. Deshalb stören sie die Raubtiere auch nicht beim Fressen, wie es andere Geierarten zum Beispiel in Afrika tun, die sich unter die Löwen mischen und ihnen die Beute streitig machen. Bartgeier warten geduldig, bis kein Fleisch mehr vorhanden ist, und machen sich dann über die Knochen her. Ihr Schnabel ist nicht stark genug, um Fleischfetzen herauszureißen, zudem können sie als Jungvögel zwar Fleisch verdauen, als Erwachsene jedoch nur noch Knochen. Wenn Bartgeier allerdings unter Hunger leiden und keine Knochen finden, ernähren sie sich notgedrungen mitunter auch von Aas. Das haben Biologen im Himalaja feststellen können, dort gibt es in einigen Gebieten kaum noch Beutegreifer, und deshalb fehlt die Knochennahrung.

Um vor allem der Bevölkerung in den Alpen, die sich vehement gegen die Auswilderung von Bartgeiern wehrte, die Ungefährlichkeit der Tiere zu beweisen, hat man Kaninchen, Murmeltiere und sogar Hühner ins Gehege der Geier gesetzt. Die Tiere haben wochenlang harmonisch zusammengelebt, ohne dass ihnen von den Bartgeiern ein Haar oder eine Feder gekrümmt wurde. Es war also Rufmord, was den Bartgeiern angetan worden war. Nie hatten sie ein Gämsenjunges oder einen jungen Steinbock getötet und auch kein einziges Lamm der Almbauern. Doch ihnen wurde noch Schlimmeres angedichtet, nämlich Kinder in den Abgrund zu stoßen und Babys aus der Wiege zu stehlen. Diese Lügengeschichten besiegelten das Schicksal des schönen Geiers und führten zu seiner Ausrottung in den Alpen. Nach missglückten Versuchen, in Afghanistan gefangene Wildtiere freizusetzen, gelang es im Innsbrucker Alpenzoo schließlich, Bartgeier zu züchten, und ab 1986 begann die Auswilderung. Inzwischen leben wieder Brutpaare in den Alpen.

Nie werde ich das grandiose Erlebnis vergessen, als ich dort vor Jahren Bartgeier beim Balzspiel beobachten konnte. Ein Schauspiel artistischer Gewandtheit. Die Vögel wetteiferten in ihrer Kunstfertigkeit miteinander, machten einen Looping nach dem anderen, einer drehte sich auf den Rücken, der andere fasste ihn mit seinen Krallen an den Fängen. So miteinander verhakt, als wären sie unlösbar verbunden, trudelten sie vom Himmel hoch der Erde entgegen. Mir stockte der Atem. Gleich würden sie aufschlagen. Das Flügelfederknäuel löste sich im letzten Moment voneinander. Wieder stiegen die Flugkünstler empor, wurden nicht müde, sich zu umkreisen, auf- und niederzuschweben. Beeindruckend, wenn sie synchron dicht nebeneinander flogen, sich dabei fast mit den Flügelspitzen berührten.

Auf Balzspiele kann ich jetzt nicht hoffen. Doch als hätten sie mir eine Freude machen wollen, haben mir diese zwei Bartgeier eine kurze Show gegönnt. Ich verfolge den majestätischen Flug der beiden mit den Augen, bis sie hinter einem Felszacken außer Sicht sind.

Nachdem sie verschwunden sind, suche ich erneut die Berghänge ab, nehme immer wieder das Fernglas zu Hilfe. Endlich entdecke ich drei Reiter tief unten im Felsgewirr. Beschwerlich kämpfen sich die Pferde nach oben und erreichen unter Mühen die Abbruchkante.

»Hast du was zu trinken?« Mit dieser Frage werde ich sofort konfrontiert, hervorgestoßen aus einer rauen Kehle.

Ich gebe Holger meine Flasche, in der ich fürsorglich das Wasser für ihn aufgespart habe, doch anstatt kräftig zu trinken, feuchtet er nur seinen Mund an und reicht sie an die Guides weiter – und im Nu ist meine Wasserreserve aufgebraucht. Ist man mit Freunden unterwegs, teilt man selbstverständlich kameradschaftlich. Auch die Kasachen würde ich natürlich in diese Verbundenheit einbeziehen, wenn sie sich denn anders verhielten. Sie haben es zu verantworten, dass wir in dieser Höhe zu wenig trinken, weil sie bei den Touren kein Wasser mitnehmen und sich dann aus unseren Reserven bedienen.

Frisch mit meinem Wasser gestärkt, macht Aslan keine Anstalten, zu den Zelten zu reiten. Ziellos ziehen wir immer weiter über das Plateau. Wieder und wieder steigt Aslan vom Pferd ab, schleicht sich an die Abbruchkante und hält Ausschau nach Wild, während wir in der Mittagshitze auf unseren Pferden sitzend warten.

Oh mein Gott, denke ich, wie hält Holger das nur aus? Seit fünf Uhr in der Früh auf den Beinen, in die Schlucht abgestiegen, dort herumgekraxelt, und auch das Hinaufreiten in dem abschüssigen Gelände war kräftezehrend. Und das alles, ohne etwas gegessen zu haben und mit viel zu wenig Wasser. Warum wehrt er sich nicht und besteht darauf, ins Lager zurückzureiten?

Holger *Zu diesem eher noch frühen Zeitpunkt unserer Jagdunternehmung würde überschäumende, vielleicht sogar ungerechtfertigte Kritik das Verhältnis zu den Jagdführern tatsächlich erheblich beeinträchtigen. Bei mir versagte einfach die Fähigkeit, darüber offen mit meiner Schwester zu reden – vielleicht aufgrund der enormen körperlichen Anstrengung, der Konzentration aufs Reiten.*

Es kostet mich enorme Energie, mich nicht einzumischen. Das hat bisher jedes Mal zur Verstimmung zwischen Holger und mir geführt. Doch ich weiß um die Gefahren der Höhenkrankheit, die tödlich sein kann, immerhin sind wir auf 4000 Metern. Um mich mache ich mir keine Sorgen. Während Holger seinem Körper Höchstleistungen abgefordert und dabei durch heftiges Atmen und Schwitzen viel Wasser verloren hat, saß ich auf meinem Stein, habe mich ausgeruht und kein bisschen geschwitzt.

Schließlich kann ich mich nicht mehr bremsen und versuche so vorsichtig, wie es mir möglich ist, auf meinen Bruder einzuwirken: »Holger, meinst du nicht, wir könnten Aslan allein Ausschau halten lassen und mit Sarik zu den Zelten …?«

Noch bevor ich zu Ende gesprochen habe, unterbricht er mich unwirsch: »Ach! Was willst du denn schon wieder! Was nützt es, wenn er was sieht und ich nicht da bin, um meine Jagdchance zu nutzen!«

Was für ein Quatsch, denke ich. Glaubt er wirklich, Aslan könnte Wild entdecken, jetzt am Mittag? Die Sonne brennt herab. Welcher Steinbock zieht in dieser Gluthitze durchs Gebirge? Die Tiere liegen irgendwo im Schatten, käuen gemütlich wieder, verdeckt von Buschwerk. Da nützen Aslan selbst seine scharfen Augen rein gar nichts!

Meine Gedanken behalte ich diesmal lieber für mich, damit die angespannte Situation nicht noch mehr eskaliert. Stattdessen frage ich: »Wie war es denn dort unten? Habt ihr beim Anschuss irgendeinen Hinweis entdeckt, dass der Bock womöglich doch getroffen wurde?«

Holger *Schon bei dieser ersten Frage zur Nachsuche merkte ich meiner Schwester ihre Anspannung an. Ich hielt mich deshalb mit Erklärungsversuchen zurück, auch um Zweifel bei mir selbst zu unterdrücken. Als sich schließlich bestätigte, dass ich vorbeigeschossen hatte, wurde mir klar, dass ich wohl einer optischen Täuschung erlegen war. Die enorme körperliche Anspannung, die widrigen Lichtverhältnisse und das Zureden meines Jagdführers führten zu meiner Fehleinschätzung. Statt die Kugel im Gewehrlauf zu belassen und auf eine bessere Jagdsituation hinzuarbeiten, entschied ich mich für den Schuss, der zum Glück vorbeiging, ohne das Tier zu verletzen.*

»Wir waren nicht beim Anschuss«, entgegnet Holger lakonisch.

»Was?« Mehr bringe ich nicht hervor. Mir steht der Mund offen, und meine Gedanken drehen sich wie ein Kreisel. Das ist doch nicht möglich, da steigen die beiden in die Schlucht hinab und schauen nicht nach! Jeder Jäger ist nach einem Schuss verpflichtet zu prüfen, ob es Anzeichen für einen Treffer gibt – auch wenn er meint, nicht getroffen zu haben. Das kann Blut sein, dessen Farbe und Konsistenz einen Hinweis gibt, welches Organ getroffen wurde. Auch Haare, die der Aufprall der Patrone aus dem Fell gelöst hat, geben Auskunft. Der Jäger kann anhand der Länge und der Farbe Schlüsse ziehen, wo die Kugel den Körper getroffen hat. Ebenfalls hält man nach Spuren am Boden und nach geknickten Zweigen Ausschau, die dem Kundigen zeigen, ob das Tier getroffen wurde und wohin es geflüchtet ist.

Und da sind sie nicht zum Anschuss gegangen! Was soll man dazu sagen? Holger ist der Jäger, warum ordnet er sich Aslan unter? Merkt er nicht, dass der überhaupt keine Ahnung hat? Der ist doch völlig daneben! Ich spüre, wie Wut in mir hochsteigt, und brauche alle meine Kraft, um sie nicht ausbrechen zu lassen.

Nachdem ich mich etwas gesammelt habe, frage ich kleinlaut: »Was habt ihr denn dort unten gemacht?« Meine Stimme ist leise, ich muss sie dämpfen, denn in mir kocht es, und ich befürchte, bald fliegt der Deckel vom brodelnden Kessel.

»Nichts weiter«, antwortet Holger. »Aslan ist zwischen den Felsen herumgeklettert, hat in die Spalten geschaut.«

Holger *Nach der erfolglosen Nachsuche war es bereits Mittagszeit. Wir hatten ausgesprochen sommerliche Verhältnisse in fast 4000 Meter Höhe. Aslan schätzte die Mittagstemperatur auf etwa 26 Grad Celsius. Eigentlich keine Tageszeit, um Steinböcke zu jagen. Dennoch ritten wir an der Felskante entlang, und Aslan hielt hier und da Ausschau nach Steinwild. Ich versuchte, mich in ihn hineinzuversetzen, um sein Handeln zu verstehen. Ähnlich wie bei der Nachsuche, als wir nicht auf direktem Weg zur Anschussstelle abstiegen, sondern in der Nähe nach dem Steinbock suchten. Im Nachhinein wurde mir klar, dass er bei dieser Hitze Kraft und wertvolle Zeit sparen wollte. Zudem hätten uns zu diesem Zeitpunkt bereits die Herrscher der Lüfte den Kadaver verraten. Deshalb suchte Aslan die Standorte ab, an die sich ein verletzter Steinbock hätte begeben können. Bei dieser Jagd in der schier grenzenlosen Weite der Gebirgslandschaft entscheidet über Erfolg und Misserfolg sowohl das Glück als auch die Ausdauer. Die Einheimischen leben in dieser Region fast ausschließlich von der Jagd. Ackerbau und intensive Viehzucht sind so gut wie ausgeschlossen. Verpassen die Jäger eine Jagdchance, fehlt ihren Familien das so lebensnotwendige Fleisch. Die meisten von ihnen verstehen das Jagdhandwerk deshalb von Kindheit an.*

Zwei Stunden ziehen wir auf dem Plateau umher, wobei wir die meiste Zeit auf Aslan warten, während dieser unentwegt auf- und absteigt und die Gegend absucht. Mir ist klar, dass er unter Druck steht. Es geht um seine Ehre und nicht zuletzt um seine Prämie, die er nur bei Abschuss bekommt. Seit Tagen sind wir im Gebirge, und bisher hat Holger nur zweimal, am ersten Abend und gestern, Steinwild gesehen. Entweder ist der Wildbestand gar nicht so groß, wie uns der Jagdveranstalter versichert hatte, oder das Steinwild ist durch die Bejagung und zusätzlich durch die Beutegreifer zu beunruhigt.

Holger kann sich in seinen Jagdführer viel besser hineinversetzen als ich. Wahrscheinlich ist er auch gutmütiger und nicht so rechthaberisch wie ich. Zumindest zeigen mir seine Tagebuchnotizen, dass er Aslan Jagdverstand zubilligt und dessen Entscheidungen vielleicht nicht immer gutheißt, sie jedoch ohne inneren Widerstand mitträgt, ganz im Gegensatz zu mir.

Holger *Die kasachischen Jäger verstehen ihr Handwerk, und die meisten von ihnen sind sehr wohl in der Lage, Jagdgäste zum Erfolg zu führen. Aslan nutzte die Mittagszeit, um Steinwild an den unzugänglichen Rastplätzen auszumachen, um später, in der aktiven Phase der Tiere, eine sinnvolle Jagdstrategie zu entwickeln.*
Ich selbst habe schon oft Jagdgäste in meinem heimischen Jagdrevier, welches ich schon seit über dreißig Jahren bewirtschafte, zum Erfolg geführt. Meine Gäste mussten sich auf mich, auf meine Sachkenntnis verlassen können, denn sie kannten die Revierverhältnisse und -gegebenheiten ja nicht. Und genauso erging es mir umgekehrt hier mit den einheimischen Jägern: Ich musste mich auf sie verlassen können.
Für meinen Schuss jedoch bin ich immer noch selbst verantwortlich. In Russland jagte ich vor einigen Jahren auf Auerwild. Der Auerwildbestand in Russlands Wäldern ist ausgesprochen gut. In

Deutschland sind gute Lebensräume für diese Wildart kaum noch vorhanden. Unzählige Beutegreifer wie Wolf, Luchs, Fuchs, Marder und viele mehr machen dem Auerwild zusätzlich zu schaffen. Vom damaligen Jagdführer bekam ich die Ansage, auf einen Birkhahn zu schießen, den ich aufgrund der Finsternis nicht ausreichend gut ansprechen konnte. Ich schoss damals nicht, was der Russe überhaupt nicht verstand. Für ihn zählte tatsächlich nur die Erlegung des Tieres. Für mich hatte das richtige Ansprechen des Wildes Vorrang. Er musste sich also zähneknirschend meiner Entscheidung beugen und auf bessere Situationen hinarbeiten.

In Kasachstan hingegen hatte ich die Gegebenheiten falsch eingeschätzt, nicht bedacht, dass die Dunkelheit bereits zu weit fortgeschritten war. Erfolg und Misserfolg liegen oft dicht beieinander und werden von zahlreichen Faktoren beeinflusst. Gelangen wir zu einem positiven Ergebnis, behaupten wir gern, alles bedacht und richtig gemacht zu haben, ohne zu ahnen, wie viel wir dabei eigentlich dem Zufall verdanken.

Mir ist klar, dass Aslan Holger zum Erfolg führen will, darum kämpft er unermüdlich, schont sich nicht. Doch er macht es falsch. So führt man keine erfolgreiche Jagd durch! Meine Erkenntnisse behalte ich inzwischen allerdings lieber für mich. Holger würde mir nur wieder vorwerfen, schlauer als die Kasachen sein zu wollen. Was ich ja schließlich wirklich bin, habe ich doch die Ausbildung und die Erfahrungen. Doch es nützt mir hier rein gar nichts. Sinnlos reiten wir hinter unserem Führer her, und ich kann nichts dagegen tun.

Auf meinem Pferd sitzend lasse ich meinen Blick über das weite Plateau schweifen. Alles ist ruhig. Kein Vogelruf, kein Tier lässt sich blicken. Ein leichter Wind weht. Langsam hat sich mein aufwallendes Blut beruhigt. Ich habe Muße, über mich nachzudenken. Es ist mir bewusst, dass ich durch meine abenteuerlichen

Alleinreisen mehr Erfahrungen, Informationen, Kenntnisse gewonnen habe als die meisten Menschen. Für jeden, der mehr weiß als andere, ist gemeinschaftliches Zusammensein nicht einfach – man wird dann automatisch zum Führer oder zum Außenseiter. Beides will ich nicht sein, so passe ich mich beim Zusammensein mit anderen Menschen an, behalte mein Wissen für mich, denn ich will weder jemanden beeindrucken noch mich über andere stellen.

Mein angepasstes Verhalten kann ich jedoch nur für einen kurzen, absehbaren Zeitraum durchhalten, auch deswegen habe ich meine Reisen stets allein unternommen. Bei Unterhaltungen höre ich lieber zu, als selbst glänzen zu wollen. Den Gesprächen der anderen zu lauschen ist viel interessanter, als selbst zu reden. Meine Geschichten kenne ich, spannender ist es, die meiner Gesprächspartner zu erfahren. Wahrscheinlich habe ich diese Strategie der Anpassung und Zurückhaltung unbewusst bereits seit meiner Kindheit beherzigt. Denn über Natur und Tiere wusste ich schon damals mehr als meine Mitschüler, habe mein Wissen jedoch nicht mit ihnen geteilt, aber zugleich auch nicht an ihren Interessen teilgenommen. Doch das scheint keinem der Kinder und späteren Jugendlichen aufgefallen zu sein, denn bei Jahrestreffen äußerte niemand je eine negative Meinung über mich. Selbst wenn ich konkret danach fragte und wissen wollte, ob ich denn nicht ein komischer, einzelgängerischer Vogel gewesen sei, hieß es: »Nein, wir mochten dich doch alle, du warst überhaupt nicht anders als wir.«

In mir brodelt, seit ich denken kann, ein Vulkan. Ich will nicht, dass er ausbricht. Bisher habe ich ihn, soweit ich das selbst beurteilen kann, fast immer beherrscht. Vielleicht sind ab und zu in der Aufregung ein paar Lavabrocken herausgeflogen, doch gerade in konfliktreichen Situationen werde ich innerlich ganz und gar ruhig. Wenn andere in Panik verfallen, kann ich planvoll und überlegt handeln. Diese Fähigkeit hat mir bei meinen Abenteuern bestens geholfen.

Mir gelingt es auch fast immer, mit den unterschiedlichsten Menschen gut auszukommen. Ohne dass es mir in dem Moment recht bewusst wird, lasse ich mich total auf den anderen ein. Erst später nach einer Begegnung merke ich dann, dass wir nur über seine Anliegen, Ideen, Probleme und Gedanken gesprochen haben. Ich denke mich dabei so intensiv in mein Gegenüber hinein, dass ich fast so fühle und empfinde wie er oder sie. Das passiert mir auch bei meinen Reisen, wenn ich mit Menschen anderer Kulturen zusammenkomme, ob bei den Indianern im Hochland von Ecuador, bei den Frauen im Jemen oder bei den Nomaden in der Mongolei. Wenn ich dann wieder abreise, sind diejenigen, mit denen ich eine Zeit lang zusammengelebt habe, besorgt: »Du kannst doch nicht wieder zurück. Deine Heimat wird dir fremd sein, denn du bist so wie wir geworden.« Als ich diese Worte zum ersten Mal hörte, ausgesprochen von einer Jemenitin, wurde mir deutlich, wie sehr ich mich angepasst hatte, ohne es zu merken.

Soweit ich mich erinnern kann, ist das hier das erste Mal, dass ich mit Menschen einfach nicht klarkomme. Selbst bei meinem Winterabenteuer in British Columbia wäre ich mit dem Kanadier, der mir sein Blockhaus vermietete, eigentlich gut ausgekommen, nur wollte er verhindern, dass ich dort im Winter allein blieb. Da waren zwei gegensätzliche Zielrichtungen aufeinandergestoßen und hatten zu Problemen geführt.

Mit den beiden Kasachen ist es anders. Vor allem gegenüber dem älteren verspürte ich ziemlich bald eine heftige Abneigung. Wirklich schlüssig kann ich sie mir nicht erklären. Eine wichtige Rolle spielt, dass ich ihre Sprache nicht beherrsche. Miteinander sprechen zu können ist für mich eine entscheidende Voraussetzung, um eine Beziehung aufzubauen. Deshalb habe ich stets die Sprachen der Länder gelernt, in die ich gereist bin. Zudem bin ich dieses Mal nicht allein unterwegs, ich muss mich also nicht gezwungenermaßen anpassen, Holger macht das für mich. Er ist derjenige, der abends bei den Kasachen im Zelt hockt und, so gut er es vermag, mit ihnen spricht, mit ihnen lacht und sie bei Laune hält. Ich dagegen kann meine Abneigung, die am Anfang noch gering war, als man mein Pferd an die Leine nahm, weiter nähren. Inzwischen ist sie zu einem Monster herangewachsen.

Am Nachmittag erst erreichen wir die Zelte in dem schönen Tal mit dem Wollgras und der blühenden Vegetation, in dem wir übernachtet hatten und am frühen Morgen weggeritten waren. Schmetterlinge flattern umher, Vögel zwitschern, und Murmeltiere stoßen ihre Warnrufe aus. Ich freue mich darauf, Zeit zu haben, herumzustreifen, zu beobachten und zu fotografieren. Vielleicht gelingen mir sogar Fotos von Murmeltieren, wenn ich mich ruhig in der Nähe ihrer Baue postiere.

Zuerst aber möchte ich etwas essen, denn wir sind am Morgen ohne Frühstück gestartet. Es wird jedoch nicht gekocht, sondern Sarik bietet ein paar Kekse und Tee an. Dann verkündet Aslan, dass wir sofort packen und weiterziehen müssen.

Was? Das ist ja ungeheuerlich! Mein Bruder muss sich ausruhen, seit der Früh ist er zu Fuß und zu Pferd unterwegs. Ich rechne nach, es sind zehn Stunden! Und nun soll er wieder aufs Pferd und bis in die Nacht hinein reiten?

Mir ist klar, dass Aslan unter Druck steht. Die Zeit bis zu unserer Abreise wird knapp. Mit jedem Tag, der vergeht, wird die Chance geringer, noch Erfolg zu haben. Deshalb hat er mittags unermüdlich die Gegend abgesucht, und weil er kein Wild entdecken konnte, sollen wir noch heute in ein neues Gebiet reiten. Das lasse ich aber nicht zu, mein Bruder braucht Ruhe, morgen ist auch noch ein Tag.

Ohne lange zu überlegen und ohne mich mit meinem Bruder zu besprechen, entscheide ich: »Wir bleiben hier! Morgen geht es weiter!«

Aslan kneift seine Augen zusammen. Sie werden ganz klein. Wie winzige Kugeln verschwinden sie fast in seinem runzeligen Gesicht. Irritiert blickt er von mir zu meinem Bruder, versucht zu verstehen. Ich sehe ihm an, was er denkt: Wieso bestimmt jetzt die auf einmal? Diese Frau? Die hat doch nichts zu sagen! Oder doch?

Holger springt auf. Wütend. Sein Gesicht läuft rot an.

»Was fällt dir ein!«, schreit er. »Willst du meine Beziehung zu den Jagdführern ruinieren? Es wird gemacht, was Aslan sagt!«

Oje, hätte ich nur meine inneren Pferde daran gehindert davonzugaloppieren. Meine Einmischung hinterlässt einen tiefen Riss zwischen meinem Bruder und mir.

Wir packen schweigend zusammen, und um sechzehn Uhr sitzen wir wieder auf den Pferden, vier weitere Stunden lang.

Höhensturm

In der Nacht errichten wir, wie schon so oft, im Schein unserer Stirnlampen die Zelte. Unterwegs waren wir an einem besser geeigneten Platz vorbeigekommen, in Sichtweite von einem Fluss. Da hätte das Tageslicht noch ausgereicht, abzusatteln, uns einzurichten und endlich wieder einmal eine Mahlzeit zu uns zu nehmen. Seit Tagen habe ich mich von Schokolade und Energieriegeln ernährt, von denen mir nur noch wenige Packungen geblieben sind.

Doch als wir näher kamen, standen da schon zwei Zelte. Bisher waren wir niemandem begegnet, auch keinem der anderen Teilnehmer. Die überraschten und enttäuschten Ausrufe unserer Führer zeigten mir, dass sie diesen Platz für uns vorgesehen hatten. Sarik stieg gleich ab, öffnete eines der Zelte. Wahrscheinlich um zu prüfen, wer hier sein Lager aufgeschlagen hatte, vermutete ich. Anhand der Utensilien hatte er es wohl erraten, denn er rief Aslan zwei Namen zu.

Der Proviantsack ihrer kasachischen Kameraden erregte sein Interesse. Er öffnete ihn, holte Verschiedenes hervor: Zwiebeln, Brot und Suppenbeutel, alles hielt er hoch, um es Aslan zu zeigen und seine Zustimmung zu erheischen. Doch der tat, als würde er nichts wahrnehmen, und blickte starr geradeaus. Da kein Einspruch kam, wertete Sarik dies als Zustimmung und steckte die Sachen in seinen Beutel, der so gut wie leer war.

Gerade wollten wir weiterreiten, da kamen drei Reiter vom Berg herab. Staub wirbelte auf wie in einem Wildwestfilm. Holger und ich blickten den Ankommenden gespannt entgegen. Wer konnte das sein? Unsere Kasachen wussten es sicher bereits lange vor uns. Es waren Thomas und seine Jagdbegleiter. Der Jäger berichtete uns als Erstes von seinem Pech: Er hatte danebengeschossen!

Ich nutzte die Gelegenheit, ihn zu fragen: »Wie verständigst du dich mit deinen Leuten?«

Thomas war überrascht: »Auf Deutsch natürlich, wie sonst?«

»Tatsächlich?«, fragte ich ungläubig. »Unsere Führer verstehen so gut wie nichts!«

Meine Sorgen interessierten ihn nicht. Er zuckte gleichgültig mit den Schultern und erzählte weiter von seinem Pech mit dem verfehlten Steinbock. Das sei ein unglaublich kapitales Tier gewesen. Wie ihm das nur habe passieren können?

»Ein Fehler! Ich habe einen Fehler gemacht!« Thomas war aufgeregt und redete durcheinander. Mir erschloss sich nicht, was eigentlich passiert war.

Auch die vier Kasachen nahmen sich reichlich Zeit für einen Austausch, obwohl sich die Dämmerung bedrohlich schnell ausbreitete und wir erst noch einen Lagerplatz suchen und finden mussten. Thomas hatte zwar gemeint, es sei genügend Platz für noch zwei Zelte. Ich sah ihm an, dass er sich auf ein abendliches Beisammensein mit Holger freute, doch Aslan bestand darauf, einen anderen Platz zu suchen. Er wollte anscheinend nicht in einem Gebiet bleiben, wo durch eine Menschenansammlung zu viel Unruhe für das Wild heraufbeschworen werden könnte.

Holger und ich füllten noch schnell unsere Wasserflaschen am Gebirgsfluss, während unsere Guides nichts dergleichen taten. Vermutlich fehlten ihnen die Behältnisse. Sie hatten am ersten Tag abgefülltes Wasser in Plastikflaschen aus dem Camp mitgenommen, die sie wahrscheinlich, als sie ausgetrunken waren, weggeworfen hatten, statt sie immer wieder frisch zu befüllen.

Die Sterne leuchten schon, als wir endlich einen von Büschen halbwegs freien, aber abschüssigen Platz finden. In der Nacht wache ich immer wieder auf, weil ich an das Fußende gerutscht bin.

Holger geht, wie auch an den anderen Abenden, vor dem Schlafen noch ins Zelt unserer Führer, wo sie die geklauten Tütensuppen essen. Ich vermute, dass unsere Guides ihre Kameraden wenigstens nachträglich um Erlaubnis gebeten hatten, doch Thomas wird später erzählen, dass man sich nicht habe erklären können, wohin die Zwiebeln und die anderen Sachen verschwunden seien und dass sie lange gerätselt hätten, welches Tier den Beutel habe öffnen und wieder verschließen können.

Am nächsten Morgen stehen wir, wie bisher fast immer, um fünf Uhr auf und reiten gleich ohne Tee und Frühstück los. Von Holger weiß ich, dass das Brot, das Sarik gestohlen hat, am Abend gegessen wurde und außer ein paar Keksen nichts mehr da ist.

Wir sitzen auf den Pferden, bis die Sonne die Berge in Licht taucht. Dann steigen wir ab, und die Pferde beginnen gleich zu grasen. Ich suche mir einen geeigneten Platz auf Grasbuckeln und warte. Holger ist mit Aslan und Sarik losgezogen, um irgendwo in den felsigen Abhängen Steinböcke zu erspähen.

In den Wacholderbüschen in meiner Nähe zwitschern und hüpfen Vögelchen herum, winzigen Wattebällchen gleich. Vielleicht sind es Goldhähnchen oder deren Verwandte. Ich kann sie nicht genau bestimmen, denn ich habe Holger mein Fernglas geliehen. Bei seinem Jagdglas haben sich die Linsen verschoben, sodass es nicht mehr scharf einzustellen ist. Mein Glas habe ich ihm gern gegeben, schließlich benötigt er es dringender als ich für meine Vogelbeobachtungen.

Auf der Lichtung wachsen Disteln, Wermut, Beifuß und Wacholder. Schmetterlinge flattern herum. Ich freue mich, als ich

Anreise: Im Morgenlicht ragt der Dsungarische Alatau geheimnisvoll in den roten Himmel.

Weite Steppe: Einem Lindwurm gleich rollt der Zug am Alakölsee entlang.

Rast: Unser Dolmetscher Telman erklärt dem Fahrer die Auffahrt ins Gebirge.

Verstehen einander: mein Bruder Holger (links) mit dem kasachischen Fahrer

Küchenhaus: Nach fünfzehnstündiger Fahrt kommen wir im Basislager an.

Berglager: Hier bekommen wir unsere Reitpferde.

Leistungsstark: Sie tragen Reiter und Gepäck durch die unwegsame Bergregion.

Hunger: Die Pferde nutzen die Pausen zum Fressen.

Nachtquartier: ein Zelt für die Führer, das andere für Holger und mich

Karges Mahl: Trinken ist im Hochgebirge wichtiger als essen.

Eindrucksvoll: Holger bewundert die 5000 Meter hohen Gipfel, hinter denen China liegt.

Ausschau: Wo sind die Steinböcke?

Holger: Auch ohne gemeinsame Sprache schafft er es, sich mit dem Jagdführer (rechts) und seinem Assistenten (links) zu verständigen.

Blauer Eisenhut

Feuerkraut

Weißer Enzian

Steinbrech mit Schmetterling Kleiner Fuchs

Blütenpracht: je karger der Boden, umso leuchtender die Blüten

Fransenenzian

Einsamkeit: Langsam geht der Abend in die Nacht über.

Ziesel: typisches Steppentier

Bartgeier: König der Lüfte

Rückblick auf meine Reise in die Mongolei: auf dem Weg zum Adlerfest am Fluss Sagsai

Idyllisch: Yaks vor der Bergkulisse im Altai

Kopf an Kopf: Melken der Ziegenherde

Stolz: Junger Kasache übt das Reiten.

Frauenpower: Kasachinnen sind erprobte Reiterinnen.

Tradition: Kasache mit Steinadler

Kyz kuu: Spiel mit vertauschten Rollen

Überfüllt: Aus der ganzen Region kommen Besucher zum Adlerfest nach Sagsai.

den seltenen Trauermantel entdecke. Er ist mit einer Flügelspannweite von acht Zentimetern einer unserer größten Tagfalter. Ein prachtvoller Schmetterling mit schokobraunen Flügeln und goldgelber Borte. Ich wundere mich, ihn hier zu sehen, so hoch in den Bergen und in trockener Umgebung. In den Ländern Europas lebt er in Auen und in feuchten Laubwäldern, auch an Berghängen habe ich ihn schon gesehen, aber immer unterhalb der Baumgrenze. Er liebt es, an Baumsäften zu saugen, und seine Raupen ernähren sich bevorzugt von Birkenblättern. Weder Birken noch andere Bäume wachsen in dieser Höhe von etwa 2500 Metern, in der wir uns heute befinden. So hoch wurde der Trauermantel noch nie beobachtet. Wenn ich der Bestimmungsliteratur trauen kann, sind 2000 Höhenmeter die Grenze seiner Verbreitung. Er lebt also im Alatau 500 Meter höher als bisher vermutet. Wahrscheinlich gäbe es einiges Neues festzustellen, wenn man die Schmetterlinge Kasachstans untersuchen würde.

Neben dem Trauermantel fällt mir ein weiterer aus Deutschland bekannter Schmetterling auf. Es ist der Schachbrettfalter, er gaukelt von einer Distelblüte zur anderen. Sein schwarz-weißes Muster erinnert tatsächlich an ein Schachbrett. Von diesen Faltern heißt es im Bestimmungsbuch, dass sie nur von England über Südeuropa bis Nordafrika verbreitet sind und östlich der Türkei gar nicht mehr vorkommen, also ein weiteres Schmetterlingsrätsel. Während andere Falterweibchen ihre Eier an Futterpflanzen anheften, lässt das Schachbrettweibchen seine Eier während des Fluges einfach eines nach dem anderen ungezielt herunterfallen. Für den Nachwuchs ist dies eine nützliche Strategie, denn die Raupen ernähren sich von den Gräsern, auf die sie purzeln, und einzeln sind sie für Fressfeinde weniger sichtbar. Und dort flattert auch der stattliche Admiral über die Lichtung. Seine schwarzen Flügel zieren rote Bänder und weiße Flecken.

Holger und Sarik sind schon seit einiger Zeit zurück. Holger hat sich neben mich gesetzt, während Sarik schaut, ob die Pferde noch gut festgebunden sind. Schließlich kommt auch Aslan zurück und signalisiert uns, wieder auf die Pferde zu steigen.

»Nix Steinbock«, sagt er.

Wir müssen zurück zum Lager, es abbauen und einen neuen Platz suchen. Unsere einzige Stärkung, nachdem wir gepackt haben und bevor wir wieder auf die Pferde steigen, sind Tee und Kekse. Seltsamerweise quält mich kein Hunger. Ich weiß nicht, ob die anderen hungrig sind. Unsere Führer mögen daran gewöhnt sein und auch bei ihren eigenen Unternehmungen nicht auf ausreichend Nahrung und Wasser achten. Umso mehr essen sie dann, wenn sie wieder daheim sind. So habe ich es zumindest erlebt, als ich mit Beduinen unterwegs war. Unglaubliche Mengen konnten sie in sich hineinschlingen, sobald Nahrung zur Verfügung stand, während mein Magen schrumpft, wenn ich eine Zeit lang wenig gegessen habe.

Nachdem mein Bruder dermaßen wütend geworden war, als ich mich gestern Nachmittag eingemischt hatte und in dem schönen Wollgrastal eine zweite Nacht verweilen wollte, wage ich nicht, ihn zu fragen, wie es ihm mit dem Hunger geht und ob es für ihn anstrengend ist, täglich zehn Stunden und mehr auf dem Pferd zu sitzen. Mit verschlossener Miene reitet er neben mir und vermeidet jeden Blickkontakt. Nur dieses eine Mal habe ich versucht, etwas zu bestimmen – na ja zuvor schon einmal, gleich am Anfang, als ich mich weigerte, an der Leine zu reiten. Ansonsten aber war ich still, habe kaum gesprochen. Mit wem auch? Es mag sein, dass mir diese verfahrene Situation auf den Magen schlägt und ich deshalb keinen Appetit habe.

Es geht steil hinunter in ein breites Flusstal. Hohe, schlanke Nadelbäume wachsen hier. Vielleicht sind es die berühmten Tian-Shan-Fichten. Wir reiten durchs Wasser und den Abhang auf der anderen Seite hinauf, zu einem Hochtal, das dicht mit mannshohem Engelwurz bewachsen ist. Das ist ein Doldenblütler, der in diesem wahrscheinlich sehr fruchtbaren Tal zwei Meter hoch gewachsen ist. Der süßliche Duft der Doldenblüten schwängert die Luft. Engelwurz ist eine bekannte Heilpflanze. Andere Büsche mit blauen Rispen, ähnlich unseren Schmetterlingsbäumen, haben zahlreiche Falter angelockt, die in Trauben an den Blüten hängen und Nektar saugen.

Weiter oben ist der Berghang von Murmeltierhöhlen förmlich durchlöchert, doch kein einziges Tier lässt sich blicken, und auch die typischen Warnpfiffe ertönen nicht. Sollten alle Bewohner der Bauten von den Kasachen geschossen worden sein?

Eher nicht. Ich weiß durch meine Reisen in der Mongolei, dass Murmeltiere immer wieder durch Pestepidemien dahingerafft werden. Die Pest verschwindet erst, wenn alle Murmeltiere einer Region gestorben sind. Weil das Bakterium *Yersinia pestis* auch Menschen gefährlich werden kann, dürfen während einer Epidemie keine Murmeltiere gejagt und gegessen werden. Ich war damals ziemlich erstaunt, dass der »Schwarze Tod« noch immer existiert und Opfer fordert.

Obwohl erst 2017 eine verheerende Pestepidemie in Madagaskar herrschte und 2019 in der Mongolei zwei Touristen daran starben, nachdem sie die lokale Spezialität Murmeltierleber gegessen hatten, wissen in Europa die wenigsten Menschen, dass die tödliche Gefahr durch die Pest nicht gebannt ist. Meist wird der Erreger, wie damals im Mittelalter, durch den Biss eines infizierten Flohs übertragen, der eben nicht nur im Fell von Ratten lebt, sondern auch im Pelz anderer Nagetiere wie Erdhörnchen, Präriehunde, Mäuse und eben Murmeltiere.

Das Nachtlager errichten wir in großer Höhe nahe dem Plateau, wo gegenüber die Schneeberge aufragen und auf der anderen

Seite China liegt. Wir sind demnach aus dem tiefen, bewaldeten Tal wieder auf fast 4000 Meter Höhe hinaufgeritten, und das an einem einzigen Tag. In der Nacht regnet es, und heftiger Wind lässt die Zeltplane flattern.

Am Morgen drängt Aslan zum Aufbruch, ohne zuvor die Dämmerung zum Aufspüren von Steinböcken zu nutzen, deretwegen er uns hinauf in diese hohe Region geführt hat. Wir müssen nun zurück, hinunter ins Tal, von dem wir gestern aufgestiegen sind. Es werde Schnee fallen, behauptet unser Führer. Mit der Hand zeigt er die Höhe von einem halben Meter.

Es sagt sich so leicht, schnell hinunter, Zuflucht suchen. Zunächst einmal müssen wir das Hochplateau queren. Und da bricht er schon über uns herein, der Höhensturm. Ich erinnere mich an Erlebnisse in den Anden Patagoniens und weiß: Ein Sturm in einsamer Bergwelt kann lebensgefährlich sein. Der Mensch verliert seine Widerstandskraft, sobald er unterkühlt ist. Beim Reiten fehlt uns Bewegung, die uns beim Gehen oder Bergsteigen von innen warm halten würde. Unsere Funktionskleidung schützt kaum vor dem auskühlenden Wind, der uns ungehindert oben auf den Pferden trifft. Und auch die Tiere leiden. Nur mühsam kommen wir voran.

Mein Pferd verharrt plötzlich und ist nicht mehr von der Stelle zu bewegen. Seit dem Morgen hat Sniker gehinkt, immer wieder ist er eingeknickt, stärker und häufiger als an den Tagen zuvor. Ich versuchte, unsere Führer darauf hinzuweisen. Sie reagierten nicht, haben mich entweder nicht verstanden oder nahmen mich nicht ernst. Vielleicht dachten sie auch, es sei ohnehin nichts daran zu ändern. Jetzt aber steigt Sarik von seinem Pferd und untersucht die Hufe von Sniker. Tatsächlich entdeckt er einen scharfkantigen Stein, der sich zwischen Eisen und Huf verklemmt hat. Mit seinem Messer hebelt er ihn heraus. Der Stein muss meinem Pferd bei jedem Schritt Schmerzen bereitet haben, indem er sich immer tiefer in die Lederhaut der Hufsohle eingegraben hat. Stundenlange Qual wäre meinem Pferd erspart geblieben, hätten die Kasachen meine Hinweise beachtet.

Ich mache mir Vorwürfe, nicht darauf bestanden zu haben, dass der Huf von Sniker früher untersucht wird. Selbst konnte ich es nicht tun, denn Aslan reagierte besorgt und abwehrend, wenn ich mich den Pferden näherte. Er tat so, als wären sie recht wild, und signalisierte mir, sie könnten ausschlagen. Bei meinem Pferd in der Mongolei hatte ich gelernt, wie man die Hufe kontrolliert – da Pferde schreckhaft sind, darf man nicht einfach ihr Bein packen und es anheben, sondern muss sich vorsichtig nähern, dabei das Pferd beruhigend ansprechen, mit der Hand langsam am Bein hinabstreichen und es erst dann anheben. Doch das habe ich bei dem mir fremden kasachischen Pferd nach den Warnungen Aslans auch in unbeobachteten Momenten nicht gewagt.

Nachdem wir das Plateau passiert haben und einem Taleinschnitt folgen, sind wir dem Sturm entkommen, doch der halbmeterhohe Schneefall bewahrheitet sich nicht, weder an diesem Tag noch an den folgenden. Der Sommer kehrt noch einmal zurück, mit strahlend blauem Himmel und Sonnenwärme. Auch in den Hochlagen und auf den Gipfeln liegt kein Schnee, wie wir vom Tal aus sehen können.

Der weite Weg über das Plateau hinunter in schützende Täler hat bis zum Abend gedauert. Diesmal können wir unsere Zelte noch bei Dämmerlicht aufbauen. Zum Abendessen gibt es eine der geklauten Tütensuppen, dazu Kekse und natürlich Tee mit viel Zucker, von dem haben wir, im Gegensatz zu anderen Nahrungsmitteln, ausreichend. Seit Langem bin ich mal wieder beim Abendessen dabei. Gesprochen wird kaum. Vielleicht sind die Männer genauso müde wie ich, oder sie sind wegen meiner Anwesenheit so schweigsam.

Männerding

Vor mir erstreckt sich ein zerklüftetes dunkelbraunes Bergpanorama, ganz im Gegensatz zu dem »bunten Gebirge«, das der Name Alatau verheißt. Hier herrschen Grau- und Brauntöne vor und dazwischen gelbliches Gras. Zwischen diesen ausgeblichenen Gräsern weiden unsere vier Pferde. Die harten Rispen sind seit Tagen ihre einzige Nahrungsquelle. Sofort nachdem wir Reiter abgestiegen sind, stürzen sie sich heißhungrig auf die karge Vegetation und hören nicht auf zu fressen.

In Island habe ich die enge Beziehung zwischen Pferd und Mensch kennengelernt und bewundert. Ohne die Hilfe von Pferden hätten die ersten Siedler, die Wikinger aus Skandinavien, die Insel nicht besiedeln können. Pferde ermöglichten ihnen, den Boden für die Weidehaltung urbar zu machen, mit ihnen konnten sie Lasten transportieren, Waren austauschen, Fischerboote aus dem Wasser ziehen und zum jährlichen Thingtreffen reiten – und nicht zuletzt war das Pferd ein Gefährte, der ihnen, obwohl stärker als jeder Mensch, treu ergeben war. Noch heute haben Isländer eine innige Beziehung zu ihren Tieren, behandeln sie mit Respekt und Achtung.

In verschiedenen Ländern konnte ich diese symbioseartige Beziehung zwischen Mensch und Pferd feststellen. Ein seltsames Gespann, das grundverschieden ist und eigentlich nicht zusammenpasst: Das Beutetier Pferd, das flüchten muss, um von anderen Tieren nicht gefressen zu werden, und der Mensch, der nach seiner Ernährungsweise eher den Raubtieren zugehörig ist, obwohl ihm Reißzähne und Klauen fehlen, er dafür aber die entsprechenden Waffen herstellt, vom Faustkeil über Pfeil und Bogen bis zu Schusswaffen.

Isländische Pferdehalter gingen rücksichtsvoll mit ihren Tieren um. Die Beziehung beruhte auf gegenseitigem Vertrauen. Die Tiere gehorchten auf Zuruf und reagierten auf kleinste Handbewegungen, die für mich kaum wahrnehmbar waren.

Die Nomaden in der Mongolei behandelten ihre Tiere grob, mit harschen Rufen, bändigten sie mit Fesseln, benutzten Peitschen. Wollten die Männer galoppieren, schlugen sie den Pferden die harten Absätze ihrer Stiefel in die weichen Flanken. Mir will scheinen, unsere Führer sind zu ihren Pferden noch rücksichtsloser, bestrafen den geringsten Widerstand mit einem Fußtritt und der Peitsche. Es mag daran liegen, dass das Leben der Nomaden in der Mongolei und der Menschen in Kasachstan schwerer ist als das der Isländer heutzutage, sodass sie meinen, sich keinen gefühlvollen Umgang mit ihren Pferden leisten zu können.

Komfortabel sitze ich auf der trockenen, sonnenwarmen Erde mit weitem Blick über die Täler. Um mich herum ragen Berge auf, den Rücken habe ich an einen glatten Felsen gelehnt. Aslan hat mir den Platz zugewiesen mit seinem üblichen Spruch: »Du, Frau, sitz!«

Kurz darauf sind die drei Männer losgezogen, wie all die Tage zuvor, um nach Steinböcken Ausschau zu halten. Vor der Reise hatte ich mir vorgestellt, bei Holgers Jagd mit dabei zu sein, als Beobachterin und Fotografin. Hatte mir ausgemalt, wie ich mit meinem Bruder die Tiere anpirsche oder mit ihm gemeinsam ansitze, so wie wir das früher in unserer Jugend und Kindheit gemacht hatten. Nun jedoch bin ich froh, nicht mittun zu müssen. Mögen die drei ohne mich unterwegs sein, es ist mir recht so. Es macht mir nichts aus, stundenlang bis zu ihrer Rückkehr auszuharren. Im Gegenteil – es gefällt mir. Ich ziehe es bei Weitem vor, allein zu bleiben. Würde ich wie sie durch die Gegend stapfen, hätte ich dann die Bartgeier, die Alpenkrähen, die Schmetterlinge, die Libellen, den Dsungarischen Hamster beobachten können? Es sind zwar nur wenige Tiere, die in dem kargen Bergland leben, für mich werden sie jedoch zu einprägsamen Erlebnissen. Steinböcke hätte ich zwar auch gern mehr gesehen, nicht nur dieses eine Rudel in der Ferne. Es muss aber nicht sein. Jedes Tier ist mir gleich wert. Ich sitze da, schaue und denke und genieße die Ruhe. Ich spüre, wie ich mich innerlich mit diesem Gebirge verbinde, mehr und mehr habe ich das Gefühl, ein Teil dieser Berge zu werden.

Auf einmal höre ich Schritte hinter mir. Ich drehe mich um und erkenne die Gestalt meines Bruders, die sich dunkel gegen den lichtdurchfluteten Himmel abhebt. Stumm hockt er sich neben mich. Etwas scheint ihn zu bedrücken.

»Was ist?«, frage ich.

Anscheinend sucht er nach einer passenden Antwort, gibt sich schließlich einen Ruck: »Zwei Änderungen. Eine davon betrifft dich!« Wieder stockt er.

Was mag es sein? Was soll sich ändern? Gespannt warte ich auf eine Erklärung.

»Es gibt eine letzte Chance für mich, einen Steinbock zu erlegen. Wir müssen in ein anderes Gebiet, wilder und steiler.«

Ich nicke, das war mir schon lange klar. Die Führer haben viel zu lange gezögert und Zeit vertrödelt, hier, wo es kein Steinwild gibt.

»Das bedeutet aber«, setzt mein Bruder wieder an, »du sollst zurück ins Camp und dort auf uns warten.«

Ich glaube, nicht recht zu hören. Ein irrer Einfall! Gerade ich soll nicht in das wilde Gebiet mitkommen, obwohl ich besser als mein Bruder an abenteuerliche Unternehmungen angepasst bin. Was Holger gesagt hat, prallt an mir ab, denn ich weiß, dass die drei Männer gegen meinen Willen nicht das Geringste ausrichten können. Also berührt mich dieser Vorschlag nicht. Allerdings will ich von ihm wissen, wer und was dahintersteckt. Wer hatte diese Idee, und warum wollen sie mich loswerden?

Holger versteckt sich bei seiner Antwort hinter den Führern. Die hätten ihn gebeten, mich zur Rückkehr zu bewegen, im Camp könne ich mich ausruhen und sogar duschen, sagt er. Mich schüttelt es: ausruhen und duschen! Was denken die denn, wer ich bin? Fahre ich deswegen ins Hochgebirge? Aslan glaubt wahrscheinlich, mir so die Rückkehr schmackhaft zu machen. Er kann es nicht besser wissen, aber Holger kennt mich, er würde nie denken, dass ich mich nach einer Dusche sehne. Nun will ich erst recht wissen, was dahintersteckt.

»Warum, Holger? Was ist der Grund?«

»Weiß ich auch nicht so genau. Ich glaube, du bist für sie ein Problem. Sie wollen allein mit mir weiterjagen, so ein Männerding machen. Die schlechte Stimmung zwischen uns haben sie bemerkt. Die könnte für die bevorstehende Jagd hinderlich sein.«

Ein Männerding? Ich kann mich nicht erinnern, diesen Ausdruck schon einmal gehört zu haben. Dennoch kann ich mir ungefähr vorstellen, was gemeint ist: Männer, die unter Ausschluss von Frauen ihr Ding machen, irgendetwas Verrücktes und Gefährliches, bei dem Männer beweisen wollen, wie hart und angstfrei sie sind. Ich frage mich: Was für ein Männerding haben Holger und seine Führer vor? Wahrscheinlich das Gleiche wie bisher, nur eben ohne mich.

Entschieden sage ich: »Ich bleibe! Mir gefällt es ausgezeichnet in den Bergen. Gerne könnt ihr euer Männerding machen. Das macht ihr ja sowieso schon die ganze Zeit. Ich habe bisher nicht gestört und störe auch weiterhin nicht.«

Holger nickt zustimmend. Er weiß, dass er mich nicht umstimmen kann. Unglücklich jammert er: »Oje, wie verklickere ich das den Kasachen?«

Holger *Ich nutzte jede Gelegenheit, um auf meine Art mit den Kasachen zu kommunizieren. Jeden Abend saß ich nach dem anstrengenden Ritt bei ihnen im Zelt. Aslan begriff immer als Erster, was ich sagte, und übersetzte es dann für Sarik. Er fragte mich nach meinem Beruf und meiner Familie, wie viele Kinder ich hätte, wie lange ich schon zur Jagd ginge. Er erkundigte sich auch nach Carmen, fragte, was sie beruflich mache, wie alt sie sei und ob sie ebenfalls Familie und Kinder habe. Aslan verstand irgendwann meine gestenreiche Sprache. Manchmal war es schwierig, sich mitzuteilen, aber wenn verstanden wurde, was man meinte, fiel jedem ein Stein vom Herzen, und wir freuten uns gemeinsam. Aslan verstand auch, was ich über Carmen berichtete. Dass sie allein viele Länder der Erde bereist hatte und darüber Bücher schrieb. Aslan und Sarik staunten nicht schlecht und zollten Carmen offensichtlichen Respekt. Doch Carmens Verhalten blieb ihnen nicht verborgen. Sie wollten nur noch mit mir allein weiterjagen.*

Mit schweren Schritten verschwindet Holger hinter dem Felsaufbau. Mir ist klar, warum mich die Führer loswerden wollen. Sie können mich nicht einschätzen und sind es nicht gewohnt, eine Frau bei der Jagd dabeizuhaben. Für sie ist das eine reine Männerangelegenheit. Vielleicht sind sie auch abergläubisch und vermuten, es sei meine Schuld als einziger weiblicher Person, dass bisher alle Steinböcke das Weite gesucht haben. Frauen, die ein böses Omen heraufbeschwören, gab und gibt es noch immer in der Vorstellung vieler Völker.

Sollen sie glauben, was sie wollen. Ich jedenfalls lasse mich nicht ins Camp verbannen. Langsam steigt nun doch Ärger in mir hoch. Bisher habe ich kühl und überlegt reagiert, als ginge es gar nicht um mich. Passiert etwas Unvorhergesehenes oder sogar Gefährliches und Schlimmes, ist in mir stets eine große Ruhe, als wäre ich nicht persönlich betroffen. Dadurch bin ich geschützt, wie hinter einer undurchdringlichen Schallmauer. Dieser Schutz dauert eine Weile an, meist kann ich diese Zeit nutzen, um Schwierigkeiten mit meinem Verstand zu lösen. Doch nach und nach gewinnen Emotionen die Oberhand, umso überwältigender, je gefasster ich zuvor agiert habe. Plötzlich bricht die Schutzmauer zusammen, und ich werde von Gefühlen überflutet, oft viel später, wenn das Problem bereits gelöst, die Gefahr vorbei ist. Bei mir kommt der Schock stets zeitlich verzögert. Dafür verankert er sich dann lange im Gedächtnis.

Mir schießt ein Gedanke ins Hirn: Wie kommt mein Bruder dazu, mir die Wünsche der Kasachen anzutragen? Er kennt mich, er hätte deren Absicht, mich abschieben zu wollen, sofort abschmettern müssen. Warum hat er nicht zu mir gestanden und gesagt: Meine Schwester bleibt da! Warum hat er mich nicht verteidigt? Kam ihm die Idee der Führer gar zupass? Wollte er mich ebenfalls loswerden? Meine Wut auf die Kasachen schwappt auf ihn über.

Dabei war es mein Wunsch, meinem Bruder bei dieser abenteuerlichen Reise näherzukommen. So seltsam es klingen mag, obwohl wir Geschwister sind, kennen wir uns kaum. Daran mag der Altersunterschied schuld sein und dass ich meine Heimat so früh verlassen habe. Als ich von meiner Geburtsstadt Bischofswerda, die im äußersten Südosten Deutschlands in der Lausitz liegt, zum Biologiestudium ins 500 Kilometer entfernte Greifswald an der Ostseeküste ging, war Holger erst fünf Jahre alt. Während meiner Studienzeit war ich selten zu Hause, nutzte die freien Tage lieber für Exkursionen. Unter Heimweh habe ich schon damals nie gelitten, eher unter Fernweh.

Als ich schließlich meinen Fluchtversuch aus der DDR unternahm, war mein Bruder zwölf Jahre alt. Von da an konnten wir uns jahrelang nicht sehen. Zuerst war ich zwei Jahre im Gefängnis. Von dort wurde ich, ohne noch einmal heimkehren und mich verabschieden zu können, direkt nach Westdeutschland ausgewiesen und erhielt als unerwünschte Person lange keine Einreisegenehmigung in die alte Heimat.

Als wir uns nach zwölf Jahren zum ersten Mal wiedersahen, war Holger ein junger Mann. Die frühere Verbundenheit unserer Kindheit war noch spürbar, wenn auch etwas verschüttet. Ich wollte sie wieder beleben und auch ergründen, was für ein Mensch mein Bruder geworden war. Also schmiedete ich einen Plan. Es war noch die Zeit vor der Wende, und DDR-Bürger durften in Bulgarien Urlaub machen. Dort wollte ich mich mit Holger treffen und mit Zelt und Rucksack durchs Pirin-Gebirge wandern. Ich malte mir unser Unterwegssein in allen Einzelheiten aus: Bruder und Schwester, der eine aus dem Osten, die andere aus dem Westen. Ich rechnete mit spannenden Gesprächen, politischen Diskussionen, überhaupt einem fruchtbaren Austausch.

Doch bevor ich ihm diese wunderbare Idee unterbreiten konnte, hatte sich in Holgers Leben alles geändert. Er lernte Cornelia kennen, und bald darauf wurde er Vater. Ich war zu spät. Schade! Meine Idee behielt ich für mich, denn Familienplanung war nun wichtiger als eine Wanderung durch das bulgarische Gebirge. Unser Kontakt brach dennoch nicht mehr ab. Alle Jahre wieder sahen wir uns bei Familientreffen, die jedoch selten geeignet sind, tiefgründige Gespräche zu führen. Dort überwiegt, dass man sich als Familie zusammengehörig fühlt. Es wird einfach vorausgesetzt, dass man weiß, was der andere denkt und wer er ist. Doch weiß man es?

Einmal überraschte mich Holger. Ich durchlitt eine schwierige Lebensphase, meine bedrückendste bisher, noch nie zuvor ging es mir so schlecht. Und doch erwartete ich keine Hilfe. Stets hatte ich mein Leben selbst gemanagt. Immer war es mir gelungen, mich aus Lebenskrisen allein wieder emporzuarbeiten. Doch als mir mein Bruder seine tatkräftige Hilfe und warme Anteilnahme anbot, war es unglaublich wohltuend, auch gerade weil ich gar nicht damit gerechnet hatte und eine solche Unterstützung nicht gewohnt war. Holger kam mit Cornelia und seinen zwei damals fast erwachsenen Söhnen quer durch Deutschland angereist. Sie sorgten dafür, dass ich neu beginnen konnte, und stemmten gemeinsam meinen Umzug in ein neues Heim. So konnte ich örtlich und damit auch innerlich Abstand gewinnen. Von da an besuchte mich Holger mit seiner Familie mehrmals im Jahr, denn ich hatte nun viel Platz. Auch ich war regelmäßig bei ihnen zu Gast. Dabei waren wir jedoch stets eingebunden in die Familie, ich wünschte mir insgeheim noch immer – wie damals, als ich die Bulgarienwanderung plante – eine längere Zeit der Zweisamkeit mit meinem Bruder. Unsere Kasachstanreise hätte sich hervorragend dafür eignen können.

Frauensache

Die Führer und mein Bruder kommen von ihrer vergeblichen Suche nach Steinböcken zurück, wir besteigen die Pferde und reiten los.

»Es geht zum Camp«, informiert mich Holger. »Wir brauchen Lebensmittel.« Dass ich eigentlich dortbleiben sollte, wird stillschweigend übergangen, als hätte es diese Forderung gar nicht gegeben. Wie die Kasachen meine Weigerung aufgefasst haben, weiß ich nicht.

Unser Ritt führt uns etwa tausend Höhenmeter tiefer. Je näher wir dem Camp kommen, desto stärker ist die Vegetation durch Schaf- und Ziegenherden zerstört. Der Unterschied zu den unberührten Gebieten, in denen wir uns bisher aufgehalten haben, ist erschreckend. Entblößt liegt der Boden unter der brennenden Sonne. Öd und leer gefressen bietet sich die Erde meinen Augen dar. Die übermäßige Beweidung mit zu vielen Tieren in dieser kargen Umwelt vernichtet den Lebensraum. Dann wieder ein überraschend schöner Anblick: Malerisch schmiegen sich zwei Jurten in die wellige Landschaft, ein Bild, wie ich es aus der Mongolei kenne. Weiße Halbkugeln, aus der Ferne wirken sie wie Champignons, neben ihnen ein Kral, ein Schutzwall aus Gesträuch, in seiner Mitte eingepfercht eine bunte Schar Schafe, weiße, braune und schwarze Tiere. Wasser spendet ein vorbeifließender Bach.

Ein junger Bursche galoppiert auf unsere Gruppe zu. Mit schnalzenden Rufen macht er sich bemerkbar. Er umarmt Sarik freundschaftlich, die beiden mögen etwa gleich alt sein. Aslan und Holger reicht er respektvoll die Hand. Mich übersieht er geflissentlich, unterdrückt seine Neugier und vermeidet jeden Blickkontakt mit mir. Ich bin für ihn auch ohne Schleier unsichtbar. Mir ist völlig klar, warum er mich nicht beachtet. Für eine Kasachin wäre es eine Beleidigung, ein arger Verstoß gegen die Sitten, von einem Mann, der nicht ihr Ehemann oder ein naher Verwandter ist, begrüßt zu werden, und die begleitenden Männer würden diese Belästigung sofort lautstark und gegebenenfalls gewaltsam unterbinden. Nicht beachtet zu werden ist für eine kasachische Frau eine respektvolle Geste und keine Unhöflichkeit.

Doch ich bin keine Kasachin, und der junge Mann hat gewiss erkannt, dass ich aus dem Ausland komme, zumal er weiß, dass Aslan, Sarik und andere Stammesmitglieder als Guides arbeiten. Bestimmt ist ihm bekannt, dass man Frauen bei uns anders behandelt als in seinem Land, dennoch verhält er sich so, wie er es gelernt hat und wie er es richtig findet. Denn so ist er in jedem Fall auf der sicheren Seite, schließlich kann er nicht wissen, aus welchem Land ich komme und wie die herrschenden Sitten dort sind. Ich könnte zufällig auch aus einem islamischen Land mit ähnlichen Bräuchen stammen. Er konnte gar nicht anders, als mich zu ignorieren.

Doch obwohl ich mir sein Verhalten so gut erklären und mich in ihn hineindenken kann, hilft es nichts, ich fühle mich betroffen. Als Mensch nicht wahrgenommen zu werden ist eine ungute Erfahrung. Es nützt mir nichts, mir vorzubeten: Du bist nicht in deinem Land, hier gelten nun einmal andere Gesetze. Füge dich darein! Gehört es nicht zur Toleranz, die Sitten der Gastgeber zu respektieren? Doch die Gegenstimme in mir ist einfach stärker: Muss ich wirklich Verständnis aufbringen, wenn die Regeln gegen mich gerichtet sind, wenn sie mich ausschließen und ich nicht als Mensch wahrgenommen und respektiert werde, nur weil ich eine Frau bin?

Würde man hier allgemein Ausländer anders behandeln als Einheimische, würde ich es mir noch gefallen lassen. Aber Holger, der genauso fremd ist wie ich, wurde begrüßt, und das nur, weil er ein Mann ist.

Wir Frauen haben einst auch in Europa weniger gegolten als Männer. Abgesehen von vereinzelten Frauen, die unter großen Anstrengungen und strengen Auflagen promovieren konnten, durften Frauen zum Beispiel lange Zeit nicht studieren. In Deutschland änderten sich diese Gesetze erst 1900, als Rahel Goitein als eine der ersten Frauen die Medizinische Fakultät der Universität Heidelberg besuchen durfte. Ab 1903 war es auch Frauen in Bayern erlaubt zu studieren; 1908 zog Preußen nach. Nur wenige wagten es aber, das ihnen eingeräumte Recht auch tatsächlich zu nutzen. Von Kommilitonen und Professoren wurden sie häufig verspottet und angefeindet, und noch lange waren Frauen von akademischer Lehrtätigkeit ausgeschlossen. Heute ist zwar ungefähr die Hälfte aller Studierenden weiblich, doch unter den Professoren befinden sich im Durchschnitt nur knapp 25 Prozent Frauen. Unglaublich, dass es so wenig Professorinnen gibt.

Bis in die Neuzeit waren wir von den meisten Berufen ausgeschlossen. Der Ehemann konnte seiner Frau gesetzlich verbrieft verbieten, eine Arbeit anzunehmen, und oft verlangte der Arbeitgeber der Frau die Unterschrift des Mannes. Tatsache ist: Erst 1977 wurde dieses Gesetz in Westdeutschland geändert. Und bis 1962 durfte eine Frau ohne Zustimmung ihres Mannes kein eigenes Bankkonto besitzen.

Es ist also noch gar nicht so lange her, dass wir all unsere heutigen Rechte erkämpft haben. Den Frauen, die vor uns lebten, unseren Müttern, Großmüttern und Urgroßmüttern, verdanken wir, dass wir heute so frei leben können. Sie erkämpften die Unabhängigkeit für uns und konnten oft selbst noch nicht davon profitieren. Es war ein langwieriger und schwerer Kampf, die Frauen wurden beschimpft und sogar verfolgt und ins Gefängnis gesteckt. Tapferkeit, Mut und Willenskraft gehörten dazu, nicht aufzugeben. Wir Frauen heute profitieren von diesen Errungenschaften. Das sollten und dürfen wir nicht vergessen!

Vielleicht errege ich mich innerlich deshalb so stark, weil ich die Rechte, die wir heute haben, nicht als selbstverständlich und nicht als für alle Zeiten gesichert ansehe. An sich war es nur eine Nichtigkeit, von dem jungen Kasachen ignoriert zu werden, aber sie macht mir deutlich, wie schnell wir das Errungene verlieren könnten. Wir Frauen sollten Obacht geben, uns diesen Schatz der Freiheit, Unabhängigkeit und Selbstbestimmung zu bewahren, und schon bei Kleinigkeiten hellhörig werden, damit uns niemand mehr dieses unter großen Opfern errungene Gut streitig machen kann. Noch nie, wirklich noch nie in der gesamten Menschheitsgeschichte, durch alle Kulturen hindurch, hatten Frauen so viele Privilegien wie heute in der westlichen Welt. Selbst das Matriarchat, das einige Völker besaßen und von dem mir bei den Ureinwohnern auf den Philippinen letzte Spuren begegneten, umfasst vor allem die mütterliche Erblinie, weniger die Gleichberechtigung und schon gar nicht die Herrschaft der Frauen, wie manchmal fälschlich behauptet wird.

Es ist eine Tatsache, dass wir Frauen erstmals, seit es Menschen auf der Erde gibt, über uns selbst bestimmen und entscheiden können, wie wir leben wollen. Das schließt nicht aus, dass wir uns dennoch mitunter zu Kompromissen gezwungen sehen, wir Rücksicht nehmen, uns Familienzwängen beugen und nicht immer so handeln können, wie wir gern würden. Theoretisch aber sind wir so frei, wie wir es noch nie waren, und nicht wenige Frauen leben diese Freiheit und gehen ihren eigenen Weg. Und ich bilde mir ein, dass auch ich mir von Jugend an ungefragt meine Freiheit genommen habe.

Es mag sein, dass ich deshalb so empfindlich reagiere, weil ich Diskriminierung als Frau noch nie zuvor bewusst erlebt habe, auch nicht in den islamischen Ländern, die ich bisher besucht habe, weder im Jemen noch in Ägypten oder Marokko. In jedem dieser Länder begegnete man mir mit höflichem Respekt, stets wurde ich als Person wahrgenommen. Vielleicht lag es daran, dass ich bei diesen Reisen ohne männlichen Begleiter unterwegs war und ich mich in der jeweiligen Landessprache verständlich machen konnte.

Da ich als Frau noch nie herabgesetzt worden bin, könnte man meinen, ich würde mich nicht so aufregen, sondern es lächelnd ertragen oder sogar als kulturelle Vielfalt würdigen. Vielleicht würden andere Frauen an meiner Stelle großzügiger mit der Situation umgehen, ich jedoch kann mich nicht fügen. In mir empört sich alles, und es macht mich aggressiv. So erklärt sich auch meine Reaktion auf die tägliche subtile Zurücksetzung durch unsere Führer.

Mein Sinnieren wird unterbrochen. Wir haben das Camp erreicht. Meine Gedanken haben mich beim Reiten so sehr beschäftigt, dass ich der Umgebung nur wenig Beachtung geschenkt habe.

Von Zalina und ihrer Enkelin Aina werden wir mit den obligatorischen drei Spiegeleiern verwöhnt, mit so viel Brot, wie wir wollen, und mit süßem schwarzem Tee. Beim Essen spüre ich, wie ausgehungert ich bin.

Die warme, weiche, mütterliche Umarmung von Zalina tut gut, ein willkommener Ausgleich gegen die männliche Missachtung. Frauenpower und Frauensolidarität sind meist dort am stärksten und großartigsten, wo Frauen wenig Rechte haben.

Überraschend fragt Zalina mich, ob ich ein Buch über meine Erfahrungen bei der Jagdreise schreiben werde. Sie verwendet das russische Wort *kniga*, an das ich mich aus dem Russisch-Unterricht vor vielen Jahren noch gut erinnere. Leider reicht mein russischer Wortschatz nicht, um mich mit ihr zu unterhalten und sie zu fragen, woher sie weiß, dass ich Bücher schreibe. Da Kasachstan ein Teil der Sowjetunion war, beherrschen ältere Kasachen sicherlich noch diese Sprache, doch leider ist mein Russisch verschüttet. Zu gerne hätte ich mich mit dieser warmherzigen Kasachin ausgetauscht, sie über ihr Leben befragt. Während ich bei den beiden Frauen im Küchenzelt hocke und mich mit Süßigkeiten verwöhnen lasse, einer Spezialität aus Sesam und Honig, gönnen sich die drei Männer eine Dusche in einer Holzkabine mit Wasser, das Zalina auf ihrem Ofen erwärmt hat. Ich schüttle ablehnend den Kopf, als ich gefragt werde, ob ich auch duschen wolle. Warum, weiß ich nicht so genau. Wahrscheinlich aus Trotz, war doch die Aussicht auf eine Dusche der Vorwand, warum ich hier im Camp bleiben sollte.

Holger hat in Erfahrung gebracht, dass bis auf Markus alle anderen Jagderfolg hatten und ins untere Camp oberhalb des Alakölsees zurückgekehrt sind. Denn hier in diesem Lager gibt es nur eine provisorische Gemeinschaftsunterkunft in einer einzigen Jurte auf Feldbetten. Im unteren Camp ist die Wartezeit bis zum Rückflug in den kleinen Holzhäuschen und in der geringeren Höhenlage komfortabler. Bedrückt erklärt mir mein Bruder, dass ihm nur noch drei Tage bleiben. Einer, der heutige Tag, um in das von Aslan versprochene aussichtsreiche Steinbockrevier zu reiten, ein Tag für die Jagd und der letzte, der dritte Tag, um rechtzeitig in dieses Camp zurückzukehren, damit wir noch am Nachmittag mit dem Geländefahrzeug ins untere Lager gebracht werden können.

Wie schade für meinen Bruder, dass er unter derart hartem zeitlichem Druck steht. Ich hätte ihm erfreulichere Erlebnisse gewünscht. Gerne würde ich ihn aufheitern, die missliche Lage mit ihm teilen, doch ich fühle mich gehemmt. Wahrscheinlich ist eine Schwester, noch dazu die ältere, äußerst ungeeignet, einen stolzen Jäger zu trösten.

Bevor wir starten, beobachte ich, wie der Huf meines Snikers bearbeitet wird. Meine Vermutung bestätigt sich. Der Grund, warum er unsicher auf den Beinen war, hinkte und oft einknickte, war nicht allein der scharfkantige Stein, den er sich in die empfindliche Lederhaut des Hufes eingetreten hatte, sondern ein gelockertes Eisen. Er bekommt jedoch kein neues, das alte wird lediglich besser angepasst.

Ein Mann hält das Pferd fest am Zügel, ein zweiter hat das Pferdebein angewinkelt und auf sein Knie gelegt, ein dritter bearbeitet den Huf. Mit einem macheteartigen Messer und einer kräftigen Zange schneidet und kneift er überstehendes Horn ab. Danach nimmt er einen groben Hobel und glättet die Oberfläche des Hufes. Das alte Hufeisen legt er auf einen Stein und hämmert mit wuchtigen Schlägen darauf herum, drückt es auf den Huf, legt es beiseite und hobelt noch ein paar überstehende Huckel und Kanten ab, dann passt er das Eisen wieder an. Mit Nägeln befestigt er es am Horn des Hufes. Seine Arbeit wirkt improvisiert und zugleich gekonnt – man sieht, dass er bereits ungezählten Pferden ein Hufeisen angepasst hat.

Mein Sniker steht ruhig da und sträubt sich nicht. Die Nägel sind trotz ihrer Länge nicht ins lebendige Gewebe gedrungen, sondern nur ins gefühllose Horn. Allerdings müssen die heftigen Hammerschläge unangenehm sein, erschüttern sie doch die Knochen des gesamten Beines und sind gewiss gewöhnungsbedürftig. Ich habe erlebt, dass Pferde, die noch nicht oft beschlagen worden waren, kaum zu bändigen waren. Eigentlich brauchen Pferde keine Eisen, wenn sie sich selbst überlassen auf Wiesen, Weiden und Steppen leben. Müssen sie jedoch lange Strecken bewältigen, gar auf hartem Untergrund wie Asphalt oder Fels, würde sich ihr Horn zu sehr abnutzen. Dagegen helfen die Hufeisen.

Regen und Sturm

Kaum hat Sniker das Eisen wieder fest am Huf, drängt Aslan zum Aufbruch. Es ist inzwischen Nachmittag, und wir haben einen weiten Ritt vor uns. Die Sonne ist verschwunden. Schwarze Wolken verdunkeln den Himmel. Drohende Anzeichen für ein Unwetter. Würden wir nicht unter Zeitmangel leiden, müssten wir im Camp das Wettergeschehen abwarten. Für Aslan jedoch gibt es kein Zögern, und wir folgen. Mit gesenkten Köpfen reiten wir vier unter den sich zusammenballenden Wolken dahin. Windböen beuteln uns. Nicht lange, dann peitscht Regen nieder. Stoisch führt Aslan unseren Trupp an, und wir ziehen ihm hinterher, ohne zu zögern, auch die Pferde verweigern den Dienst nicht. Diesmal bin ich einverstanden mit Aslans Handeln, auch ohne Absprache und Erklärungen. Wir reiten dahin wie eine verschworene Gemeinschaft. Es geht darum, rechtzeitig in das Steinbockrevier zu kommen, damit mein Bruder noch eine Chance, seine letzte, bekommt.

Dunkelheit nimmt uns die Sicht. Es mag die beginnende Dämmerung sein oder aus den Tälern aufsteigender Nebel. Die Landschaft bleibt hinter dem dichten Regenvorhang verborgen. Vor mir sehe ich gerade noch den breiten Rücken meines Bruders und den Schweif seines Pferdes. Am klirrenden Geräusch der Pferdehufe erkenne ich, dass wir in der Felsregion angekommen sind. Wir überqueren einen Pass, rechts und links bricht der Fels hinab in die Tiefe. Wegen der Dunkelheit kann ich nicht sehen, wie weit es hinuntergeht.

Wir reiten und reiten, und da ich die Landschaft nicht wahrnehmen kann, verliere ich das Zeitgefühl. Irgendwann errichten wir auf einem winzigen Absatz bei strömendem Regen und mitten in der Nacht unsere zwei Zelte.

Die Schlafsäcke befinden sich zwar in wasserdichten Säcken, doch beim Auspacken werden sie dennoch feucht, denn unser einfaches Zelt hat keinen regengeschützten Vorraum. Damit zwei Personen zugleich ihre nasse Kleidung gegen trockene Sachen wechseln können, ist es zu eng. Holger wartet draußen, bis ich das durchfeuchtete Zeug in einer Ecke verstaut und mich umgezogen habe, dann kommt er hereingekrochen und tauscht seinerseits Nasses gegen Trockenes.

In der Dunkelheit, nur im Schein der Stirnlampen und in Eile hatten wir keine ebene Stelle aussuchen können. In der Nacht wälze ich mich hin und her, wache immer wieder auf, wenn sich Steine schmerzhaft in meinen Körper gebohrt haben.

Müde kriechen wir am nächsten Morgen aus den Zelten. Grau wie unsere Stimmung ist der Himmel. Selbst die Pferde lassen die Köpfe hängen. Auf dem felsigen Fleck haben sie so gut wie nichts zum Fressen gefunden.

Einziger Lichtblick: Es hat aufgehört zu regnen. Sarik kocht Tee und breitet Lebensmittel in Hülle und Fülle auf einer Pferdedecke aus, denn im Camp hat man uns reichlich damit versorgt. Unsere Stimmung verbessert sich beim Anblick des üppigen Frühstücks und dem Duft des heißen Tees.

Aslan drängt zum Aufbruch, denn eigentlich wollte er gestern schon in das Gebiet gelangen, wo er Steinböcke vermutet. Heute ist der letzte Tag, der zur Jagd zur Verfügung steht, morgen müssen wir zum Camp zurückreiten.

Gegen Mittag erst erreichen wir die vom Führer anvisierte Gegend, bauen die Zelte auf, essen, und auch die Pferde finden etwas zum Fressen. Nach einer kurzen Ruhepause geht es weiter, die Zelte lassen wir stehen. Auf einem felsigen Plateau pflocken wir die Pferde an. Zu Fuß keuchen wir auf einem schmalen Steig aufwärts in die Felsregion. Während Holger und ich uns niederhocken, suchen unsere Führer mit Fernglas und Spektiv nach Steinböcken. Sie haben schärfere Augen als wir beide und sind geübt, in dem Steingewirr Tiere auszumachen. Schließlich gibt Aslan Holger ein Zeichen, ihm zu folgen, während er Sarik und mir bedeutet zurückzubleiben.

Holger balanciert hinter Aslan einen schmalen Felsgrat entlang, wo sie bald außer Sicht sind. Ich wundere mich wieder einmal über meinen Bruder, denn er hatte mir erzählt, dass er nicht schwindelfrei ist, wie er bei Wanderungen in den Alpen feststellte. Wahrscheinlich schafft er es mit reiner Willenskraft, seine Schwäche trotz dieser steilen und gefährlichen Abstürze zu beherrschen.

Wie die Tage zuvor suche ich mir einen bequemen Platz auf einem Stein an der Felskante mit Blick auf die gegenüber aufragenden Berge, die durch ein tiefes, breites und bewaldetes Tal von meinem Aussichtspunkt getrennt sind. Mit dem Fernglas halte ich nach Tieren Ausschau. Meine Gedanken aber gehen ihre eigenen Wege, wandern, wie schon so oft bei dieser Reise, zurück in die Vergangenheit. Noch nie zuvor hatte ich so viel Zeit und Muße, über meine Familie nachzudenken, über Eltern und Geschwister und über mich selbst.

Erst nach Jahren hatte ich erfahren, wie gerade mein jüngster Bruder unter meinem Fluchtversuch leiden musste. An ihm hat man sich gerächt, ihn, den Jüngsten, zur Zielscheibe genommen, weil die Schwester Verrat geübt hatte, als der mein Versuch, von einem Deutschland in das andere zu wechseln, gewertet wurde. Es war üblich, dass man nicht nur den Flüchtling bestrafte. Der Staat rächte sich an der gesamten Familie, an Eltern und Geschwistern und mitunter sogar an weniger nahen Verwandten. Die Rache war drastisch. Die Angehörigen verloren ihre Stellung, mussten stattdessen eine unqualifizierte Arbeit annehmen, in Fabriken oder den Landwirtschaftlichen Produktionsgenossenschaften, den LPG, arbeiten. Wer studierte, wurde von der Universität verwiesen. Man kündigte ihnen die Wohnung und quartierte sie in einer viel zu kleinen ein. Wer einen Abtrünnigen in der Verwandtschaft hatte, der war für sein weiteres Leben gezeichnet. Der bislang erfolgreiche Lebensweg war abgeschnitten, und die Biografie hatte einen nicht zu korrigierenden Bruch.

Weil in meiner Familie anscheinend keine derartigen gravierenden Strafmaßnahmen vollzogen wurden, glaubte ich, sie sei verschont worden. Ich erklärte mir die Ausnahme damit, dass meine Angehörigen sich nie negativ oder gar ablehnend gegenüber dem Staat verhalten hatten, ich somit das einzige »schwarze Schaf« der Familie war. Meine Schwester studierte zum Zeitpunkt meiner Inhaftierung Medizin, auch in der DDR ein heiß begehrtes Studienfach. Sie durfte unbehelligt weiter an der Universität bleiben und später als Ärztin praktizieren. Mein anderer, sechs Jahre jüngerer Bruder studierte auf Lehramt, auch ihm wurde der Lebenslauf nicht zerbrochen.

Ganz ohne Strafe kam meine Familie dennoch nicht davon, nur waren die Maßnahmen subtiler. Jahre später, als mein Vater nicht mehr lebte, erfuhr ich von meiner Mutter, wie brutal seine Genossen ihm zugesetzt hatten. Er unterrichtete an der Erweiterten Oberschule, vergleichbar dem Gymnasium in Westdeutschland. Plötzlich, ohne Angabe von Gründen, wurde er an die Grundschule versetzt, statt junge Erwachsene hatte er nun sechs- bis zehnjährige Schüler vor sich. Doch die Demütigung ging noch weiter, schlussendlich wurde ihm die Lehrereignung gänzlich abgesprochen. Er bekam eine Aufgabe im Landmaschinenwerk »Fortschritt«. Bald darauf erkrankte er unheilbar.

Das andere Opfer war Holger. Für ihn gab es nur den einen Berufswunsch, den er mit der Jagd verbinden wollte: das Studium der Forstwirtschaft. Trotz eines guten Schulabschlusses verweigerte man ihm die Zulassung zum Studium. Er musste als Waldarbeiter im Akkord Bäume fällen. Er steckte in einer Sackgasse, ohne Ausweg, ohne Hoffnung auf Besserung, ohne Zukunft, denn für ihn war es eine trostlose Bestimmung, sein Leben als Holzfäller zu fristen. Erst viel später gelang es ihm, durch Hartnäckigkeit doch noch einen Studienplatz zum Forstingenieur zu bekommen.

Holger *Als mir Carmen von ihren Erinnerungen erzählte, fielen auch mir zwei Geschichten dazu ein: Carmen war für mich immer meine große Schwester mit Gemeinsamkeiten, die uns verbinden. Als sie wegging und einen anderen Lebensweg suchte, schlug es bei uns ein wie ein Blitz aus heiterem Himmel. Ich war vielleicht dreizehn Jahre alt, spielte im Kinderzimmer, mein Vater war als Lehrer noch in der Schule, und meine Mutter befand sich in der Küche, als es plötzlich an unserer Wohnungstür klingelte. Ich rannte an die Tür, machte sie auf, und vor mir standen, und das merkte ich sofort, zwei unheimliche Typen in dunklen Mänteln. Ohne lange zu zögern, verschafften sie sich Eintritt und sagten im Befehlston zu meiner Mutter, die inzwischen in den Korridor geeilt war: »Hausdurchsuchung!«*

Ich verstand nichts, meiner Mutter aber war klar, dass es um Carmens Verschwinden gehen musste. Carmen saß da bereits in Untersuchungshaft. Kurzerhand wurden unsere Nachbarn als Zeugen herbeigezogen, und dann ging es schon los, mit dem Durchsuchen der Schränke fingen sie an. Ich kann mich noch gut daran erinnern, wie einer der Stasileute vor dem Bücherschrank meines Vaters stehen blieb und die Bände aufmerksam durchsuchte. Ihm fielen zwei Bücher von Erich von Däniken in die Hände, mein Vater hatte sie von seiner Schwester aus dem Westen geschenkt bekommen. Daraufhin sagte der Stasibeamte: »Die sind konfisziert!«

In diesem Moment dachte ich: Das gibt's doch nicht! Laut sagte ich: »Aber das sind doch meine Lieblingsbücher, die gehören mir, die können Sie mir nicht wegnehmen!«

Doch er erbarmte sich meiner nicht und nahm die Bücher mit. Heute denke ich manchmal, er wollte sie vielleicht auch selber lesen, standen sie doch nicht im Zusammenhang mit Carmens Flucht aus der DDR.

Durch Dänikens Bücher hatte ich erfahren, was für kulturelle Menschheitsrätsel es auf der Erde gibt. Ich erinnere mich noch gut an jenen Tag im Jahr 1972, ich war etwa elf Jahre alt, als der erste Film über Däniken und seine Bücher (der sogar für einen Oscar nominiert worden war) bei uns gezeigt werden sollte. Begleitet von meinen beiden Schwestern Marlis und Carmen ging es zum Bischofswerdaer Kino. Doch als wir vor der Kinokasse standen, erfuhren wir, dass die Vorführung durch die Partei und Staatsführung der DDR verboten worden war.

Trotzdem konnten sie nicht verhindern, dass Erich von Däniken durch den Dokumentarfilm und vor allem durch seine über zwanzig Bücher nicht nur weltberühmt, sondern auch in der DDR sehr bekannt wurde. Es gelang ihm, fesselnd über kulturelle Rätsel und vergangene Zivilisationen zu berichten. Und auch wenn er beweisen wollte, dass Außerirdische vor Jahrtausenden unsere Erde besucht hatten (was wir damals schon als Fantasie abtaten), war für uns wichtiger, dass er ein Millionenpublikum mit dem kulturellen Vermächtnis ferner Zivilisationen bekannt machte. Darin, so denke ich, liegt sein größter Verdienst.

Auch wird mir stets in Erinnerung bleiben, wie wir Carmen im Gefängnis besuchten. Mit dem alten Skoda Oktavia fuhr mein Opa meine Mutter und mich in Richtung Stollberg, wo sich das Frauengefängnis befand. Nur eine Person durfte Carmen besuchen, Mutter oder Vater. Mein Vater war damals so krank, dass er nicht mitkonnte. Opa und ich blieben im Auto sitzen, meine Mutter ging

mit gemischten Gefühlen zum Gefängnistor, und dann knallte die schwere Stahltür hinter ihr ins Schloss. Nach einer Stunde Wartezeit ging sie wieder auf, und meine Mutter kam mit schnellen Schritten zum Auto. Kreidebleich stieg sie ein und sagte zu Opa: »Fahr sofort los, ich will so schnell wie möglich weg von hier!«
Zu Hause kramte meine Mutter einen winzigen Zettel hervor, einen sogenannten Kassiber, auf dem Carmen in Miniaturschrift von unmenschlichen Verhältnissen im Gefängnis berichtete. Carmen hatte den Kassiber zentimeterklein gefaltet und am Körper versteckt und in einem günstigen Moment unserer Mutter zugesteckt, ohne dass die Aufseher etwas mitbekamen. Später gelang es unserer Mutter zusammen mit ihrer im Westen lebenden Schwester Brunhild, die über gute SPD-Kontakte verfügte, Carmen aus dem Gefängnis in den Westen Deutschlands zu holen.

Diese düsteren Details habe ich erst nach und nach erfahren, das meiste von meiner Mutter. Weder meine Eltern noch mein Bruder machten mir je Vorwürfe. Sie erwähnten mit keinem Wort, dass ich ihr Leben mit meinem Entschluss zur Flucht so drastisch beeinflusst hatte.

Ein Geräusch holt mich aus der Tiefe meiner Erinnerungen zurück. Was war das? Es raschelt, ein Schatten huscht vorüber und ist verschwunden. Da, wieder! Aus dem Augenwinkel nehme ich erneut eine Bewegung wahr. Vorsichtig drehe ich den Kopf zur Seite. Da ist nichts!

Wieder knistert und klirrt es. Erdkrumen fliegen zur Seite und kollern herab. In der Höhlung unter einem Stein lugt ein kleines Wesen hervor. Es hat ein pfiffiges Aussehen, ein kleines Köpfchen mit einem spitzen Schnäuzchen, winzige Öhrchen, im Fell fast verborgen, und riesengroße Augen. Schwarzen Mandelkernen gleich wirken sie durch eine rahmgelbe Umrandung noch größer.

Es ist ein rötlich graues Pelztier, ein Ziesel. Eine Nagetierart, die in die Familie der Hörnchen gehört. Bei meiner Pferdereise in der Mongolei konnte ich diese flinken Gesellen häufig beobachten, deswegen habe ich das Ziesel auch beim ersten Blick erkannt.

Die Tiere ähneln mit ihren kaum dreißig Zentimetern Körperlänge einem kleinen Murmeltier. Wie diese richten sie sich neugierig auf den Hinterbeinen auf, machen also »Männchen«, und stoßen bei Gefahr gellende Warnpfiffe aus. Ich wundere mich, warum das zierliche Pelztier in dieser felsigen Berglandschaft lebt. Normalerweise bevorzugen sie Wiesen und Steppen, denn sie benötigen tiefgründigen Boden für ihr weitverzweigtes Tunnelsystem. Ziesel bilden zwar Kolonien, doch jedes Tier besitzt seinen eigenen Bau.

Gespannt beobachte ich, wie es hin und her flitzt, Grasrispen abbeißt und sie zerkleinert in seinen Backentaschen verstaut. Es huscht über die Felskante davon, so schnell, dass ich mit den Augen nicht folgen kann. Kurz darauf erscheint es wieder, buddelt unter einer Steinplatte mit den Vorderpfoten eine Pflanzenwurzel aus und schleppt auch diese davon. Das Tier findet hier oben wahrscheinlich andere pflanzliche Leckerbissen als weiter unten, wo die Zieselkolonie ihre Höhlen hat. Die Pflanzen sammelt es nicht als Wintervorrat, denn Ziesel halten einen echten Winterschlaf, wachen im Winter also nicht mehrere Male auf wie zum Beispiel Eichhörnchen, die dann auf ein Nahrungsdepot angewiesen sind. Ziesel zehren nur von ihrem Körperfett und erscheinen erst wieder über der Erde, wenn der Winter vorbei ist.

Wieder taucht das Ziesel an der Felskante auf, es scheint immer nur das eine Tier zu sein, das von allen Koloniemitgliedern den Aufstieg in die Felsregion gefunden hat. Durch sein lebhaftes Wesen vertreibt es mir angenehm die Zeit, hüpft anmutig umher, richtet sich auf den Hinterbeinen kerzengerade in die Höhe, verschafft sich so einen besseren Überblick, erspäht ein paar Grassamen und stopft sich wieder die Backentaschen voll.

Wenn es ein Weibchen ist, wird es im Frühjahr fünf bis acht noch blinde und nackte Junge zur Welt bringen, die erst nach einigen Tagen die Augen öffnen. Auch das Fell wächst ihnen nach und nach.

Meine ersten Ziesel überhaupt habe ich im Elbsandsteingebirge beobachtet, doch da wusste ich noch nicht, wie diese quicklebendigen Tiere heißen. Ich war mit Freunden beim Felsklettern, und wir hatten, wie es bei uns üblich war, für die Nacht einen Felsüberhang gesucht, wo wir unter freiem Himmel schliefen, ohne Zelt, nur im Schlafsack. Der sächsische Begriff dafür lautet »boofen«. Woher dieses eigenartige Wort stammt, ist nicht sicher belegt. Man nimmt an, dass es von dem aus dem Rotwelsch stammenden »pofen« abgeleitet wurde, was »schlafen« bedeutet.

Der nächste Tag war heiß und sonnig, mittags rasteten wir an einem Wiesenhang, da hörten wir schrille Pfiffe und entdeckten uns unbekannte Tiere. Erst als ich mein Biologiestudium begann, fand ich heraus, dass es Ziesel waren. Ein isolierter Rest einer ehemals weitverbreiteten Population, die sich nach der Eiszeit, als es noch keine Wälder im späteren Deutschland gab, in den offenen Steppenlandschaften ausgebreitet hatte. Damals müssen diese Tiere bei uns so zahlreich gewesen sein wie heutzutage in den Steppen Zentralasiens. Die Zieselpopulation im östlichen Elbsandsteingebirge gilt seit den Achtzigerjahren als erloschen. Die Tiere haben neben dem Menschen, der ihren Lebensraum verändert, zahlreiche Feinde wie Marder und Füchse, Bussard und andere Greifvögel. In der Mongolei werden Ziesel vor allem vom Steppeniltis verfolgt.

2006 startete ein vom Bund für Umwelt und Naturschutz Deutschland (BUND), der TU Dresden und dem Tierpark Riesa unterstütztes Projekt zur Wiederansiedlung der Ziesel im Erzgebirge, denn auch dort haben sie früher gelebt. Doch nach zehn Jahren musste der Versuch beendet werden, der BUND zog seine Fördergelder zurück. Es gab zu viele Rückschläge, trotz engagierter Bemühungen des Riesaer Tierparkdirektors entwickelte sich keine Zieselpopulation. Die ausgewilderten siebzehn Weibchen und vier Männchen wurden Opfer zahlreicher Feinde, wie Hund, Katze, Greifvogel und Fuchs.

In Tschechien wurde 2019 ein weiterer Versuch gestartet, zusätzlich zu den bereits dort lebenden Populationen weitere Tiere auszuwildern, diesmal gleich mit einer größeren Anzahl. Mit ihnen sollen die bestehenden, räumlich voneinander getrennten Kolonien wieder vernetzt werden, sodass ein genetischer Austausch möglich wird. Auch der Tiergarten Nürnberg und der Opel-Zoo in Kronberg steuerten Ziesel bei. Ob dieses Projekt erfolgreich sein wird, bleibt noch abzuwarten.

Wassernot

Am späten Nachmittag kehren wir mit den Pferden zum Lagerplatz zurück, denn auf dem Felsplateau fanden sie keine Nahrung. Nach einer kurzen Ruhe- und Essenspause ziehen Holger und Aslan noch einmal los. Sie bleiben lange verschwunden.

Die Sonne schickt ihre letzten Strahlen auf den Fleck, an dem unsere Zelte stehen und wo die Pferde zwischen ausgeblichenen, halbmeterhohen Gräsern weiden. Die Konturen der Bergkette, die ich von meinem Platz aus sehen kann, zeichnen sich im Abendlicht plastisch ab. Das Gestein schimmert graubraun. Nur dort leuchtet es moosgrün, wo sich Vegetation in Spalten und Schluchten festkrallt. Ein sanfter Windhauch streift mein Gesicht. Ich höre den Pferden zu, wie sie an den Gräsern zupfen und die Halme genüsslich zermalmen. Das mochte ich schon immer – Tieren beim Fressen zuschauen, ihren Geräuschen lauschen und wissen, dass es ihnen gut geht und sie mit der Nahrung neue Kraft tanken.

Die Dämmerung fällt über das Land. Ich wünsche mir, Holger möge nicht wieder bis in die Nacht hinein in den Felsen herumklettern. Deshalb bin ich froh, als Sarik per Funk die Anweisung erhält, drei Pferde zu satteln, und davonreitet. Nun kann es nicht mehr lange dauern, bis mein Bruder zurück sein wird.

Jetzt vernehme ich nur noch die Fressgeräusche von meinem Sniker, bis er aufhört und stillsteht. Eine erwartungsvolle Stille. So war es auch, wenn ich mit Vater auf dem Hochsitz saß und wir auf Wild warteten. Ich langweilte mich nie. Es gab immer etwas zu beobachten: einen Fuchs, der vorbeischnürte, Eichhörnchen, die von Ast zu Ast turnten, Mäuse, die unter dem Hochsitz raschelten. Vögel zwitscherten unentwegt. Schon damals hatte ich gelernt, sie an ihrem Gesang zu erkennen, weil man die kleinen Sänger im Blättergewirr oftmals nicht sieht. Ich fand es wunderbar, dennoch zu wissen, ob ein Buchfink, ein Rotkehlchen oder ein Fitis sang. Der vielstimmige Vogelchor wurde mit fortschreitender Dämmerung leiser. Nach und nach verstummte ein Sänger nach dem anderen. Zuletzt sang nur noch die Amsel. Dann schwieg auch sie, und eine geheimnisvolle Stille legte sich über den Wald. Eine elektrisierende Stille, denn nun war genau die Zeit, da das Wild zum Äsen aus dem Wald auf die Lichtung ziehen würde. Diesen Moment empfand ich wie einen Zauber, als würde ich Einblick gewinnen in eine sonst unsichtbare Welt und zu einem Teil dieser Zauberwelt werden.

Während ich in den dunkler werdenden Himmel schaue, denke ich an Gespräche mit Freunden, die sich wie ich für den Erhalt der Natur einsetzen. Mit ihnen treffe ich mich regelmäßig zu Vogelbeobachtungen, Vorträgen, Austausch und Gesprächen, und wir helfen gemeinsam bei Naturschutzprojekten. Wie die meisten Naturschützer wollen sie mit Jägern nichts zu tun haben – schon wenn ich die Wörter Jagd und Jäger verwende, sind sie empört. Allerdings kennen sie diejenigen, die sie verurteilen, gar nicht, wollen sie nicht einmal kennenlernen. Deswegen ist ihnen nicht bewusst, dass es kaum Menschen gibt, die verantwortungsvoller mit der Natur umgehen und die ein dermaßen profundes Wissen von ihr haben, wie gerade die von ihnen verunglimpften Jäger.

Selten habe ich mich auf Streitgespräche eingelassen, ich bin nicht gut darin. Gebe ich meine Ansicht dann doch einmal zu erkennen, werde ich sofort knallhart angegangen: »Verteidigst du etwa das Töten von Tieren? Das hätten wir nicht von dir gedacht! Man tötet nicht, was man liebt!«

Damit endet die Diskussion fast immer sofort. Gegner der Jagd haben selten die Geduld, mir zuzuhören. Zumal ich weit aushole, denn ich will, dass man den Zusammenhang versteht: In der Frühzeit unserer Entwicklung konnten wir uns nur durch die Jagd mit der lebensnotwendigen Nahrung versorgen. Allein mit Wurzeln, Früchten und Blättern hätten wir nicht überlebt, den Pflanzen fehlen entscheidende Mineralien, Vitamine und Spurenelemente, die nur im tierischen Fleisch und Fett vorhanden sind. Außerdem lieferte pflanzliche Kost nicht genügend Kalorien, um in einer eiszeitlichen Umwelt zu überleben. So ist die Jagd seit Jahrtausenden tief in unseren Genen verankert, schlummert in unserem Unterbewusstsein, denn sie sicherte einstmals unsere Existenz. Später, als wir sesshaft wurden und tierisches Eiweiß durch unsere Nutztiere zur Verfügung stand, mussten wir unsere Felder vor der Zerstörung durch Wildtiere schützen und auch uns selbst vor ihren Angriffen.

Heutzutage gibt es bei uns Lebensmittel im Überfluss und in vielfältiger Auswahl zu kaufen, sodass man sogar bei veganer Ernährung mittels Ersatz- und Zusatzstoffen überleben kann. Gefährliche Wildtiere, vor denen wir uns schützen müssten, gibt es in Deutschland nicht. Warum also jagen? Man müsste doch nicht mehr seinen steinzeitlichen Genen frönen, so die Meinung meiner Freunde. Das sei überholt. Wir lebten in einer modernen Welt, da brauche es die Jagd nicht mehr, meinen sie.

Jedoch – Rehe, Hirsche, Wildschweine leben bei uns nicht mehr in der Wildnis, wo sich von selbst ein Gleichgewicht zwischen Pflanzenfressern und Raubtieren herausbildet. In einer Kulturlandschaft wie der unseren ist dies nicht möglich. Auf natürliche Weise würde sich der Wildbestand in der von uns Menschen umgestalteten, bewirtschafteten und beherrschten Landschaft nicht regulieren, das ist biologisch unmöglich. Rehe und Hirsche würden sich ungebremst vermehren und ihren Lebensraum, den Wald, zerstören. Wer von den Jagdgegnern weiß schon, dass ein Nachwachsen von jungen Bäumen, gerade auch von Laubbäumen, bei einer zu hohen Population von Reh- und Hirschwild nicht möglich ist? Der Mensch ist also gezwungen, regulierend einzugreifen, wenn die Umwelt, wie wir sie heute kennen und lieben, annähernd erhalten bleiben soll.

Bei frei lebenden Nutztieren kann man ein- oder mehrmals im Jahr alle Tiere zusammentreiben und die überzähligen, schwachen und kranken aussortieren, wie es zum Beispiel in Island beim Herbstabtrieb mit Schafen und Pferden oder in Finnland von den Samen mit den gezähmten Rentieren gemacht wird. Mit Wildtieren ist das nicht möglich. Nur der Jäger, der die Tiere in seinem Revier kennt, ihre Entwicklung über Jahre beobachtet und fast täglich draußen ist, verfügt über die nötigen Kenntnisse und ist verantwortungsvoll genug, eine Auswahl zu treffen und in den Wildbestand regulierend einzugreifen. Mit den heutigen präzisen und effektiven Waffen wird dabei so wenig Leid wie möglich verursacht. Furchtbar sich vorzustellen, wie qualvoll für unsere Nutztiere schon allein die Fahrt zum Schlachthof ist.

Die Jagd ist kein Hobby und keine Freizeitbeschäftigung, ganz und gar nicht. Denn es geht um viel: um Leben und Tod eines Lebewesens. Die Jäger, die ich kenne, sind sich dieser Verantwortung bewusst und handeln danach. Bei meinem Vater beobachtete ich, wie lange er zögerte, bevor er einen Schuss abgab. Immer wieder schaute er durchs Fernglas, um zu prüfen: Ist es ein weibliches oder männliches Tier, ist es jung oder alt, ist es gesund oder abgemagert, ist ein sicherer Schuss überhaupt möglich? Wie oft erlebte ich, dass er eben doch nicht geschossen hat.

Nun ist es bereits so dunkel, dass die Sterne zu leuchten beginnen, Sterne, die immer da sind, die wir jedoch bei dem übermäßigen Licht des Tages nicht sehen können. Meine Sorge um Holger wächst. Ich habe gesehen, wie steil die Felsen sind, in die er abgestiegen ist. Selbst bei Tageslicht kann man bei einem Fehltritt abstürzen, wie gefährlich muss es erst bei Dunkelheit sein. Um mich abzulenken, denke ich weiter über die Jagd nach, derentwegen mein Bruder nach Kasachstan gekommen ist und für die er harte Entbehrungen und Mühsal auf sich nimmt.

Holger hatte sich vor der Reise entsprechend informiert. Die Steinböcke im Alatau werden regelmäßig von den einheimischen Jägern beobachtet und ihre Anzahl möglichst genau geschätzt, erst danach wird entschieden, wie viele Tiere geschossen werden dürfen. Den Kasachen selbst ist es erlaubt, für ihren Eigenbedarf Tiere zu jagen. Sie erlegen jedoch sehr junge, am liebsten einjährige Kitze, deren Fleisch zart und schmackhaft ist. Die ausländischen Jäger entscheiden sich für die ältesten Steinböcke mit den gewaltigen Hörnern, die schon zu alt sind, um den Wettkampf mit den jungen Böcken um die Weibchen zu bestehen, und die sich deshalb nicht mehr fortpflanzen können. Es sind die Einzelgänger, die irgendwann, meist im Winter, an Nahrungsmangel und Altersschwäche sterben.

Neben der Verantwortung, den Wildbestand gesund zu halten und ihn auf eine für die Umwelt tragbare Größe einzudämmen, schwingt meiner Meinung nach noch etwas anderes mit, was die Menschen für die Jagd begeistert. Es ist etwas schwer zu Benennendes, das ich als Leidenschaft bezeichnen möchte. Eine Leidenschaft, die tief in uns Menschen verankert ist. Der Jäger muss blitzschnell Entscheidungen treffen, hoch konzentriert sein, wie sonst so gut wie nie in seinem Alltagsleben. Draußen im Revier sind alle seine Sinne geschärft, er sieht, hört, riecht besser als sonst, und er bewegt sich so leise wie ein Tier. Das ist es wohl, was die Faszination beim Jagen ausmacht, diese Einheit, dieses Verschmelzen mit der Natur, mit den Tieren. Der Mensch ist dann ein Tier unter Tieren, auf gleicher Ebene mit ihnen. Er muss sich in sie hineindenken, hineinfühlen, sie verstehen. Es ist ein Erleben, ein Eintauchen, das uns zum Ursprung unseres Menschseins zurückführt.

Warum aber muss man das Tier töten, dem man sich nah fühlt, das man bewundert und liebt? Das habe ich mich selbst oft gefragt, als ich noch gejagt habe. Ich erkläre es mir so: Damit sich diese Faszination entfalten kann und der Prozess des sich Einfühlens in Gang gesetzt wird, braucht es das Ziel. Ohne Zielsetzung kein Vorgang. Vielleicht vergleichbar dem Bergsteigen: Man muss nicht auf den Gipfel steigen, wenn die Bedingungen nicht stimmen, aber ohne den Berggipfel als Ziel, ohne den Wunsch, dort oben zu stehen, begibt sich kein Bergwanderer auf den Weg.

Spaziert man nur einfach so im Wald herum, passiert gar nichts. Statt geschärfter Sinne denkt man an dies und das, man wandert nicht im Wald, sondern mit seinen Gedanken sonst wohin. Die Umwelt nimmt man häufig gar nicht wirklich wahr. Erst die Jagd bewirkt die innere Erregung, die Anspannung, die Konzentration. Sie vermittelt die Fähigkeit, sich ganz und gar auf die Umwelt einzulassen und sich selbst zu vergessen. Man spürt weder Hunger noch Durst noch Mückenstiche oder sonstige Unannehmlichkeiten, man taucht ein in eine Zeit, als Mensch und Tier in einer gemeinsamen Umwelt lebten. Ich bin überzeugt, jeder Jäger, ob bewusst oder unbewusst, spürt tief in sich die Verwandtschaft mit dem Tier, das er jagt.

Warum ich mich entschieden habe, nicht mehr zu jagen? Eine eindeutige Antwort gibt es nicht. Mir hat es irgendwann genügt, mich den Tieren nah zu fühlen, wenn ich sie beobachte und fotografiere. Wobei ich mich noch gut erinnern kann, wie es war zu jagen. Die Jagd bedeutete eine viel tiefere innere Erschütterung, ist nicht vergleichbar mit dem Erlebnis, ein Foto zu »schießen«. Und dennoch war für mich die reine Nähe zu den Tieren ausreichend, ich musste diesen letzten Schritt irgendwann nicht mehr gehen.

Es ist tiefe Nacht, doch ich kann nicht schlafen. Holger ist mit den Kasachen noch nicht zurückgekommen. Lange habe ich vor dem Zelt gesessen und versucht, Geräusche wahrzunehmen. Als ich vor Kälte zu zittern begann, bin ich in den Schlafsack gekrochen. Ab und zu nicke ich ein, dann wache ich wieder auf, lausche in die Nacht hinein.

Ich mache mir Sorgen um meinen Bruder. Bisher gab es keinen einzigen Tag, an dem er sich hätte ausruhen können. Für mich dagegen war es nicht anstrengend, sondern gemütlicher als sonst bei meinem Unterwegssein. Nach stundenlangen Ritten musste Holger noch mit Aslan in die Felsschluchten hinabklettern. Ich dagegen konnte mich ausruhen und meinen Blick über die eindrucksvolle Landschaft schweifen lassen, Tiere beobachten und meinen Gedanken nachhängen. An all diesen Tagen war ich stundenlang allein, wie ich es so gern bin, konnte mich in die Natur einfühlen und meine freie Zeit genießen. Ich wünschte, dass es auch Holger so gut ginge wie mir und er dieses einmalige Erlebnis im Alatau genießen könnte und nicht nur unter dieser ungeheuren Anspannung stünde, doch noch seinen Steinbock zu erlegen. Irgendwie fühle ich mich schuldig, oder besser gesagt, ich finde es ungerecht, dass ich es so gut getroffen habe und er sich mühevoll abquälen muss.

Es ist Mitternacht, da tauchen sie endlich auf, völlig erschöpft und durstig. Meine Wasserflasche ist noch voll, ich habe das Wasser sorgsam aufgespart. Ich brauche es für die Nacht, wenn ich mit trockenem Mund aufwachen sollte, und für den nächsten Morgen, denn in der Nähe fließt kein Bach.

»Hast du noch Wasser?«, fragt mein Bruder mit krächzender Stimme.

»Nein!«, lüge ich. Bereitwillig würde ich es mit ihm teilen, doch die Führer sind genauso ausgetrocknet. Ein Liter für drei durstige Männer – das sind für jeden nur ein paar hastige

Schlucke, und ich habe dann gar nichts mehr zu trinken. Außerdem bin ich wütend, weil die Kasachen anscheinend wieder nicht für genügend Wasser gesorgt haben. Es ist das Dauerproblem während der gesamten Reise.

Holger weiß, dass ich meinen Wasservorrat nie zur Neige austrinke. Es ist eine eiserne Regel beim Unterwegssein, immer einen Rest für den Ernstfall aufzusparen. Das ist wichtig für den Fall, wenn es um Leben oder Tod geht. Ich möchte mein Wasser behalten, denn es könnte sein, dass wir morgen beim Zurückreiten in diesem wilden Gebirge verunglücken und weit und breit kein Wasser zu finden ist.

Wütend beschimpft mich mein Bruder: »Du bist so was von egoistisch!«

Ich ärgere mich. Es ist ungerecht – was kann ich dafür, dass die Männer so unachtsam sind? Wir waren gestern im Camp, warum haben sie nicht ausreichend Wasser mitgenommen? Warum haben sie unterwegs am Bach nicht ihre Gefäße gefüllt?

Vor Wut kommen mir Tränen. Ich stürze ins Zelt, schnappe meine Flasche und donnere sie den drei Männern vor die Füße.

»Da habt ihr mein Wasser!« Dann verkrieche ich mich. Ich habe es satt und will niemanden mehr sehen.

Holger *Während Carmen auf uns wartete, erlebte ich meine letzte und sehr intensive Jagd auf Steinböcke. Es war schon später Nachmittag, als Aslan tausend Meter unter uns eine Gruppe Steinböcke durchs Spektiv erspähte. Sie lagen ganz ruhig auf Steinplatten und äugten um sich. Aslan gab mir zu verstehen – und ich sah es auch selbst im Fernglas –, dass es sich hierbei um jagdbare Böcke handelte.*

Aslan schaute mir ins Gesicht, als wollte er herausfinden, ob ich mir diesen mörderischen Abstieg ins Tal zutraute, wo die Böcke am gegenüberliegenden Hang lagen. Es bedurfte keiner Worte, ich zeigte Aslan unmissverständlich, wo ich hinwollte, um eine gute Position zum Wild zu bekommen. Er nickte nur. Dann nahm ich mein Gewehr, meinen Entfernungsmesser und das Fernglas und pirschte hinter Aslan den steilen Berg hinunter.

Jeder Fehltritt konnte zu schweren Verletzungen führen und das sofortige Ende der Jagd bedeuten. Aber das war mir, wenn ich heute darüber nachdenke, völlig egal. Entscheidend war vielmehr, ungesehen und unbemerkt an die Tiere heranzukommen, und das erforderte meine ganze Körperbeherrschung und Kondition. Kurz vor unserem anvisierten Standort wechselte plötzlich ein Rudel Steinböcke im Gegenhang. Aslan dachte, es seien unsere Böcke, und signalisierte mir zu schießen. Ich lehnte ab und verwies auf das Plateau hinter der Felsenkurve. Ich war überzeugt davon, dass unser Wild noch dort war, wo wir es vom Felsgrat oben gesehen hatten. Aslan verstand und pirschte vor. Er bestätigte mir mit vorsichtigen Handbewegungen, dass ich recht hatte. Meine Steinböcke waren noch vor Ort am Gegenhang, waren jedoch aufgestanden und wollten dem ersten Rudel nachfolgen. Viel Zeit blieb mir nun nicht mehr. Ich musste mich schnell entscheiden und den alten Steinbock lokalisieren. 275 Meter war er von unserer Position aus entfernt, stand absprungbereit noch für einen winzigen Moment in der Felswand.

Und dann gelang es mir tatsächlich, nach unendlichen Strapazen mit einem guten Schuss einen alten Sibirischen Steinbock zu erlegen. Alle Anspannung fiel von mir ab, und wie Gipfelstürmer, die ihr Ziel erreicht haben, umarmten Aslan und ich uns. Nun galt es, dass Tier zu bergen. Dazu rief Aslan per Sprechfunk Sarik nach unten und sagte ihm außerdem, er solle unbedingt Wasser mitbringen, denn wir waren völlig fertig, und unsere Kehlen lechzten förmlich nach Wasser. Zwei Liter hatte Sarik noch, die brachte er mit nach unten. Es war bereits dunkle Nacht, als wir alles so weit verpackt hatten, *um die vielleicht 800 Höhenmeter in unser Lager, zu Carmen, aufzusteigen.*

Was wird Carmen wohl sagen, wenn ich ihr meinen Steinbock präsentiere, dachte ich, als ich mich teils auf allen vieren den Steilhang hochquälte. Mit letzter Kraft erreichte ich mein Pferd. Das Wasser war aufgebraucht, und ich war glücklich, mit meiner Beute endlich aufsatteln zu können. Es gab keinen Pfad, nur eine grobe Orientierung weitere mehrere Hundert Höhenmeter nach oben.

Auf dem letzten Teilstück verlor plötzlich Aslans Pferd den Halt unter den Hufen, rutschte und rutschte, drohte abzustürzen und sich zu überschlagen – und ich mit ihm, da Aslan mein Pferd am Seil führte. Wie Springböcke sprangen beide Pferde Richtung Abgrund. Ich dachte schon daran, vom Pferd abzuspringen, um von ihm nicht beim Sturz erschlagen zu werden oder noch weiter in die Tiefe zu stürzen. Im letzten Moment gelang es Aslan, sein Pferd zum Stehen zu bringen und meins mit ihm. Die tödliche Gefahr war gebannt! Alles spielte sich reflexartig ab. Angst befiel mich nicht, dafür ging alles zu schnell. Und in meinem Kopf hatte nur der Gedanke Platz, einen Weg nach oben zu finden, zu Carmen. Endlich hatten wir es geschafft, im Lichtkegel unserer Stirnlampen zeichneten sich die Konturen von Carmens Zelt ab.

Köstlicher Duft weht aus ihrem Zelt zu mir herüber. Sie kochen sich trotz der späten Stunde noch etwas zu essen. Sie würden es mit mir teilen, wenn ich mich zu ihnen gesellen würde. Doch mir ist der Appetit vergangen. Ich bin traurig. Warum habe ich meinen Bruder nicht umarmt, ihm nicht zu seinem Erfolg gratuliert? Mich mit ihm gefreut? Warum sind mir wegen des Wassermangels die Nerven durchgegangen? Damit habe ich alles verdorben, mich von der gemeinsamen Freude abgeschnitten. In mir ist eine eisige Kälte, und ich spüre, wie sich in meinem Inneren eine Lähmung ausbreitet.

Irgendwann kommt Holger ins Zelt. Er sagt nichts. Vielleicht glaubt er, ich schliefe. Doch ich kann keine Ruhe finden. Warum nur rege ich mich so auf? Ich habe doch schon ganz anderes durchgestanden! Aber da war ich allein und allein verantwortlich, wenn etwas nicht so geklappt hat wie erwartet und gewünscht. Hatte ich mich falsch entschieden, Fehler gemacht, musste ich die Folgen selbst tragen und ertragen.

Durch eigenes Handeln herbeigeführte negative Gegebenheiten kann ich anscheinend viel besser aushalten, als wenn ich von den Entscheidungen und Handlungen anderer Menschen abhängig bin. Überhaupt ist es ja das erste Mal, dass ich an einer gemeinsamen Tour teilnehme und dazu auch noch eine von einem Reiseveranstalter organisierte und geplante. Kein Wunder, dass ich es nicht gewohnt bin, mich anzupassen und mich zu fügen. Das habe ich mein Leben lang noch nie gemusst. Mein ganzes Sein bei dieser Reise war und ist von Anfang an auf Widerstand ausgerichtet, wie mir jetzt kristallklar deutlich wird. Mein Problem begann bereits gleich zu Beginn, als ich auf einem Pferd reiten sollte, das am Seil hinterhergezerrt wurde. Von Tag zu Tag haben mich dann die Entscheidungen und Handlungen unserer Führer in der Überzeugung bestärkt, dass ich von Wildnis, der Natur, den Steinböcken und der Jagd mehr verstehe als sie. Ich glaube das noch immer. Holger aber war und ist empört, dass ich so anmaßend bin und die Leute, die hier zu Hause sind, belehren will. Und wenn ich schon klüger bin als sie, dann sollte ich es wenigstens nicht zeigen. Wahrscheinlich wollte er die Kasachen, auf die wir angewiesen sind, nicht verärgern und in ihrem Stolz kränken.

Ich habe mich nicht angepasst, was vernünftig gewesen wäre, habe nicht so getan, als würde ich ihre Entscheidungen gutheißen. Nein, ich habe das Gegenteil von dem getan, was ich jedem anderen geraten hätte – nämlich den Verstand einzuschalten. Stattdessen gab ich meinen Gefühlen nach und schaltete auf Widerstand.

Das deutlichste Signal, das ich mehr oder weniger unbewusst gegeben habe, war, mich zu weigern, mit den drei Männern gemeinsam zu essen. Ich wollte zeigen, dass ich nicht dazugehöre, weil ich mich nicht dazugehörig fühlte. Obwohl – so bewusst war mir das am Anfang gar nicht. Meine Abneigung, am gemeinsamen Mahl teilzunehmen, rührte auch daher, dass es nur eintönige, wenig schmackhafte Lebensmittel gab.

Was für einen verzwickten Charakter habe ich nur! Während ich wach im Schlafsack liege, mich auf dem unebenen Boden hin und her wälze, wird mir klar, warum diese Reise anders verlaufen ist als erwartet. Es hat schon seinen Grund, warum ich sonst stets allein unterwegs bin. Ich bin einfach nicht in der Lage, mich abzufinden mit Gegebenheiten, die mir widerstreben. Nie nehme ich etwas kampflos hin, was mir nicht gefällt. Kann ich die Umstände nicht ändern, gebe ich nicht klein bei, sondern ich fühle mich herausgefordert, die Mauern einzureißen und meinen Willen durchzusetzen. Ab wann würde ich aufgeben? Ob ich mich überhaupt an einem gewissen Punkt, in einer bestimmten Situation fügen würde? Ich weiß es nicht. Diese Probe wurde mir noch nie gestellt. Wie ich mich jedoch einschätze, würde ich mich wohl niemals unterordnen. Probleme und Hindernisse rufen meine inneren Kräfte wach, dann kämpfe ich so lange, bis ich Mauern und Grenzen überwunden oder eingerissen habe.

Zu Gast bei Kasachen

Wir sind rechtzeitig im Camp zurück. Dort erwartet uns die Nachricht, dass es am Fahrzeug einen Motorschaden gibt und wir erst am nächsten Tag abgeholt werden können. Holger wird ein Lager auf einem der Feldbetten in der Schlafjurte zugewiesen, wo auch die anderen Männer des Camps übernachten. Mich nimmt Zalina, die Köchin, beiseite und macht mir Zeichen, mit ihr zu kommen.

»Mening kiygiz üy«, wiederholt sie ein ums andere Mal, zeigt auf sich und dann auf mich. Sie lädt mich zu sich in die Jurte ein.

»Rachmet, köp rachmet!« Hocherfreut bedanke ich mich für die wunderbare Gelegenheit, zum Abschluss einen – wenn auch kurzen – Einblick in das Nomadenleben im Alatau zu bekommen.

Wir benötigen länger als eine halbe Stunde, natürlich zu Fuß, bis wir zu ihrer Jurte gelangen. Oh, denke ich, diesen Weg muss Zalina jeden Tag mehrmals hin- und zurückgehen, mindestens dreimal: frühmorgens, mittags, um die eigene Familie zu versorgen, und am Abend ein weiteres Mal.

Endlich erblicke ich in der Ferne einige weiße Punkte. Es sind Filzzelte, die in der welligen Landschaft herausragen. Die Bezeichnung »Jurte« ist weder in der Mongolei üblich (dort heißt die praktische Behausung der Nomaden »Ger«) noch bei den Kasachen, dort wird sie »kiygiz üy« genannt. Im Wörterbuch finde ich eine Übersetzung, die mir seltsam vorkommt, denn sie lautet »Filzlaus«. Es stimmt, die Außenhaut besteht aus Filz, aber dem eigenen Heim die Bezeichnung eines Ungeziefers zu geben kann ich kaum glauben. So verwende ich lieber weiterhin das bei uns gebräuchliche Wort »Jurte«.

Aus den weißen Jurten kräuselt sich Rauch in den klaren Himmel. Ein friedliches und anheimelndes Bild, wie ich es aus der Mongolei so gut kenne. Kinder, Jungen und Mädchen, kommen uns entgegengerannt. Als sie mich, eine Fremde, erkennen, verharren sie schüchtern und mustern mich überrascht und kritisch. Nachdem Zalina einige erklärende Sätze gesprochen hat, löst sich ihre Anspannung. Ein Lächeln blüht in den Kindergesichtern auf. Ein vielleicht sechsjähriger Junge ist mutig, er traut sich, meine Hand zu ergreifen, und führt mich zu einem schwarzen Ziegenbock. Der Kleine ist kaum größer als das Tier, dennoch gelingt es ihm hinaufzuklettern. Der Bock steht felsenfest und lässt es sich gefallen. Der kleine Kasache lächelt von oben. Er ist sichtlich stolz, mich mit seinem Kunststück beeindrucken zu können. Bestimmt wird er einmal ein geschickter Reiter.

Zalina ruft mich, winkt und macht mir Zeichen, zu ihr in die Jurte zu kommen. Ich entsinne mich, dass man nicht auf die Türschwelle treten darf, weil unter ihr die guten Geister wohnen, die die Familie beschützen. Tritt man unachtsam und respektlos auf sie, fühlen sich diese gutartigen Dämonen missachtet und verschwinden verärgert. In der Mongolei musste man außerdem beim Eintreten rufen: »*Sain bainuu!*« Das bedeutet so viel wie »Geht's euch gut?«.

Im Kasachischen, so konnte ich zuvor noch schnell im Sprachführer nachlesen, muss es heißen: »*Kudaj konakpyn!*« Die Übersetzung klingt seltsam für unsere Ohren, denn sie lautet: »Ich bin ein Gast, von Gott gesandt!«

Nur stockend kommen mir die fremden Laute über die Lippen. Ein göttlicher Gesandter, wie könnte ich das sein? Mir ist jedoch klar, dass diese Floskel die Hochschätzung des Fremden ausdrücken soll, wie sie im Gastrecht dieses Volkes fest verankert ist.

Über mein Gestammel und meine Verlegenheit lächelt Zalina gutmütig hinweg und nickt verständnisvoll. Meine Aussprache ließ sicherlich zu wünschen übrig. Sie weist mir einen Platz zu und drückt mir eine Schale heißen Tee in die Hände. Sofort fühle ich mich heimisch und vertraut, als wäre ich keine Fremde mit einer anderen Kultur aus einem fernen Land. So erging es mir stets bei meinen Reisen, wenn ich allein unterwegs war und wie selbstverständlich in den Familien aufgenommen wurde. Die negativen Erfahrungen der Tour bisher fallen spurlos von mir ab, als hätte es sie nicht gegeben. Eine wohlige Wärme breitet sich in mir aus.

Zalina und ich sind nicht allein. Auf den bunten Teppichen am Boden hocken zwei junge Männer, vermutlich ihre Söhne oder Schwiegersöhne, zudem drei Frauen und ein Mann, sicherlich ihr Ehemann. Wie es dem Ältesten gebührt, sitzt er dem Eingang gegenüber. Es ist der Ehrenplatz, der dem Hausherrn vorbehalten ist. Wenn er abwesend ist, bleibt sein Platz frei.

Wie bin ich froh, dass ich durch meine Erfahrungen aus der Mongolei die Gepflogenheiten kenne, wie man sich als Gast zu verhalten hat. Deshalb weiß ich, dass es in jeder Jurte eine feste Sitzordnung gibt, je nach Alter und Respekt, die der jeweiligen Person gebührt. Den Frauen ist die rechte Seite vorbehalten und den Männern die linke.

Damals war ich nicht nur bei Mongolen zu Gast, sondern auch bei einer kasachischen Familie. Das Oberhaupt war der berühmte Aralbai. Er ist ein Berkutschi, so nennt man diejenigen, die mit einem Adler auf Jagd gehen. Seine Vorfahren hatten sich während der Sowjetherrschaft jenseits der Grenze in Sicherheit bringen können. Damals waren die Nomaden in Kasachstan enteignet worden. Sie wurden zur Sesshaftigkeit gezwungen und ihre Viehherden in Kolchosen eingepfercht, wo die meisten Tiere an Futtermangel zugrunde gingen. Not und Hunger brachen aus, mehr als die Hälfte der damaligen Bevölkerung kostete dieses menschenverachtende Experiment das Leben. Wer konnte, flüchtete mitsamt seiner Familie über die Gebirge hinweg in andere Länder. So auch die Kasachen, die noch heute im Gebiet Bayan Olgij auf mongolischer Seite des Altai leben, nahe der Grenze zum heutigen Kasachstan. Wenig hatten die Flüchtlinge gewonnen, denn auch in der Mongolei wurde bald darauf die rigide Kolchosenwirtschaft durchgesetzt.

Aina, Zalinas Enkelin, kommt mit einer Kanne frisch gemolkener Milch herein. Diese wird geteilt, das meiste ist wohl für den nächsten Morgen bestimmt, oder vielleicht soll diese Milch für Kumys vergoren werden. Kumys ist ein leicht alkoholisches Getränk, das aus Stutenmilch hergestellt wird. Die restliche Milch wird in einem Kessel erhitzt und mit getrockneten Schwarzteeblättern und etwas Salz zu Milchtee verarbeitet.

Damals bei Aralbais Familie konnte ich mich mit ihm und seinen Söhnen recht gut auf Mongolisch verständigen, schließlich war ich seit Monaten im Land und hatte die Sprache in der Hauptstadt Ulaanbaatar gelernt. Wollte ich mich dagegen mit seiner Frau und den Töchtern unterhalten, musste jemand übersetzen, denn sie verstanden nur Kasachisch.

Mit meinem Mongolisch komme ich jetzt in Zalinas Familie nicht weiter, diese Sprache beherrscht hier niemand. Sie gehört zu einer völlig anderen Sprachfamilie und hat keine Ähnlichkeit mit Kasachisch. Meine Gastgeber versuchen es mit Russisch, das ich leider verlernt habe. Es ist ungeheuer quälend, wenn man neugierig aufeinander ist und etwas voneinander erfahren möchte, jedoch keine gemeinsame Verständigungsmöglichkeit besitzt. Ohne Sprachkenntnisse ist man stumm und taub und kann sich nicht näherkommen. Körpersprache genügt nicht, mit ihr kann man nur den guten Willen zeigen, Freundlichkeit, Traurigkeit und andere Gefühle wie Hunger, Durst und Müdigkeit vermitteln.

Das eigentliche Fenster, die Tür oder das Tor zueinander ist bei uns Menschen nun einmal die Sprache.

Eine ältere Frau, die neu hinzugekommen ist, will unbedingt etwas von mir wissen. Später erfahre ich, dass es Zalinas Tante ist, und zwar die jüngere, was auf Kasachisch *tate* heißt. Wäre es die ältere, würde die Bezeichnung *apaj* lauten. Bei Nomadenvölkern ist die Reihenfolge des Verwandtschaftsgrades ungeheuer wichtig. Obwohl sie oft weit voneinander entfernt leben, können sie sich auf die Hilfe ihrer Angehörigen verlassen. Trifft man sich in der Steppe und ist sich vorher noch nie begegnet, weiß man dennoch sofort, mit wem man es zu tun hat. Deshalb gibt es eigene Wörter dafür, ob man der jüngere oder ältere Onkel, Vetter oder Großvater ist, ob die Tante, Nichte oder Großmutter von der väterlichen oder mütterlichen Seite abstammt.

Die *tate*, die jüngere Tante, wiederholt immer wieder eindringlich die gleiche Frage: »*Zizge balalar bar ma?*«

Endlich finde ich im Sprachführer den entsprechenden Satz und kann nun antworten: »*Zhokh, mende balalar zhokh.* Nein, Kinder habe ich keine.«

Inzwischen hat man eingesehen, dass es so nicht weitergehen kann. Schließlich haben wir kein Jahr Zeit, bis ich genügend Vokabeln gelernt habe, um mich mit ihnen unterhalten zu können. Ein Dolmetscher muss her.

Meine Gastgeberin richtet einige Sätze, die wie Befehle klingen, in die Runde. Einer der Männer erhebt sich und verschwindet, nach einer Weile kommt er mit einem jungen Mann wieder.

»Das ist mein *nemere!*«, stellt ihn mir Zalina vor, und er übersetzt für mich, was sie gesagt hat, auf Englisch: »Ich bin der Enkel. Mein Name ist Muchtar. Ich studiere in Almaty und bin gerade zu Besuch in meinem heimatlichen Ail. *Khosch keldingizi!* Herzlich willkommen bei uns!«

Nun beginnt eine lebhafte Unterhaltung. Muchtar kommt kaum nach mit dem Übersetzen. Die Jurte füllt sich zusehends mit Menschen. Es hat sich in der Nachbarschaft herumgesprochen, dass hier eine Fremde zu Gast ist.

Es finden mehr Menschen Platz als in einer mongolischen Jurte, obwohl die Bauweise ähnlich ist. Da sind zuerst die Scherengitter-Latten aus biegsamem Weidenholz, die beim Transport zu einem handlichen Bündel ineinandergeschoben und beim Aufbau wie eine Ziehharmonika mehrere Meter weit auseinandergezogen werden. Mit diesen Gittern bildet man einen Kreis, die einzelnen Teile werden mit Lederstreifen verknotet. Je nachdem, wie viele Gitter man aneinanderreiht, ist der Kreis größer oder kleiner. Er steht direkt auf dem Grasboden, der mit Holz oder Kunststofffolie abgedeckt wird. Auf diese Abdeckung legt man mehrere Teppiche, nachdem das Dach über dem Gitterkreis errichtet wurde. Dazu werden in der Mitte des Kreises zwei hohe Holzstelen aufgestellt, die den Dachkranz tragen. Der hat etwa einen Durchmesser von einem Meter und ähnelt einem Wagenrad. Das eigentliche Dach wird aus etwa achtzig Latten gebildet, die reihum in den runden Dachkranz gesteckt und mit Riemen am Scherengitter festgezurrt werden. Dann ist das Holzgerüst fertig und muss nun nur noch mit Filzmatten bedeckt werden.

Die Bauweise ist so einfach wie genial. Es kann keine vollkommenere Behausung für Menschen geben, die in einem Land mit extremen Klimaschwankungen leben und mobil sein müssen, um mit den Viehherden in immer neue Weidegebiete zu ziehen. Das Filzzelt ist alles zugleich: wind- und regendicht, wärmend, Schatten spendend, transportabel und mit wenigen Handgriffen an wechselnde Temperaturen anpassbar. An heißen Sommertagen klappt man die Filzmatten einen halben Meter hoch, so entsteht eine kühlende Zirkulation wie in einer Laube. In eisigen Nächten legt man mehrere Lagen Filz übereinander, und bei Regen wird das luftige Loch im Dachkranz geschlossen.

Die kasachische Jurte wird nach dem gleichen Prinzip gebaut, schließlich steckt in dieser Bauweise eine mehr als tausendjährige Entwicklung und Anpassung an extreme Lebensumstände und Klimabedingungen.

Zalinas Zuhause ist insgesamt etwas mehr als drei Meter hoch, und der Scherenkreis hat mehr Einheiten und ist mit etwa zwei Metern höher als bei den Jurten in der Mongolei, dadurch liegen die Dachlatten schräger auf als bei der mongolischen Bauweise. Schon von Weitem erkennt man kasachische Jurten an ihren steileren und spitzen Dächern und dem größeren Umfang. Der Nachteil: Sie sind weniger windstabil, und es wird mehr Heizmaterial benötigt. Dafür hat die Familie, die bei den Kasachen meist mehr Mitglieder hat als bei den Mongolen, reichlich Platz.

Doch so groß kann eine Jurte gar nicht sein, um die zahlreichen Besucher aufzunehmen, die jetzt hereindrängen. Muchtar braucht eine Pause, um sich vom Übersetzen zu erholen, und ich erst recht, denn es ist anstrengend, die von allen Seiten auf mich einprasselnden Fragen befriedigend zu beantworten und das zudem auf Englisch.

»Ich muss den Kopf frei bekommen und will ein wenig reiten«, erklärt mir der junge Student. »Willst du mitkommen?«

»Sehr gern!«, stimme ich begeistert zu. »Das wird uns jetzt guttun!«

Er sattelt zwei Pferde. Ich schwinge mich auf den Rücken des einen. Ohne die dicken Packsäcke, die bei unserer Tour an den Seiten hingen, ist das Aufsteigen nun kein Problem mehr. Und auch die Pferde galoppieren ohne diese Beschwernis leicht über das grasbedeckte Bergland. Ich habe das Gefühl, schnell wie der Wind dahinzufliegen. Was für eine köstliche Freiheit hat der Mensch doch durch die Beherrschung des Pferdes gewonnen!

Eine Weile preschen wir so dahin. Dann erblicke ich erneut eine Ansammlung weißer Filzzelte.

»Hier leben meine Großeltern väterlicherseits bei ihrem ältesten Sohn«, erklärt Muchtar. »Bei uns werden die Eltern und Großeltern nie allein gelassen, wenn sie alt geworden sind. Meist wohnen sie beim jüngsten Sohn oder, wenn es den nicht gibt, bei einer Tochter und deren Familie. Der jüngste Sohn meiner Großeltern lebt jedoch in der Stadt. Dorthin wollten sie nicht, deshalb hat sie der älteste aufgenommen, obwohl das nicht der Regel entspricht.«

Muchtar und ich werden herzlich begrüßt. Die Großeltern freuen sich, ihren Enkel aus dem fernen Almaty nach längerer Zeit wieder einmal zu sehen.

Von Neuem beginnen die Fragen nach meiner Herkunft, meiner Familie, meinen nicht vorhandenen Kindern. Diesmal etwas entspannter, denn mit den Großeltern und der Schwiegertochter sind nur drei Erwachsene in der Jurte und zwei etwa fünfjährige Kinder. So habe ich die Möglichkeit, meinen Blick durch den Raum schweifen zu lassen und die Inneneinrichtung zu betrachten. Der Boden und die Wände ringsum und sogar die innere Dachkonstruktion sind mit farbenprächtigen Tüchern, Wandteppichen, Filz- und Webarbeiten verkleidet, die dem Raum ein exotisches Aussehen verleihen. Die Schwiegertochter ist damit beschäftigt, einen weiteren Teppich fertigzustellen. In einen Webrahmen hat sie farbige Fäden gespannt, und während sie uns zuhört, lässt sie ein Webschiffchen hin- und hersausen. Die beiden Kleinen, ein Junge und ein Mädchen, hocken nahe bei ihr und spielen mit hölzernen Klötzchen, wobei sie ihr Spiel bei unserem Eintritt unterbrochen haben und mich nun mit großen Augen betrachten. Die Großmutter hat uns Tee serviert und sitzt still beobachtend auf einem Kissen.

Die Einrichtung wird vervollständigt von bunt bemalten Schränkchen und Kommoden und einem breiten Bett, über das gewebte und bestickte Decken mit ornamentalen Mustern gebreitet sind. Die Inneneinrichtung, die anheimelnde Atmosphäre und die bunten Stoffe, die keine Fläche unbedeckt lassen, das alles erinnert mich an Aralbais Familie. Allerdings saß dort ein tierisches Familienmitglied ganz selbstverständlich mit in der Jurte, hockte auf einem eigens für ihn gefertigten Stühlchen. Ein Steinadler. Es war seltsam, diesen imposanten Raubvogel, den ich von Beobachtungen im Gebirge kenne, in so enger menschlicher Gesellschaft zu erleben. Aus dieser Erinnerung heraus bitte ich Muchtar, seinen *ata*, also den Großvater väterlicherseits, zu fragen, ob denn heute bei ihnen auch noch mit Adlern gejagt werde.

Die Augen des Alten blitzen auf, als ihm diese Frage übersetzt wird.

»Oh, du willst wissen, ob es noch Berkutschi gibt?«, ruft der Großvater enthusiastisch aus. »Bei uns nicht mehr«, fährt er ruhiger fort. »Vor vielen, vielen Jahren, ich war noch jung, da war ich als Treiber bei einer solchen Jagd dabei. Die Jäger hatten Adler und Hunde. Es war Winter, da das Fell der Füchse und Wölfe dann besonders dicht und deshalb wertvoll ist. Oh, das war großartig!«

»Hattest du auch einen *berkut*, einen Greifvogel, *ata?*«, will der Enkel wissen, der neugierig aufgehorcht hat. Bisher hatte er noch nie von dieser Tradition gehört, wie er mir beim Zurückreiten mitteilt.

»Wo denkst du hin? Nur die Wohlhabenden konnten sich so ein Tier leisten. Für einen abgerichteten Vogel musste man eine Herde Schafe und Ziegen oder zehn Kamele zahlen. So wertvoll waren diese Jagdadler.«

»Warum hast du nicht selber einen ausgebildet?«

»Unmöglich! Du stellst dir das zu einfach vor, Junge. Lange musst du im Gebirge herumstreifen, um einen Adlerhorst zu finden. Die Zeit hatte ich nicht, ich musste in der Kolchose arbeiten. Hast du endlich herausgefunden, wo die Adler nisten, musst du sehr mutig und geschickt sein, um dich in die senkrechten Felsen zu wagen. Nicht wenige sind dabei abgestürzt, vor allem wenn die Adler angreifen. Das Schwierigste jedoch ist es, den Jungvogel aufzuziehen und zur Beizjagd auszubilden. Dazu gehört Körperkraft, denn der Vogel hat sein Gewicht. Das merkst du sofort, wenn er auf deiner Faust landet, und erst recht, wenn du mit ihm auf dem Arm zur Jagd reitest. Wichtiger noch ist das Wissen, wie du es machen musst, und die Geduld, ganz viel Geduld.«

»Ich glaube, es dauert ein bis zwei Jahre, bis mit einem Adler gejagt werden kann. So haben es mir die Kasachen in der Mongolei erzählt«, werfe ich ein.

»Durften die denn dort Adler haben?«, fragt der Großvater. »Uns wurde es von den Machthabern während der Sowjetzeit streng verboten.«

»In der Mongolei auch. Die Menschen mussten sich den Befehlen beugen, wollten sie nicht verhaftet und in ein Straflager abtransportiert werden.«

»Jaja, das war eine schlimme Zeit! So viele Jahre, Jahrzehnte, was sag ich, ein ganzes Leben hat man uns gestohlen. Hat uns verboten, so zu leben, wie wir es seit alters her gewohnt waren. Wir durften unsere Herden nicht mehr zu den Weideplätzen führen, keine Jurten aufstellen, alles war bei Strafe untersagt. Wir mussten in dunklen Wohnungen leben, ohne den Himmel über uns.«

»Jetzt ist es doch wieder erlaubt, in einer Jurte zu wohnen, oder nicht?«

»Das schon, doch die jungen Leute wollen es nicht mehr. Sie sind ein anderes Leben gewohnt. Nur noch wenige ziehen ins Sommerlager. Im Winter macht das niemand mehr, soweit ich weiß. Früher waren wir immer draußen, sommers wie winters.«

Wehmütig lächelnd blickt der Großvater seinen Enkel an. Eine Weile herrscht Schweigen. Dann spricht er weiter, jetzt mit Stolz in der Stimme: »Muchtar studiert Architektur. Nicht wahr, du willst Häuser bauen und keine Jurten?«

»Unsere Filzzelte würde ich auch bauen, *ata*. Sehr gern sogar. Aber sie sind perfekt, da gibt es nichts zu verbessern. Mir jedoch geht es gar nicht ums Bauen, sondern ums Entwickeln. Ich möchte später einmal neuartige Bauwerke entwerfen.«

Der Großvater nickt bedächtig und wendet sich wieder mir zu: »Im Altai dürfen unsere Stammesbrüder also wieder mit Adlern jagen?«

»Ja, der Berkutschi, bei dessen Familie ich zu Gast war, führt die Traditionen seiner Vorfahren weiter, bereits sein Vater und sein Großvater haben Adler abgerichtet.«

»Durften sie das denn? Du sagtest doch, dort war es auch verboten.«

»Zuerst nicht, denn eure Stammesbrüder leben ziemlich abgeschieden im Gebirge, aber schließlich schafften es die kommunistischen Parteifunktionäre doch, zu ihnen vorzudringen. Sein Vater hat geweint, so erzählte es mir Aralbai, als man ihm seinen Adler weggenommen hat.«

Ich sehe dem Großvater und seinem Enkel an, dass sie sehr betroffen sind. Kasachen sind stolz und tapfer, sie weinen nicht, und wenn, dann darf es niemand sehen. Entgegen ihren Sitten hatte der Sohn die Tränen in den Augen seines Vaters gesehen. Wie schrecklich und niederdrückend diese Erfahrung gewesen sein musste, spiegelt sich nun in den Gesichtern meiner Zuhörer. Schnell erzähle ich weiter: »Der Adler von Aralbais Vater muss ein besonderes Tier gewesen sein, so hat er es mir jedenfalls beschrieben. Menschen und Vogel seien eine verschworene Einheit gewesen. Sie waren einander so ähnlich in ihrem Charakter. Jedes Tier und auch jeder Mensch unterscheiden sich in den Eigenschaften und Vorlieben von anderen. Doch der Vater und sein *berkut* gehörten untrennbar zusammen. Er hatte seinen Adler über alles geliebt und war untröstlich, als er ihm weggenommen wurde.«

»Hat er ihn denn selbst aus den Felsen geholt?«

»Ja, als der Adler noch ein Küken war, sechs Wochen nachdem es aus dem Ei geschlüpft war, so hat er es mir erzählt.«

»War es ein Weibchen? Die Berkutschi nehmen doch nur die weiblichen Adler«, weiß der Großvater. »Man sagt, die seien größer, stärker und mutiger. Also für die Jagd besser geeignet.«

»Das stimmt. Ich habe mich gewundert, wie man ein Weibchen erkennt, bei einem Küken. Aralbai hat mir erklärt, dass die jungen Weibchen schon in diesem Alter längere Krallen haben als die männlichen. Die Adler legen fast immer zwei Eier, von denen aber meist nur ein Jungtier überlebt, weil es die Eltern nicht schaffen, genügend Futter für beide herbeizubringen. Dasjenige, das als zweites wenige Tage nach dem ersten schlüpft und deshalb schwächer ist und beim Wettstreit um die Nahrung immer zu kurz kommt, verhungert meist. Deshalb meinte Aralbai, sie, die Berkutschi, tun nichts Schlechtes, wenn sie ein Küken wegnehmen, so bekommt das andere genug Nahrung, um heranzuwachsen. Übrigens, so hat er mir versichert, werden die Adlerweibchen nach einigen Jahren, so etwa mit fünf oder sechs, wenn sie geschlechtsreif geworden sind, wieder freigelassen, damit sie sich fortpflanzen können.«

»Warst du bei der Jagd dabei?«, werde ich neugierig gefragt.

»Ja!«

»Erzähl!«, rufen beide aus.

»Müssen wir nicht langsam zur Jurte deiner Großmutter zurück, Muchtar?«

»Stimmt! Also erzähl schnell. Ich habe noch nie zuvor etwas von so einer Adlerjagd gehört. Ich wusste auch gar nicht, dass mein Großvater schon einmal dabei war.«

»Also gut! Es war spät im Jahr, ich glaube, Ende Oktober, fast hatte der Winter begonnen. Aralbai hat mich von Tag zu Tag vertröstet: Erst müsse Schnee die Erde bedecken. Eines Nachts begann es zu schneien. Dicke, weiche Flocken schwebten vom Himmel herab. Am nächsten Morgen rief Aralbai seine Söhne zu sich. ›Das Wetter passt! Auf zur Beizjagd!‹, rief er. Die Jungen sattelten die Pferde. Der Adler, der ständig mit der Familie in der Jurte lebt und dort einen Ehrenplatz hat, bekam eine Lederhaube aufgesetzt. Sie ist maßgeschneidert, seinem Kopf und der Schnabelform angepasst und mit silbernen Nieten und Rubinen verziert. Dieser Augenschutz muss sein, da der Adler die Beute eher wahrnimmt als jeder Mensch. Deshalb wird ihm die Haube erst abgenommen, wenn der Jäger das Signal zur Jagd gibt. Es war so herrlich, durch den Pulverschnee zu reiten, der hoch aufstob. Gerne würde ich das noch einmal erleben.«

»Und – hat der Adler Beute gemacht?«, wird meine weitschweifige Beschreibung ungeduldig unterbrochen.

»Die trabenden Pferde scheuchten einen Hasen auf. Aralbai zog seinem Adlerweibchen die Kappe vom Kopf und löste die Fußfesseln. Schneller, als ich denken konnte, hatte der Vogel den flitzenden Hasen entdeckt, stieß sich kräftig von der mit einem Lederhandschuh geschützten Hand ab, spannte seine Schwingen weit und glitt wie ein Schatten über die Erde. Alles ging blitzschnell. Der Greifvogel stürzte herab, und schon hockte er mit gespreizten Flügeln über der Beute. Aralbai galoppierte heran, schwang sich vom Pferd und belohnte seinen Jagdgefährten mit einem Happen Fleisch. Die Greife sind so abgerichtet, dass sie die Beute nicht töten, nicht einmal mit den Krallen verletzen, damit das wertvolle Fell keine Löcher bekommt.«

Meine Geschichte scheint nicht allzu eindrucksvoll gewesen zu sein, denn der junge und der alte Mann meinen: »Na ja, einen Hasen, aber habt ihr auch Wölfe gejagt?«

Ich will die Unterhaltung abkürzen, denn es ist höchste Zeit, uns zu verabschieden. So antworte ich nur knapp: »Wölfe? Sicher wurden auch sie gejagt, aber ich konnte nicht bis zur Wolfsjagd bleiben.«

Bevor mir weitere Fragen über Wolfsjagden gestellt werden können, müssen wir aber tatsächlich wieder los. *»Saw bolingis!«*, rufen uns der Großvater, die Großmutter und die Schwiegertochter, die beide die ganze Zeit stumm, aber aufmerksam zugehört haben, hinterher. »Auf Wiedersehen!« Auf Kasachisch bedeutet der Gruß »Bleibt gesund!«.

Abschied

Zalina lässt sich nicht anmerken, ob sie verstimmt ist, weil wir so lange weggeblieben sind. Ich jedenfalls kann in ihrem gutmütigbreiten Gesicht keine Anzeichen von Ärger erkennen und auch nicht in ihrer Stimme.

Ich frage Muchtar danach, doch der gibt mir eine diplomatische Antwort: »Meine *naghaschi* freut sich, uns wiederzusehen. Noch mehr wird sie sich freuen, wenn wir ihr von dem Fest erzählen, das du bei den Kasachen im Altai erlebt hast. Du musst ihr vom Reiterspiel *kyz kuu* berichten. Das Wettrennen ›Fang das Mädchen‹ liebt sie nämlich über alles. Ich weiß, dass sie zur Hochzeit mit ihrem Bräutigam um die Wette geritten ist.«

Zuerst aber müssen wir essen. Zalina hat unsere Abwesenheit genutzt. Sie hat gekocht, gebacken und gebraten. Auf einem niedrigen Tischchen hat sie ein *dastarchan* ausgebreitet, ein Tischtuch. Eigentlich bedeutet es übersetzt »Bodentuch«, weil früher üblicherweise immer am Boden getafelt wurde.

Zuerst wird *Sorpa* gereicht, eine kräftige Brühe mit *Taba Nan*, einer Art Fladenbrot. Dazu *Baursaki*, in siedendem Fett gebackene Teigbällchen. Besonders gut schmeckt mir *Kujmak*, in der Pfanne gebackene Eierkuchen. Ich lange kräftig zu. Da die Speisen sehr nahrhaft sind, bin ich bald satt. Doch, o weh, das war erst der Anfang. Sozusagen die Vorspeisen. Beim nächsten Gericht, den *Tschebureki*, Teigtaschen mit Rinderhack und Reis gefüllt, kann ich kaum noch mithalten.

Zum Glück muss ich nicht alle diese Speisen allein aufessen. Zahlreich haben sich Verwandte und Nachbarn eingefunden, sodass es nicht allzu sehr auffällt, wenn ich, vor allem bei den Fleischgerichten, schwächle.

»Wenn wir Gäste haben«, erklärt mir Muchtar, »darf der Stoff des Tischtuchs nicht mehr zu sehen sein, alles muss mit vollen Tellern, Schüsseln und Schalen bedeckt sein.«

Die Stimmung ist ausgelassen. Es wird gelacht und gesungen. Die Stimmen schwirren hin und her. Für mich ist das anstrengend, da ich nichts verstehe. Mir klingen die Ohren, und ich sehne mich so langsam nach Ruhe. Mir fallen fast die Augen zu; wenn es nicht so laut wäre, würde ich gleich einschlafen.

Was für ein langer Tag! Nach einer unruhigen Nacht bin ich am Morgen noch vor Sonnenaufgang in unserem Zeltlager zusammen mit Holger und unseren beiden Führern aufgewacht, habe dem Wolkenspiel über den Bergen zugesehen, bis es langsam heller wurde. Dann haben wir gepackt und sind ins Camp geritten, wo mich bald darauf Zalina entführt und in ihr Heim mitgenommen hat. Dort habe ich ihren Enkel kennengelernt, mit dem ich zu seinen anderen Großeltern geritten bin – und nun das reichliche Essen. Dazu noch der Alkohol, der zusammen mit Trinksprüchen ständig ausgeschenkt wird. Auch wenn ich nur höflich ein wenig nippe, schwindelt es mir bereits im Kopf. Ziemlich viel für mich, das alles. Auch wenn ich die fröhliche Gemeinschaft genieße, so ist der Kontrast zu den einsamen und stillen Tagen zuvor ziemlich krass.

Neben mir sitzt Zalina, die mich immer wieder zum Zugreifen auffordert. Sie scheint jedoch meine Müdigkeit bemerkt zu haben und sagt etwas zu ihrem Enkel, der in der allgemeinen Fröhlichkeit seine Dolmetschertätigkeit vergessen hat.

Er wendet sich mir zu und meint: »Oma möchte etwas über das *kyz kuu*, das Mädchen-Fang-Spiel, hören.«

»Ja, gerne!«, sage ich und bemühe mich, munter zu klingen. Trotz meiner Müdigkeit und der lebhaften Atmosphäre hier in der Jurte mit den vielen Menschen versuche ich, mich zu erinnern, mich wieder in die damalige Situation zu versetzen. Es gelingt mir schließlich, und ich beginne: »Es war im Tal des Flusses Sagsai, dort fand ein mehrtägiges Fest statt mit Wettkämpfen, Pferderennen und …«

»War es das Golden Eagle Festival?«, fragt jemand aus der Runde übersetzt von Muchtar. »Da treffen sich im Altai jährlich die Berkutschi, habe ich gehört.«

Mir fällt wieder ein, dass man für den Steinadler, der in Kasachstan *berkut* heißt, bei großen Festen, zu denen auch ausländische Gäste kommen, der besseren Verständigung wegen den englischen Ausdruck *golden eagle* verwendet, was auf Deutsch »Goldadler« oder »Goldener Adler« bedeutet. Wahrscheinlich weil sein Gefieder am Nacken eine goldbraun schimmernde Farbe hat, die in dem sonst dunkelbraunen Federkleid auffällt. Es ist jedoch keine andere Art, sondern unser Steinadler.

»Erzähl weiter!«, werde ich gedrängt.

»Also gut: Es war eine weite Ebene, umgeben von kahlen Hügeln. Unglaublich viele Menschen waren zusammengeströmt. Ihr müsst euch vorstellen, es ist eine ansonsten einsame und abgeschiedene Landschaft. Die Leute kamen mit Pferden und Kamelen, die meisten allerdings mit Geländewagen, Kleinbussen und Lastkraftwagen. Es war ein buntes Gewimmel, alle in festlicher Kleidung. Die Frauen und vor allem die jungen Mädchen in farbenprächtige Gewänder gekleidet, verziert mit Borten. Die fantasievollen Stickereien bildeten Blütenornamente und ahmten Pflanzenranken nach. Die Männer trugen Hüte und Kappen aus dem Fell des Steppenfuchses.«

»Ja, das kennen wir«, werde ich unterbrochen. »Wie ging es weiter?«

Ein anderer ruft: »In Almaty hab ich das auch alles so gesehen, bei einem *mereke*.«

Muchtar übersetzt schnell für mich: »Mereke ist allgemein die Bezeichnung für Fest.«

Die Zwischenrufe haben mich aus dem Konzept gebracht: »Oh, tut mir leid! Da erzähl ich euch ja nichts Neues. Ihr kennt das doch alles viel besser als ich.«

Aus der Menge werden einzelne Stimmen laut, Muchtar übersetzt.

»Nein, ich nicht!«

»Ich auch nicht!«

»In Almaty war ich noch nie.«

»Wir wollen hören, wie es weiterging!«

Zalina berührt mich am Ellenbogen, beugt sich zu mir und flüstert mir ins Ohr: *»Tük emes!«*

Vermutlich will sie mir sagen, lass dich nicht beirren. Ich nicke meiner Gastgeberin dankbar zu. Während ich noch überlege, was sie genau gemeint haben könnte, sagt sie wieder einen für mich unverständlichen Satz, der wie eine Frage klingt: *»Zizge taghi da birgenge kerek pe?«*

Oje, was ist das denn nur für eine verzwickte Sprache! Keines der Wörter deutet auf irgendetwas Bekanntes hin. Muchtar kommt mir zu Hilfe: »Meine Oma hat sich nur vergewissert, ob es dir gut geht oder ob du irgendetwas brauchst?«

»Sag ihr bitte, ich bin nur etwas müde. Es war sooo ein langer Tag.«

»Erzähl endlich weiter!«, werde ich von allen Seiten aufgefordert. »Wir wollen hören, wie unsere Stammesgenossen im fernen Altai feiern.«

Um mich zu sammeln und mich wieder auf meinen Bericht einzustimmen, frage ich vorsichtshalber: »Was wollt ihr wissen?«

»Alles!«, schallt es mir entgegen.

»Na denn, also gut: Da kamen so an die vierzig Männer mit ihren Adlern auf den Festplatz galoppiert. Staub wirbelte auf. Alle auf einmal kamen sie an. Das war ein Anblick! Unvergesslich. Das hättet ihr sehen sollen. Es war so eindrucksvoll, diese ernst und hoheitsvoll blickenden Männer in ihrer traditionellen Kleidung mit den Greifvögeln hoch zu Ross. Für mich war es, als hätte sich die Uhr zurückgedreht in eine längst vergangene Zeit.«

»Oho, es ist nicht vergangen! Es ist unsere lebendige Tradition!«, unterbrechen mich stolz klingende Zwischenrufe.

»Ja, das ist wahr! Alles war wirklich und wahrhaftig«, beschwichtige ich die Zuhörer. »Einer nach dem anderen wurde dann von den Preisrichtern begutachtet. Beurteilt wurde das Aussehen der Beizvögel, der Pferde und der Reiter, deren Kleidung und Haltung. Am wichtigsten war das Zusammenspiel, die Einheit, also wie gut Mensch, Adler und Pferd zusammenpassten. Dafür gab es die meisten Punkte. Die Punkte für die einzelnen Aktionen wurden gesammelt für die Wertung und die Preisverleihung am letzten Tag. Zuvor mussten noch verschiedene Aufgaben bestanden werden.«

»Was mussten sie denn machen?«

Bevor ich antworten kann, wird dazwischengerufen: »So eine Frage, natürlich einen Fuchs jagen!«

»Oder einen Wolf?«

Die Stimmen schwirren durcheinander. Deshalb antworte ich schnell: »Nichts von alledem. Es war doch ein Fest! Und keine Jagd! Beeindruckt hat mich am meisten, als man den Adler auf ein Podest setzte. Der Besitzer entfernte sich mit seinem Pferd etwa 300 Meter. Nun musste der Adler auf Zuruf zu seinem Herrn fliegen und auf dessen Faust landen. Jeder Berkutschi hatte einen anderen ganz eigenen Pfiff, auf den er sein Adlerweibchen trainiert hatte. Erstaunlich, die Vielfalt der Töne. Manche der Triller und Jodler klangen für menschliche Ohren so komisch, dass die

Zuschauer in Gelächter ausbrachen. Es standen ja sehr viele Leute dabei und beobachteten das Spektakel, quittierten die Leistung der Adler und der Jäger mit Beifall oder Missfallen. Diesen ungewohnten Lärm mussten die Vögel aushalten. Ein Adler war so irritiert, dass er trotz der verzweifelten Lockrufe seines Herrn stur auf seinem Holzblock sitzen blieb.«

»Was machte man da?«

»Nichts, der Jäger bekam für diese Aktion null Punkte, und der nächste Adler kam dran.«

Einer der Männer in der Jurte meldet sich zu Wort: »Wahrscheinlich war der Vogel noch zu jung.«

Ein anderer meint: »Ich glaube eher, es war das Stimmenwirrwarr und die Menschenansammlung, die den stolzen Vogel geängstigt hat.«

»Ich erinnere mich«, beginne ich wieder, »dass ein Adler zwar auf den Ruf seines Herrn reagierte, ihn aber in der Menge nicht ausmachen konnte. Er stieg hoch in die Luft und kreiste. Da fuchtelte ein Zuschauer unabsichtlich mit den Händen herum. Der Adler glaubte wohl, es sei ein Zeichen und stürzte herab. Es ging ganz schnell. Eben war er noch hoch oben, da legte er die Schwingen an und kam herab wie ein Pfeil und gerade zu auf den einen Mann unter den Zuschauern.«

»Hat ihn der Adler verletzt?«, fragt eine der Frauen, die links neben Zalina sitzt.

»Nein, der Mann hat sich schnell weggeduckt, und der Adler hat seinen Irrtum sofort erkannt und sich wieder in die Luft geschwungen.«

»Wie hat denn dein Gastgeber Aralbai abgeschnitten?«

»Er war einer der Besten.«

»Hat er nicht gewonnen?«

»Mein Gastgeber hat einen Preis bekommen, aber nicht den ersten. Den Hauptpreis bekam der Älteste von allen. Ich fand aber, dass Aralbai und sein Adler die Besten waren. Ein einziger Pfiff, und schon breitete sein Adlerweibchen die Schwingen aus, segelte zu ihm und landete auf seiner ausgestreckten Faust. Achtungsvolles Raunen war unter den Zuschauern zu hören.«

»Warum wurde er dann nicht Erster?«

»Bei dieser Aufgabe hat er bestimmt die volle Punktzahl erhalten, doch es gab ja noch weitere Wettbewerbe.«

»Was denn noch?«

»Bogenschießen, Pferderennen und Reiterkämpfe.«

»Ja, so ist das üblich bei unseren Festen!«

»Hast du auch das *kokpar* gesehen?«

»Was ist das?«, frage ich Muchtar. »Das Wort kenne ich nicht.«

»Ach, davon hast du bestimmt schon irgendwann gehört. Es ist allerdings ein ziemlich raues Spiel. Ausländische Touristen, für die ich in Almaty gedolmetscht und die ich zu solchen Veranstaltungen begleitet habe, mochten es nicht so sehr. An diesem Wettkampf nehmen bis zu zehn Reiter teil. Es wird um einen ausgestopften Ziegenbalg gekämpft.«

»Das habe ich nicht gesehen, aber im Fernsehen war mal eine Dokumentation darüber. Wirklich nicht schön anzusehen. Sie haben die ausgestopfte Ziege hin und her geschmissen, man rempelte sich gegenseitig mit dem Pferd an, riss sich den Balg aus den Händen. Ein wüstes Durcheinander«, bestätige ich.

»Habe ja gesagt, dass ihr Europäer es nicht mögt, doch bei uns ist es ein alter Nationalsport. So ist das eben.«

»Dafür hat mir das *kyz kuu* gefallen«, werfe ich ein, um vom wenig erfreulichen Thema abzulenken.

Bei meinen Worten horcht meine Gastgeberin Zalina auf, und nachdem ihr Enkel übersetzt hat, strahlt sie: »Oh, schön. Erzähl! Wie war es?«

»Es war ganz anders als geplant. Von den Zuschauern, die neben mir standen, hatte ich erfahren, dass es ein Pferderennen zwischen Mann und Frau ist, die Frau erhält einen Vorsprung. Der Mann muss sie einholen. Gelingt ihm dies, wird er mit einem Kuss belohnt.«

Zalina unterbricht mich: »Als ich mich verlobt habe, sind mein Bräutigam und ich auch um die Wette geritten. Er hat mir höflich einen besonders großen Vorsprung gelassen. Ich bin los, im wilden Galopp. Habe das Pferd angetrieben, immer schneller und schneller! Er hinterher. Ich war fast am Ziel. Nie hätte er mich noch einholen können. Ich wollte aber, dass er mein Mann wird. So habe ich vorsichtig die Zügel angezogen, aber so, dass es die Zuschauer nicht merkten. Ich wollte ihn nicht beschämen. Es hat auch niemand gemerkt. Nicht einmal mein Bräutigam hat etwas mitgekriegt. Dann war er nah genug, hat mich im Sattel ein wenig zu sich rübergezogen und mich geküsst. Alles im Galopp! Damit war unsere Verlobung besiegelt, und kurz darauf haben wir geheiratet.«

Muchtar schmunzelt: »Oma, du bist ja eine Schlimme, hast geschummelt und dich absichtlich einholen lassen.«

Zalina lächelt: »Ach, das Pferd war einfach schon müde geworden, ich musste gar nicht arg in den Zügel greifen.«

Endlich komme ich wieder zu Wort, denn ich will erzählen, dass es in Sagsai im Altai ganz anders war: »Stellt euch bloß vor, dort hat es kein einziger Reiter geschafft, seine Partnerin einzuholen.«

»Was du nicht sagst!«

»Waren das keine Männer?«

»Wieso hat es keiner geschafft?«

»Was war da los?«

Als die Fragerei endlich wieder verstummt ist, antworte ich: »Die Frauen hatten sich vorher abgesprochen, die Regeln zu ändern. An der Reaktion der Zuschauer habe ich gemerkt, dass das Spiel ganz anders ablief als geplant. In den Gesichtern der

Umstehenden las ich völlige Verblüffung. Dann, nach und nach, kapierten sie, und lautes Lachen erfüllte den Festplatz.«

»Was denn für eine Änderung?«, fragt einer.

Ein anderer empört sich: »Die Regeln sind festgelegt!«

Alle meine Zuhörer sind höchst erstaunt, fast ärgerlich, denn ihre Traditionen sind ihnen heilig, auf diese sind sie stolz. Einer vermutet sogar, wegen ausländischer Gäste habe man neue Regeln eingeführt. Doch ich kann sie beruhigen, außer mir waren keine Fremden da, und ich habe keinen Einfluss genommen, wusste ich doch gar nicht, wie das Spiel ansonsten abläuft.

Also versuche ich zu erklären: »Die Frauen ritten zuerst ein Stück voran, so wie es Vorschrift ist. Doch als der Mann startete, sind sie seitwärts ausgewichen, haben einen Bogen gemacht und sich von hinten mit ihren Pferden an den Partner rangepirscht. Und was sage ich euch, sie haben ihre kurze Pferdepeitsche geschwungen und sie auf seinem Rücken tanzen lassen.«

»Das ist doch total gegen die Spielregeln!«, empört sich Zalina.

»Ja, das meinten auch die Zuschauer dort. Doch dann haben fast alle gelacht, und wie! Es schallte über den ganzen Platz. Es sah gar zu lustig aus. Statt die Partnerin als Zeichen ihres Sieges zu küssen, mussten die Männer ihr Heil in der Flucht suchen, wollten sie nicht zu arg ausgepeitscht werden. Immer wieder sauste die Peitsche nieder. Die geprügelten Männer atmeten auf, wenn sie das Ziel endlich erreicht hatten.«

»Hat das den Zuschauern wirklich gefallen?«, werde ich ungläubig gefragt.

»Zuerst blickten sie ja reichlich verwirrt drein. Doch dann hatten sie wohl begriffen und die Änderung der Spielregeln akzeptiert. Zuletzt wurde gejubelt.«

»Die Männer aber wohl nicht?«, meint ein anderer mitleidig.

Ich versuche, ihn zu beruhigen, und erkläre, dass sie den Spaß nicht übel genommen haben: »Die männlichen Partner der wehrhaften Frauen haben nicht gerade laut gelacht, aber gegrinst. Sie haben sogar weiterhin mitgespielt, nachdem sie gesehen hatten, was ihren Vorgängern geschehen war und nun auch ihnen blühen würde. Einer Frau gefiel das veränderte Spiel so gut, dass sie noch drei Männer aus ihrer Verwandtschaft überredete, mit ihr das *kyz kuu* zu reiten.«

»Also mir gefällt das ganz und gar nicht!«, meint Zalina enttäuscht. »Da haben sich die Frauen ja selbst um den Kuss betrogen! Das ganze Spiel hatte ja dann keinen Sinn mehr. Wir wollen doch einen Mann, der stark ist und uns beschützt. Nicht einen, der vor uns davonläuft.«

Um meine Gastgeberin von ihrer Enttäuschung abzulenken und damit das Gespräch versöhnlich weitergeht, frage ich in die Runde, ob jemand die Sage von der »Ewigen Braut« kennt? Es ist eine Geschichte, die ich in »Der Schneeleopard« von Tschingis Aitmatow gelesen habe. Sie spielt vermutlich in den Bergen des Tian Shan. Von dieser Sage weiß ich jedoch nicht, ob sie der Fantasie des Autors entsprungen ist oder ob sie ihren Ursprung im Volksglauben hat.

Muchtar bemüht sich um die passende Übersetzung meiner Frage. »Ewige Braut« heißt auf Kasachisch *mänggi chalingdich*, doch damit kann keiner in der Runde etwas anfangen. Alle schweigen überrascht. Nachdem man eine Weile nachgedacht hat, fragen erneut alle durcheinander, sodass Muchtar kaum mit dem Übersetzen nachkommt.

»Was soll das sein, eine ewige Braut?«

»Ein Mädchen, das niemand heiraten will?«

»Eine sitzen gelassene Braut?«

»Was ist passiert?«

»Muss die aber hässlich gewesen sein!«

Endlich verstummen die Einwürfe, und ich kann erklären: »Nein, nein, hässlich war sie ganz und gar nicht. Sie war das schönste Mädchen weit und breit. Die Hochzeit unter den Familien war beschlossen, und beide, das Mädchen und der junge Mann, waren glücklich und freuten sich auf die gemeinsame Zukunft. Das Mädchen liebte den stärksten und mutigsten Mann des benachbarten Clans, und er liebte sie, die Schönste von allen, heiß und innig. Für beide war es die große Liebe.«

»Ach, wie schön!«, wird Beifall gerufen.

»Was für eine wunderbare Geschichte!«

»Aber hört nur, wie es weiterging«, sage ich warnend. »Die Verlobung wurde festlich gefeiert, die Angehörigen beider Familien waren geladen. Dabei fand auch das *kyz kuu* zwischen der Schönen und ihrem Verlobten statt. Bei diesem Fest war es so, wie du es kennst, Zalina. Das schöne Mädchen wurde vom Bräutigam eingeholt, und der Kuss besiegelte die Verlobung.«

»Da befolgte man die Regeln!«

»So ist es richtig!«, ruft einer.

In den Gesichtern der Zuhörer liegt zustimmende Befriedigung, in einigen leuchtet Freude auf, sie werden sich an ähnliche Zeremonien erinnern, die sie erlebt haben. Deshalb fällt es mir schwer weiterzuerzählen. Eigentlich würde ich am liebsten das traurige Ende verschweigen und überlege, ob ich meine Geschichte nicht besser an dieser Stelle beende. Doch ich möchte herausbekommen, ob diese Sage der Bevölkerung hier überhaupt bekannt ist. So fahre ich also fort: »Es kam der Tag der Vermählung. Die Angehörigen des jungen Mannes hatten alles bestens vorbereitet. Sobald die Braut mit ihrer Familie einträfe, könnte die Hochzeit beginnen. Man wartete, wurde immer unruhiger. Auf einmal kam jemand mit der furchtbaren Nachricht, dass die Braut sich für einen früheren Verehrer entschieden habe und mit diesem auf und davon sei. Ein Aufschrei ging durch die Menge: ›Was für eine Schande!‹ Man wollte sofort hinterher und das ungetreue Mädchen bestrafen.

Der junge Mann aber stand wie versteinert, bleich wie der Tod. Er gebot den Leuten Einhalt und sprach: ›Alles, woran ich glaubte, ist vernichtet, für immer zerstört. Ich verfluche mich selbst! Ich will kein Mensch mehr sein. Ich gehe fort und kehre nie mehr wieder. Sucht mich nicht! Niemand wird mich je finden!‹ Und so schritt er davon und war bald verschwunden, als hätte er sich in Luft aufgelöst.

Als sich die Menge von ihrem Schreck erholt und aus ihrer Erstarrung gelöst hatte, ging man ihm nach. Doch er blieb unauffindbar. Und denkt euch: Nur wenig später erschien die Braut. Sie war keineswegs untreu geworden, sondern von bösartigen, missgünstigen Menschen, die den beiden Verliebten ihr Glück neideten, entführt worden. Als man ihr die Fesseln löste, um sie über den Fluss noch weiter wegzubringen, nutzte sie die Gelegenheit und sprang ins Wasser. Sie wollte lieber sterben, als einen fremden Mann heiraten zu müssen. Der Fluss aber verschonte ihr Leben, die Strömung trug sie ans andere Ufer. Sie eilte, so schnell sie es vermochte, zur Vermählung. Und da war sie nun, bei der Familie ihres Liebsten, zwar gerettet und unschuldig, aber zu spät. Der Fluch des jungen Bräutigams war wahr geworden und konnte nicht zurückgenommen werden. Als sie ihr Unglück begriff, sprach sie: ›So gehe ich denn auch davon. Ich will ihn suchen und nicht nachlassen, ihn zu finden, bis in alle Ewigkeit.‹«

Nachdem ich geendet habe, herrscht Schweigen. Dann räuspert sich einer und fragt: »Und – hat sie ihn irgendwann gefunden?«

»Es ist doch nur eine Geschichte!«, ruft ein anderer dazwischen.

»Aber eine wahre!«, meint der Nächste. »Ist es nicht immer so? Selbst die größte Liebe kann tragisch enden.«

»Niemand kann selbst bestimmen, ob er glücklich wird oder nicht«, sagt Zalina. »Die Liebe kommt und geht, sie macht, was sie will.«

Die meisten schmunzeln bei ihren Worten, und einer bestätigt: »Jaja, wir sind die Beute unseres Schicksals.«

Da sagt plötzlich die junge Aina, die während des ganzen Abends bisher geschwiegen hat: »Es geschah dem Bräutigam recht, dass er verflucht wurde. Er selbst ist schuld an dem Unglück: Hätte er an die Liebe seiner Braut geglaubt, hätte er ihr vertraut, wären sie glücklich geworden.«

Es wird noch ein wenig hin und her geredet, doch bald sind alle erschöpft von dem langen Abend, verschwinden in ihren Behausungen, und Zalina bereitet mir ein Lager auf dem Boden der Jurte, wo ich in meinem Schlafsack bald eingeschlafen bin.

Am nächsten Morgen erwache ich mit schwerem Kopf, wahrscheinlich wegen des ungewohnt üppigen Essens oder der alkoholischen Getränke, obwohl ich vorsichtig getrunken habe. Der Kopf schwirrt mir auch deswegen, weil gestern so viel geredet wurde. Das Zusammensein, die Gemeinschaft mit meinen kasachischen Gastgebern hat mich aufgewühlt und angestrengt. Was sich sonst auf mehrere Tage verteilt, hat sich auf einen einzigen konzentriert, und nun ist mein Aufenthalt schon vorbei, und ich muss mich verabschieden. Beim Gedanken daran überfällt mich Wehmut. Mir schnüren meine Gefühle den Hals zu, als ich mit Zalina gemeinsam den Weg zum Camp gehe. Ich bringe kein Wort heraus, zudem fehlt Muchtar, um zu übersetzen.

Und dann geht alles ganz schnell, viel zu schnell! Der Wagen steht schon bereit. Er ist gestern spät in der Nacht noch eingetroffen. Zalina nimmt mich in ihre Arme. Ich spüre die Wärme ihres weichen Körpers.

Sie ruft mir nach: »*Zholingiz akh bolsin* – komm gut nach Hause!«

Wörtlich übersetzt, bedeutet es: »Weiß mögen deine Wege sein!«

Nachwort von Holger Rohrbach

Ich war noch keine sieben Jahre alt, als mein Vater 1968 mit Opas Auto seinen ersten erlegten Keiler aus dem Wald holte und ich unbedingt mitwollte. Ich sah absolut nicht ein, warum ich nicht dabei sein durfte – eine starke Erkältung zwang mich jedoch ins Kinderbett. Aber von da an war die Jagdleidenschaft geboren. Sie ist tief in mir verankert und bedurfte nur dieses einen winzigen Anstoßes. Wo es möglich war, begleitete ich meinen Vater zur Jagd. In strengen Wintern fuhren wir mit unseren Skiern in den Wald, um das Wild zu füttern, und in den Sommermonaten ging ich mit auf Pirsch und Ansitzjagd, um Rehe und Wildschweine zu beobachten und zu jagen. Diese schönen Naturerlebnisse mit meinem Vater bleiben für alle Zeit in meiner Erinnerung, haben sie doch maßgeblich meinen Lebensweg mitbestimmt.

Mit der Wende 1990 galt es in den neuen Bundesländern, das bundesdeutsche Jagdrecht aufzubauen. Ich als junger Forstingenieur wurde damit betraut, den Jägern des Landkreises Bischofswerda und ab 1994 des großen Landkreises Bautzen die neue Gesetzlichkeit näherzubringen und als Leiter der unteren Jagdbehörde auch umzusetzen. Die Arbeit mit den Land- und Waldeigentümern und den Revierjägern forderte Verständnis und Einfühlungsvermögen und machte mir viel Freude.

Ich beschäftigte mich intensiv mit dem Bundesjagdgesetz, war es doch Grundlage für meine behördliche Tätigkeit. Zugleich lernte ich zu verstehen, dass Wildtierbestände durch eine ordnungsgemäße und nachhaltige Jagd erhalten werden können. Beim Prinzip der Nachhaltigkeit werden der Natur unter Berücksichtigung natürlicher Einflüsse nicht mehr Pflanzen und Tiere entnommen, als auch tatsächlich nachwachsen können. Entscheidend dafür ist eine gut funktionierende Organisation der Jagd. Sie sorgt für eine möglichst genaue Bestandsanalyse, auf deren Grundlage Entnahmepläne erstellt werden.

Mir trat dabei klar vor Augen, dass die Jagd in Deutschland tief in der Gesellschaft verwurzelt ist. Sie ist unser Kulturgut und unterliegt dem gesetzlichen Schutz der Gesellschaft. Nicht nur Jäger, sondern auch Land- und Waldeigentümer bemühen sich, über die Jagd zu erzählen und andere Menschen daran teilhaben zu lassen. Jeder und jede soll erfahren, dass die Jagd auf Wildtiere dazu beiträgt, gesundes Wild in der Flur zu wahren, Wildschäden zu verhindern und den Menschen wieder näher an die Natur zu bringen. Außerdem liefert sie natürlich gutes Wildfleisch.

Erst nach der Wiedervereinigung, die wir in der ehemaligen DDR nie für möglich gehalten hatten, war es mir und meiner Frau vergönnt, fremde Länder zu bereisen. Auch dabei stand für mich häufig das Jagdinteresse im Vordergrund. Ich erfuhr so, dass in vielen Ländern der Erde das Prinzip der nachhaltigen Jagd gilt. Vor nicht allzu langer Zeit war es tatsächlich zunächst nur wenigen Ländern gelungen, die Jagd nachhaltig zu organisieren. Uns allen ist leider bekannt, was willkürliche Jagd oder Wilderei für das Wild bedeutet: Wildtierbestände verlieren ihre soziale Struktur, degenerieren und erlöschen letztendlich. Zum Beispiel führte die grenzenlose Jagd auf Bisons in den USA fast zu ihrem völligen Verschwinden. Ebenso erging es dem Weißwedel- und dem Maultierhirsch in den USA, da es anfangs keine regulierende Jagdgesetzgebung gab. Das änderte sich erst, als sich amerikanische Jäger im gemeinsamen Club zusammenschlossen und ein Interesse am Erhalt dieser Tierarten entwickelten. Danach verbesserte sich der Wildbestand in den USA verblüffend schnell. Das Prinzip der nachhaltigen Jagd verhindert also das Aussterben von Tierarten und ist auch deshalb heutzutage in immer mehr Ländern Standard.

Gerade die Auslandsjagd leistet durch eine Beteiligung der Einheimischen einen wichtigen Beitrag zur Erhaltung gesunder Wildtierpopulationen und verhindert die Ausrottung ganzer Arten. So wurde zum Beispiel in Kenia ab 1977 für zwei Jahrzehnte ein völliges Jagdverbot verhängt. Doch statt sich zu erholen, ging der Wildbestand durch ungebremste Wilderei und die zunehmende Ausbreitung der Viehwirtschaft um die Hälfte zurück. Man nahm dem Wild seinen Wert, und damit erlosch auch jegliches wirtschaftliches Interesse an seiner Erhaltung, die einheimische Bevölkerung sah keinen Sinn darin, das Wild und dessen Lebensraum zu schützen. Die Beteiligung der Einheimischen – sowohl finanziell als auch organisatorisch – ist also essenziell für die nachhaltige Jagd.

Mit meiner Frau bereiste ich unter anderem das südliche Afrika. Wir konnten dort hautnah erleben, was gutes Wildtiermanagement bewirken kann. Heute leben im Okawango-Delta und im Chobe-Nationalpark wieder mehr als 45 000 Elefanten, weil die dortigen Verantwortlichen den Jagdtourismus geschickt in ihr Gesamtkonzept eingebunden haben. Nur Fototourismus allein erwirtschaftet nicht genügend Gelder, zudem sind die Einheimischen meist kaum daran beteiligt. Doch erst durch die finanzielle Beteiligung der Bevölkerung wird ihr Interesse an der Erhaltung des Wildes gestärkt und gefördert sowie zugleich das Überleben der großartigen Wildpopulationen finanziert.

Auch in Kasachstan funktioniert nachhaltige Jagd, weil die einheimische Bevölkerung beteiligt wird. Sie selbst und die zahlenden Jagdgäste schießen nicht mehr Steinwild, als auch nachwachsen kann (meist sind es zudem ältere Exemplare), und sie bemühen sich um den Schutz des Lebensraums der Tiere. So kann man in den Bergen Kasachstans noch heute Bären (ich sah jeden Tag einen), Wölfe, Schneeleoparden und andere seltene Tierarten beobachten – wenn man Glück hat und die Augen aufhält.

Anhang

Allgemeines über Kasachstan

Größe, Grenzen und Einwohner

Im Jahr 1991 erlangte die Republik Kasachstan, einer der größten Nachfolgestaaten der Sowjetunion, seine Unabhängigkeit. Der 16. Dezember wird als Tag der Unabhängigkeit gefeiert.

Kasachstan ist mit 2,7 Millionen Quadratkilometern das neuntgrößte Land der Erde. Es reicht vom Kaspischen Meer bis China. Die Ost-West-Ausdehnung beträgt 2800 und die Nord-Süd-Ausdehnung 1600 Kilometer. Obwohl das Land ein so immenses Territorium besitzt, hat Kasachstan nur circa 18,6 Millionen Einwohner. Das bedeutet: Im Durchschnitt leben nur 6,8 Menschen auf einem Quadratkilometer. Im Vergleich: 2018 waren es in Deutschland 237. Die geringe Bevölkerungsdichte Kasachstans erklärt sich aus der Geografie des Landes. Der Großteil wird von Hochgebirgen und Steppen eingenommen.

Das Land grenzt im Norden auf einer Länge von 6846 Kilometern an Russland und im Osten und Süden an vier weitere Länder: China mit 1460, Kirgisistan mit 980, Usbekistan mit 2300 und Turkmenistan mit 380 Kilometern und im Westen an das Kaspische Meer.

Die Hauptstadt heißt seit dem Regierungswechsel 2019 Nursultan (ehemals Astana) und hat über eine Million Einwohner. Die Stadt mit den meisten Einwohnern ist Almaty (ehemals Alma Ata). Nach einer Zählung von 2018 sind es fast zwei Millionen Menschen. Die Hälfte der gesamten Bevölkerung lebt in Städten.

Das Alter aller Bewohner beträgt durchschnittlich berechnet 29,5 Jahre, in Deutschland sind es 45,7 Jahre. Das bedeutet, dass der Anteil von Kindern und Jugendlichen dort ungleich höher ist als bei uns.

Es heißt, dass insgesamt 121 unterschiedliche Nationalitäten in Kasachstan ansässig seien. Kaum zu glauben, dass sich in einem einzigen Land so viele verschiedene Ethnien befinden. Von der Gesamtbevölkerung waren 2018 nur 66 Prozent Kasachen, Russen immerhin noch zwanzig Prozent. Einstellige Bevölkerungszahlen haben Usbeken, Ukrainer, Uiguren, Tataren. Deutsche leben nur noch zu einem Prozent in Kasachstan. Sehr viele der deutschstämmigen Bewohner sind nach Deutschland übersiedelt.

Zwar bekennen sich viele Kasachen zum Islam, jedoch ist Kasachstan kein islamischer Staat. In der Verfassung festgeschrieben sind die säkulare Ausrichtung der Staatspolitik und die Gleichheit aller Glaubensrichtungen. Es gibt zwei vorherrschende Religionen. Die meisten Menschen hängen dem sunnitischen Islam an, die zweite große Religion in Kasachstan ist das russisch-orthodoxe Christentum. Eine Staatsreligion gibt es demzufolge nicht. Die Staatsform ist eine Präsidialdemokratie, wobei der erste Präsident des Landes, Nursultan Äbischuly Nasarbajew, von 1990 bis 2019 fast dreißig Jahre lang an der Macht war. Sein Nachfolger wurde am 20. März 2019 Qassym-Schomart Toqajew.

Geografie und Geologie

Vom Kaspischen Meer im Westen ausgehend erstrecken sich Tiefländer nach Osten und Norden. Daran schließen sich Steppen an, die sich weit nach Osten ausdehnen. Das Profil Kasachstans verläuft von diesen Ebenen bis zu den Hochgebirgen mit einem

Höhenunterschied von über 7000 Metern. Der höchste Berg Kasachstans ist der Khan Tengri mit 7010 Metern im Gebirge Tian Shan. Kasachstan weist demzufolge eine außerordentliche Vielfalt an Landschaftsformen auf.

Tian Shan

Das Hochgebirge des Tian Shan ist eine der beeindruckendsten Bergformationen auf unserer Erde. Mit insgesamt 2450 Kilometer Länge und circa 400 Kilometer Breite erstreckt sich das Hochgebirge von Südwest nach Nordost durch mehrere zentralasiatische Länder. Es läuft außer durch Kasachstan auch noch durch Kirgisistan und China. Seine westliche Kette reicht bis Taschkent, der Hauptstadt Usbekistans. Im Osten berühren seine Ausläufer den Rand der Wüste Gobi in China. An der Südseite des mächtigen Gebirges verlief in der Antike eine der Hauptstrecken der Seidenstraße.

In Kasachstan erstreckt sich das Gebirge auf einer Länge von fast tausend Kilometern und bildet die Grenze Kasachstans zu Kirgisistan.

Es ist ein im Paläozoikum, also im Erdaltertum, vor 300 Millionen Jahren aufgefaltetes Gebirge. Während der sich anschließenden langen Zeiträume wurde es durch Erosion eingeebnet und später als Bruchschollengebirge im Tertiär wieder emporgehoben. Der Tian Shan, wie er sich heute darstellt, ist also erdgeschichtlich ein noch relativ junges Gebirge. Geologisch besteht es aus verschiedenen Gesteinen: Tonschiefer, Sandstein, Kalkstein, Konglomerat und Einschlüsse von Granit.

Das vergletscherte Berggebiet war und ist schwer zugänglich. Als einer der Ersten wagte sich 1856 der russische Geograf, Botaniker, Entomologe und Zentralasienforscher Pjotr Petrowitsch Semjonow (1827–1914) bis in den zentralen Teil vor. Er und sein Team wurden dort jedoch von unzugänglichen Gletschern gestoppt. Dem Forschungsreisenden Gottfried Merzbacher (1843–1926) und seinen Begleitern gelang es 1903, weiter vorzudringen und den gewaltigen Gletscher zu überwinden.

Auf den Gipfel des 7010 Meter hohen Khan Tengri, der heute zu Kasachstan gehört, gelangte eine Expedition erstmals im Jahr 1931 mit den Bergsteigern Michail Timofejewitsch Pogrebetzki, Boris Tjurin und dem Österreicher Franz Sauberer. Allerdings ist der pyramidenförmige Khan Tengri (der »Himmelsherrscher«) nur der zweithöchste Berg des Tian Shan. Während Semjonow bei seiner Forschungsreise noch glaubte, der Khan Tengri sei der höchste Gipfel des Gebirges, stellte sich erst später heraus, dass das mit 7439 Metern eigentlich der im kirgisischen Teil des Tian Shan gelegene Dschengisch Tschokusu (Pik Pobeda) ist. Er liegt genau auf der Grenze zwischen Kirgisistan und China. Die Erstbesteigung dieses höchsten Gipfels erfolgte 1956 durch die Mannschaft von Witali Abalakow. Der Dschengisch Tschokusu liegt allerdings eingebettet in das Bergmassiv und erhebt sich so nur mäßig über den anderen Bergen. Anders die imposante Pyramide des Khan Tengri, der seinem Namen als Himmelsherrscher alle Ehre macht.

Der Tian Shan ist Quellgebiet für wichtige Flüsse Zentralasiens wie Ili, Syrdarja und Tarim. Seit 2013 gehört der chinesische Teil des Tian Shan zum UNESCO-Weltnaturerbe, seit 2016 auch der westliche Tian Shan in Kasachstan, Kirgisistan und Usbekistan.

Am 26. August 1999 wurde ein Grenzabkommen zwischen Kasachstan, Kirgisistan und China geschlossen, um den bis dahin unklaren Grenzverlauf festzulegen. Die Vertreter der drei Länder entschlossen sich, den Gipfel des Khan Tengri als Punkt zu wählen, an dem die Grenzen der drei Länder nun punktgenau aufeinandertreffen. Dieser beeindruckende Berg mit seiner scharfkantigen, ebenmäßigen Gipfelpyramide gilt als einer der schönsten Berge der Welt und war den Nomadenvölkern des gesamten zentralasiatischen Raumes seit alters her heilig. Nach ihrer Vorstellung thronte hier ihre oberste Gottheit Tengri, der Herrscher des Himmels.

Die mächtigen Erosionskräfte von Kälte und Hitze, Eis und Wasser haben gewaltige Täler in das Tian-Shan-Massiv geschliffen, doch ist es der Erosion noch nicht gelungen, die Gipfel und Grate abzurunden. Es stellt sich als schroffes und wildes Bergland dar. Nach Norden setzt sich der Tian Shan in den Dsungarischen Alatau fort, dorthin hat mich die im Buch beschriebene Reise geführt. Der höchste Berg dort ist der Pik Semjonow Tienschanskij (nach dem Forscher Semjonow benannt). Dieser Gipfel erreicht eine Höhe von 4622 Metern und liegt direkt an der Grenze zu China. Der Dsungarische Alatau erstreckt sich 450 Kilometer von Südwest nach Nordost und ist eine wilde, sparsam besiedelte Berglandschaft mit ungebändigten Flüssen, Gletschern und schwer zugänglichen Gipfeln.

Altai

Das zweite große Gebirge Kasachstans ist der Altai, der ebenfalls erdgeschichtlich relativ jung ist. Teile dieses 2100 Kilometer langen Gebirges gehören, außer zu Kasachstan, noch zu Russland, der Mongolei und China. Der Altai besteht geologisch gesehen, wie der Tian Shan, aus im Erdaltertum entstandenen Gesteinen, die im Laufe von Jahrmillionen eingeebnet und im Quartär und Tertiär, also während der Erdneuzeit, gefaltet und herausgehoben wurden. Vom Grundstock, dem paläozoischen Faltengebirge aus dem Erdaltertum, ist kaum noch etwas zu sehen. Nur im zentralen Teil des Altai haben Geologen Spuren der ursprünglichen Faltungsschichten ausmachen können.

Während der Eiszeit war der Altai vollkommen von Gletschern bedeckt. Die Eismassen haben einen vielfältigen Formenreichtum hinterlassen, wie breite Trogtäler, zahlreiche Seen, Schotterfelder und Felsstufen. Bis in Höhen von 1800 Meter sind die Berghänge heutzutage bewaldet mit Zedern, Kiefern, Lärchen, Fichten, Birken. Daran schließen sich Hochalmen bis zur Schneegrenze bei etwa 3000 Meter an.

Im Altai entspringen die Quellen von Ob und Jenissei.

Der höchste Berg ist der Belucha (wörtlich: die Weiße) mit 4506 Metern, zweithöchster ist der Chüitan (wörtlich: der Kalte) mit 4374 Meter. Der Belucha, an der Grenze von China und Kasachstan gelegen, ist nicht nur der höchste Gipfel des Altai, sondern von ganz Sibirien, und der markanteste Punkt im zentralen Teil des Altai. Im Jahr 1914 wurde »die Weiße« erstmals durch die beiden Bergsteigerbrüder Boris und Michail Tronov bestiegen.

Seit alters her wird der Belucha von den Schamanen verehrt. Für sie ist es ein heiliger Berg. Sie glauben, »die Weiße« sei die Heimstatt von Umaj, der großen Mutter. Der Mythos wird durch die Form des Berges mit den zwei gleichhohen Gipfeln beflügelt, die wie die Brüste einer riesigen, liegenden Frau in den Himmel ragen. Das Wasser der wilden Gebirgsflüsse, gespeist von den Gletschern des Belucha, ist weiß schäumend, als wäre es die Milch der Urmutter. Weit entfernt im Tian Shan steht ihr Partner, der Khan Tengri. Mit seinen schroffen Felsabstürzen ist er der passende Sitz für den männlichen Himmelsgott.

Buddhisten im Altai vermuten, der Belucha mit seinen Zwillingsgipfeln sei der spirituelle Mittelpunkt der Erde, ihr *Shambhala*. Dieser Begriff meint ein mythisches Königreich, das laut Sage irgendwo in Zentralasien verborgen sein soll. Es sei das verlorene Paradies, wo Menschen in Frieden und Harmonie leben, ein idealer Rückzugsort aus dem Weltgeschehen und zugleich der Ort, von dem aus ein neues Zeitalter beginnen werde.

1998 stufte die UNESCO das Kerngebiet des Altai mit fast 1,7 Millionen Hektar als Weltnaturerbe ein.

Ural

Das dritte Gebirge Kasachstans ist der Ural. Er hat den geringsten Flächenanteil der drei kasachischen Gebirge, ist knapp 2400 Kilometer lang und 1895 Meter hoch und verläuft in Nord-Süd-Richtung. Der größte Teil dieses Gebirges befindet sich in Russland. Seine südlichen und westlichen Ausläufer reichen bis nach Kasachstan. Der Ural gilt als Grenze zwischen Europa und Asien.

Tiefebenen, Hügelland und Steppen

Prägend für Kasachstan ist neben den Gebirgen vor allem das Kasachische Hügelland, *Melkosopotschnik*, das die gesamte östliche Hälfte des Landes von den Hochgebirgen bis zur Ebene des Flusses Syrdarja einnimmt. An diese weite Talebene und die Senke von Torgaj schließt sich dann im Westen die Kasachische Tiefebene an, die sich über 1500 Kilometer bis zum Tiefland von Turan hinzieht. Noch weiter im Westen liegen die Kaspische Senke und die Karagije-Tiefebene mit dem niedrigsten Punkt von 132 Metern unter null.

Bei der Gestaltung der Landschaftsformen in Kasachstan spielte und spielt noch immer die Erosion eine entscheidende Rolle. In nur wenigen Ländern der Erde kann man dermaßen beeindruckende Erosionsformen in einer solchen Vielfalt bewundern. In der Steppe beobachtet man weitverzweigte Trockentäler, ausgespült durch die jährlichen Schneeschmelzen. In den Gebirgen gibt es zerklüftete Canyons, in denen wilde Bergflüsse dahinrauschen. In den Wüsten und Halbwüsten zeugen Dünen von der Kraft des Windes, Trogtäler in den Hochgebirgen von der jahrtausendelangen Abschürfung durch Gletscher.

Gewässer

In einem Land mit kontinentalem Klima, das sehr niederschlagsarm ist, hat Wasser einen hohen Stellenwert. Der Satz »Wasser ist Leben« bekommt unter diesen Bedingungen eine ganz neue Bedeutung.

Das Kaspische Meer

Im Westen grenzt Kasachstan ans Kaspische Meer. Es ist der größte See der Erde und ohne Verbindung zu den Ozeanen. Deshalb dürfte es eigentlich nicht als »Meer« bezeichnet werden, es trägt diesen Namen nur aufgrund seiner Größe. Vor dreißig Millionen Jahren reichte dieser Binnensee vom heutigen Westeuropa bis nach Zentralasien. Das Schwarze Meer und auch der Aralsee sind Überbleibsel und Reste dieses einst gewaltigen Gewässers.

Das Kaspische Meer wird von mehreren Flüssen gespeist, deren mächtigste die Wolga und der Ural sind. Obwohl es also eine Menge Zuflüsse gibt, ist kein Abfluss vorhanden. Der Wasserspiegel steigt dennoch nicht höher und höher, bis das ganze Land ringsum überflutet ist, denn die Verdunstung greift regulierend ein. Der See, der an seiner tiefsten Stelle 995 Meter misst, liegt in der sogenannten Kaspischen Senke. Er hat ungefähr die gleiche Größe wie Japan und erstreckt sich über etwa 1200 Kilometer in Nord-Süd- und im Mittel 300 Kilometer in Ost-West-Richtung.

Der Aralsee

Er war ehemals das viertgrößte Binnengewässer der Erde. Mit einer Fläche von 68 000 Quadratkilometern war er noch 1960 fast so groß wie ganz Bayern und zog sich durch Kasachstan und Usbekistan. Doch den Aralsee, der wegen seiner Schönheit verehrt und geschätzt wurde, hat eine der größten Umweltkatastrophen der vergangenen Jahre ereilt. Die kommunistischen Machthaber verschleuderten die natürlichen Ressourcen und beuteten die Natur mit ihrer anmaßenden Planwirtschaft aus, und nun ist kaum etwas übrig geblieben.

Die türkisfarbene Schönheit des Aralsees wurde einst besungen. Mehr als dreißig Fischarten lebten in seinem Wasser. Die Ufer boten zahlreichen Vogel- und Tierarten Unterschlupf, sogar Tiger streiften durch sein Schilfdickicht. Den dort siedelnden Menschen war der große See ein wertvoller Lebensraum. Das alles ist Vergangenheit. Über den See kam die größte Katastrophe, die man sich denken kann – ihm wurde das Wasser geraubt!

Ursprünglich flossen die wasserreichen Ströme Syrdarja und Amudarja in den Aralsee. Doch die Sowjetunion wollte der größte Baumwollexporteur der Welt werden. Mit dem Wasser der Flüsse wurden weite Steppen- und Wüstengebiete bewässert. Kanäle ohne Abdeckung führten das Wasser, das von der Natur eigentlich für den Aralsee gedacht war, Hunderte Kilometer weit durch eines der trockensten und heißesten Gebiete der Erde. Das Wasser versickerte und verdunstete schneller, als es sich die verantwortungslosen Planer vorgestellt hatten. Auf den Feldern kam nicht einmal genug Wasser an, und die Baumwollpflanzen verdorrten vielerorts noch vor der Ernte. Die hochfliegenden Pläne der Kommunisten endeten in einem Fiasko. Mit ihrer Misswirtschaft hatten sie nicht nur den Baumwollanbau ruiniert, sondern auch den Aralsee geopfert. Von seinen 68 000 Quadratkilometern sind nur knapp 8300 geblieben.

Wo sich vorher der Himmel im See spiegelte, breitet sich nun eine 50 000 Quadratkilometer große Wüste auf dem ehemaligen Seegrund aus. Diese Wüste ist salziger als der Ozean. Die dicken Salzschichten sind angereichert mit den Rückständen des auf den Baumwollfeldern eingesetzten Düngers und der Schädlingsbekämpfungsmittel. Das Klima der gesamten zentralasiatischen Region ist durch den Verlust der weiten Seefläche extrem negativ beeinflusst worden.

Zwei kleine Restseen sind übrig geblieben, einer in Usbekistan, der andere in Kasachstan. Dort wurde vor fünfzehn Jahren ein stabiler Damm errichtet, um das Wasser daran zu hindern, nach Süden, nach Usbekistan zu fließen. In Usbekistan wettert man noch heute gegen diesen Dammbau, doch der usbekische Rest des Sees wäre auch mit dem kasachischen Zufluss nicht zu retten, zu viel geht durch Verdunstung verloren. Der kasachische See vergrößert sich seit dem Dammbau, weil er im Gegensatz zum usbekischen durch Zulauf gespeist wird.

Der Alaköl

Er gehört zu den Steppenseen, die flach und salzig sind. Sie haben zwar Zuflüsse, jedoch keinen Abfluss. Die Wassermenge reguliert sich durch Verdunstung, weshalb sich in ihnen die ausgewaschenen und eingespülten Mineralien anreichern und die Seen zunehmend versalzen.

Auch der Alaköl, der eine Länge von 104 Kilometern und eine Breite von sechzig Kilometern hat, ist ein Salzsee, dennoch leben in ihm noch Fische, vor allem Hechte. Durchschnittlich hat er eine Tiefe von 22 Metern, an seiner tiefsten Stelle misst er 54 Meter. Er befindet sich circa 340 Meter über Meereshöhe. Er liegt in der nordwestlichen Verlängerung des Tales Dsungarische Pforte, etwa sechzig Kilometer von der Grenze zur Volksrepublik China entfernt.

Mit seinen Schilfufern und Feuchtgebieten ist er ein wichtiges Brutgebiet für zahlreiche Vogelarten, darunter der vom Aussterben bedrohte Dalmatinische Pelikan, der bei uns als Krauskopfpelikan bekannt ist (*Pelecanus crispus*). Diesen eindrucksvollen Vogel konnte ich im Donaudelta beobachten, wo er ebenfalls brütet. Der Alaköl wurde wegen seines Tierreichtums als wertvolles Biosphärenreservat eingestuft und zum staatlichen Schutzgebiet erklärt.

Flüsse

Die Gebirgsmassive Kasachstans wie der Tian Shan, der Alatau und der Altai speisen mit ihren Gletschern und den im Frühjahr tauenden Schneemassen eine Vielzahl von Flüssen. Zahlreiche dieser wilden Gebirgsflüsse sind inzwischen mit Stauseen verbaut worden, wie der Ili, der nordwestlich von Almaty durch den Stausee Qapschaghai fließt.

Der 2212 Kilometer lange Syrdarja fließt, bevor er durch Kasachstan strömt, auch durch Kirgisistan. Dieser einst prächtige Strom, der in zahlreichen Liedern besungen wurde, verliert gleich durch mehrere Stauseen Wasser und muss zudem noch welches für die Bewässerung der Baumwollfelder hergeben. Als sein Wasser noch nicht in Kanäle abgezweigt wurde, bildete er am Aralsee ein fruchtbares, weitverzweigtes Binnendelta, einen Lebensraum für zahlreiche Tiere.

Bodenschätze

Bei einer geologisch so interessanten Vergangenheit, der Vielzahl an erdgeschichtlichen Ereignissen und geografischen und geologischen Formen, ist es nicht verwunderlich, dass Kasachstan besonders reich an Bodenschätzen ist. Mit fast allen Rohstoffen ist das Land gesegnet und noch dazu in Größenordnungen, die einen Abbau lohnen. Ob das allerdings wirklich ein Segen ist, hängt vom Blickwinkel ab, aus dem man es betrachtet. Der Reichtum hat nur wenigen in der Bevölkerung bisher Vorteile gebracht. Der Abbau wird ohne Rekultivierung betrieben, sodass man ihn nur als Raubbau bezeichnen kann. Den Gewinn eignen sich eine Gruppe einheimischer Potentaten und vor allem ausländische Firmen an. Es steht zu befürchten, dass das Land noch rücksichtsloser ausgeplündert wird, wenn die Rohstoffpreise steigen.

Kasachstan besitzt alle wertvollen Mineralien und Rohstoffe: Eisenerz, Steinkohle, Chrom, Mangan, Vanadium, Wolfram, Nickel, Kobalt, Kupfer, Molybdän, Aluminium, Bauxit, Blei, Zink, Gold, Silber, Edelsteine, Baryt, Wismut, Fluorit, Uran, Beryllium und die heute für die Mobiltechnik so begehrten seltenen Erden. Natürlich fehlen auch Erdgas und Erdöl nicht: Unter dem Steppenboden und im Schelf des Kaspischen Meeres befindet sich eine gigantische Erdölblase.

Klima

Bislang war mir diese Tatsache nicht bewusst, erst als ich mich damit beschäftigt habe, lernte ich, dass Kasachstan das Land auf der Erde ist, das am weitesten von allen Ozeanen entfernt ist. Dieser Fakt hat einen entscheidenden Einfluss auf das Klima, das durch einen ausgeprägten kontinentalen Charakter gekennzeichnet ist. Das bedeutet: Heiße und trockene Sommer wechseln sich ab mit kalten und langen, noch dazu schneearmen Wintern. Die Übergänge von Winter zu Sommer und von Sommer zu Winter sind abrupt, der Jahreskreislauf stellt sich fast ohne Frühling und Herbst dar. Die in Kalendern angegebenen Durchschnittstemperaturen vermitteln keinen echten Eindruck, diese Werte von durchschnittlich achtzehn Grad im Sommer und zwanzig Grad minus im Winter sagen nichts über die Extreme aus. Im Winter kann das Thermometer durchaus unter minus vierzig Grad fallen. Rekordtemperaturen im Sommer betragen mitunter plus vierzig Grad Celsius.

Die Veränderung des Weltklimas ist auch in Kasachstan spürbar. So wurde festgestellt, dass die Gletscher im Tian Shan verstärkt abtauen und die Sommer heißer und trockener sind als früher.

In den Bergen herrscht oft ein von der Großwetterlage abweichendes lokales Wettergeschehen. Die besten Monate für Wandertouren sind Juli bis September, denn das ist die risikoärmste Zeit. Doch selbst dann kann es im Hochgebirge zu plötzlichen Wetterumschwüngen, Stürmen und starken Regenfällen kommen. Schnee im Juni, selbst noch im Juli ist keine Seltenheit, und ab September kann bereits wieder hoher Schnee liegen. Üblicherweise ist es in den Bergen tagsüber recht heiß und in der Nacht empfindlich kalt.

Geschichte

Bereits in vorgeschichtlicher Zeit lebten Menschen in den Ebenen nördlich und westlich des Tian Shan, auch die Vorberge der Hochgebirge und die Täler des Alatau waren besiedelt. Erste menschliche Spuren reichen weit zurück bis in die Altsteinzeit, als sich der Denisova-Mensch in diesen Gebieten ausgebreitet hatte. Im russischen Altai nahe der Grenze zu Kasachstan wurden in einer Karsthöhle Fingerknochen und Zähne des Denisova-Menschen entdeckt, der sowohl mit dem Neandertaler verwandt ist als auch mit dem anatomisch modernen Menschen, dem Homo sapiens. So nahe stehen sich diese drei Menschengruppen, dass sie sich miteinander paarten und gemeinsame Nachkommen hatten. Der Knochenfund und die DNA-Analyse eines Mischlingskindes aus der Denisova-Höhle beweist, dass seine Mutter eine Neandertalerin und der Vater ein Denisova-Mensch war. Die beiden menschlichen Populationen haben also längere Zeit miteinander in der gleichen zeitlichen Periode gelebt. Die Neandertaler kamen vor 300 000 Jahren in dieses Gebiet und sind seit etwa 60 000 Jahren dort nicht mehr nachweisbar. Die Denisova lebten seit etwa 287 000 Jahren im Altai und blieben bis vor 55 000 Jahren. Beide

Menschengruppen sind ausgestorben, nur Teile ihrer Gene leben in uns weiter.

Den Denisova folgten später Steinzeitmenschen, also unsere direkten Vorfahren. Deren Lagerplätze wurden an zahlreichen Orten gefunden, besonders dort, wo auch schon früher eine wald-, wasser- und wildreiche Gegend war. Die bedeutendsten Fundstellen sind in den Tälern des Qaratau-Gebirges im Süden Kasachstans. In den sogenannten Schwarzen Bergen wurden Relikte aus der Steinzeit entdeckt.

Die *Kurgane*, die Begräbnishügel, stammen hingegen aus der Bronzezeit. In ihnen wurden aufschlussreiche Funde gemacht, die uns mehr über unsere Vorfahren, ihre handwerkliche Geschicklichkeit und ihre Essgewohnheiten erzählen. An Felsen und in Karsthöhlen stieß man zudem auf zahlreiche Petroglyphen, die einen Hinweis auf das Leben der Menschen damals geben, auf ihre Jagdtiere und ihre mythologischen Vorstellungen.

Weitere Hinweise zeigen, dass die Menschen bereits in der Jungsteinzeit zur Viehzucht übergingen. Es bildete sich eine eng an die natürlichen Bedingungen angepasste Nomadenzivilisation heraus, die über Jahrtausende bis in die Neuzeit überdauern sollte. Parallel zur Viehzucht entwickelte sich aber auch der Anbau von Feldfrüchten, wie Funde nördlich des Tian Shan beweisen – dort wurde bereits vor 5000 Jahren Ackerbau betrieben.

In Kasachstan war es auch, wo nach derzeitigem Kenntnisstand in der Bronzezeit, circa 5000 v. Chr., erstmals Wildpferde gezähmt und gezüchtet wurden. Die Beherrschung des Pferdes erleichterte die großräumige Erschließung der weiten Steppengebiete und sorgte für Mobilität und Handel, ermöglichte aber auch Eroberungszüge und die Unterwerfung benachbarter Stämme.

Die Erschließung von Kupferlagerstätten geht ebenfalls auf diese Zeit zurück. Werkzeuge, Messer und Schmuck legen Zeugnis ab von der handwerklichen Kunstfertigkeit dieser frühen Siedler und Viehhirten. Die Funde lassen vermuten, dass es in der Bronzezeit bereits stadtähnliche Ansiedlungen gab, die mit Mauern und Gräben geschützt waren.

Die nomadische Lebensweise war dennoch weiterhin üblich und prägend. Über Jahrtausende herrschte ein ständiger Wandel in den Weiten dieser Steppen Zentralasiens, ein Entstehen und Vergehen von Stämmen, Clans, Familienverbänden. Eine zerstörerische Rolle spielten ständige Überfälle von außen, Völkerwanderungen und andauernde Machtkämpfe innerhalb der Stammesverbände.

Skythen

Bekannt aus dieser Frühzeit sind die Saken, so nannten die Perser die streitbaren Nomaden aus Zentralasien. Uns sind diese Reiternomaden aus antiken Schriften als Skythen überliefert. Diese mit Pfeil und Bogen von galoppierenden Pferden schießenden und kämpfenden Skythen wanderten, so wird vermutet, im 8. Jahrhundert v. Chr. in das Steppengebiet Kasachstans ein, wo sie bis 300 v. Chr. nachgewiesen werden können. Wahrscheinlich waren sie indoeuropäischer Abstammung, ihre genaue Herkunft ist jedoch ungewiss. Als halb sesshafte Nomaden, die Viehzucht und Ackerbau betrieben, waren sie optimal an die klimatischen Gegebenheiten angepasst.

Sie beherrschten bereits die Kunst der Eisenherstellung. Dass sie auch weit ins Gebirge vorgedrungen sind, beweist zum Beispiel eine skythische Pfeilspitze, die in 2800 Meter Höhe gefunden wurde.

Die Skythen befanden sich damals bereits auf einer hohen kulturellen Einwicklungsstufe. Allerdings besaßen sie kein fest gefügtes Staatsgebilde, sondern waren ein loser Verband einzelner Clans. Es gibt auch kaum Spuren von Siedlungen aus dieser Zeit.

Alles, was man von den Skythen weiß, ist in fremden Sprachen anderer antiker Völker überliefert worden. Ihre eigene Sprache wird zur indogermanischen Sprachfamilie gezählt, von der es jedoch keine schriftlichen Zeugnisse gibt. Nicht einmal mit ihrem eigenen Namen sind sie in die Geschichte eingegangen, denn die Bezeichnung Skythen wurde ihnen im antiken Griechenland gegeben. Wie sie sich selbst nannten, weiß man nicht.

Hohe Persönlichkeiten der Skythen wurden in *Kurganen*, Begräbnishügeln, beerdigt und so reichlich mit wertvollen Grabbeigaben ausgestattet, dass man sie als Fürsten- oder gar Königsgräber bezeichnet. Diese Schmuckstücke überraschen durch ihre hohe handwerkliche Kunstfertigkeit, stilisierte Tierdarstellungen zeigen die durch Mythologien geprägte Tierverehrung. Es ist erstaunlich, dass trotz der halb nomadischen Lebensweise eine dermaßen hohe Geschicklichkeit bei der Metallverarbeitung und den Verzierungen erreicht wurde.

Diese Grabbeigaben geben beste Auskunft über Lebensweise und Glaubensvorstellungen der Skythen. Im Altai wurden auf 1200 Meter Höhe ranghohe Clanmitglieder und Anführer fürstlich bestattet. Schon seit 1865 sind diese Kurgane bekannt. Damals hatte der Sprachwissenschaftler, Turkologe und Ethnograf Wassili Radloff einen von über hundert der dortigen Kurgane ausgegraben. Radloff, mit Vornamen eigentlich Friedrich Wilhelm, wurde 1837 in Berlin geboren und war keineswegs russischer Abstammung. Durch seine Forschungsstudien wurde er allerdings zum Direktor des Asiatischen Museums in Petersburg ernannt und konnte in diesem Rahmen fast jährlich Forschungsreisen nach Zentralasien und Sibirien unternehmen. Radloff fand bei seiner Grabung unter anderem die Überreste eines Mannes, dem sein gesamtes Gestüt, insgesamt angeblich siebzehn Pferde, mit ins Grab gegeben wurde. Leider habe ich diese hohe Anzahl der Pferde nicht stichhaltig prüfen können. Es könnte sich um einen

Druckfehler in der Übersetzung handeln, denn für so viele Pferde müsste der Hügel immens groß gewesen sein. Jedenfalls hat man die Lieblingspferde der Führer stets getötet und sie ihnen samt kostbarem Zaumzeug ins Jenseits mitgegeben.

Ab 1997 wurden wieder Grabungen erlaubt, diesmal machten sich kasachische und französische Forscher an die Arbeit. In einem der Hügel fanden sie in einer separaten Grabkammer, gebettet in einen Sarg aus Lärchenholz, die Körper eines Mannes und einer Frau. Dass beide von hohem Rang gewesen waren, beweisen die wertvollen Beigaben. Die Gegenstände erlauben den Archäologen Rückschlüsse auf die Glaubensvorstellungen der Menschen. Es offenbart sich uns eine komplexe mythische Weltanschauung.

Die Gräber sind deswegen so gut erhalten (selbst Holz und Kleidung sind nicht verrottet), weil die Toten tiefgefroren wurden. Die Forscher nehmen an, dass die Angehörigen es absichtlich so einrichteten, dass die Grabkammer sich mit Wasser füllte, das dann gefror und in dieser hohen Gebirgslage selbst im Sommer nicht auftaute, sodass die Verstorbenen im Eis dauerhaft konserviert wurden.

Ewiger Kampf und Völkerwanderungen

Kampf untereinander und gegen Eindringlinge, der nicht enden will – so kann man die Geschichte der Völker in Zentralasien bezeichnen.

Im 3. Jahrhundert v. Chr. drang ein anderes Reitervolk, die Sarmaten, in das Gebiet der Skythen ein und besiegte sie. Die Sarmaten stammten aus Mittelasien und dem südrussischen Raum und gehörten einer nordiranischen Sprachgruppe an. Sie besiegten die Skythen – wer die Eroberung überlebte, wurde wahrscheinlich von den Sarmaten assimiliert.

Die Geschichte der folgenden 600 Jahre wird durch das Eindringen der verschiedenen Völker aus dem innerasiatischen Raum bestimmt. »Wanderung der Völker« ist ein verfälschend harmloser Begriff. Es waren Eroberungskriege, die die ansässige Bevölkerung auslöschten, ihre Kultur zerstörten und die Überlebenden zur Sklavenarbeit zwangen.

Die in diesen Jahrhunderten herrschende Warmzeit bewirkte eine lang andauernde Trockenheit großräumiger Gebiete, das Gras für das Vieh verdorrte, und Flüsse trockneten aus. Ganze Völker machten sich auf den Weg nach Westen, um bessere Lebensbedingungen zu finden. Zahlreiche historische Völker kreuzten und durchquerten die Steppen Kasachstans. Namensmäßig bekannt sind uns heute noch die Hunnen und die Awaren.

Herrschaft der Turkstämme

Während der Völkerwanderung waren Turkstämme, die zuvor in Sibirien, in der Mongolei und im Altaigebiet gelebt hatten, nach Kasachstan eingedrungen und übernahmen dort die Vorherrschaft. Ab dem 5. Jahrhundert n. Chr. sind sie im Gebiet Kasachstans nachweisbar. Etwa 700 Jahre dauerte ihre Herrschaft. Mächtige mannsgroße steinerne Wächterfiguren, die ohne Bezug zu einer Siedlung irgendwo frei in der Steppe stehen, erinnern an diese Zeit. In der Mongolei sah ich ebenfalls diese sich ähnelnden Steinskulpturen, als wären sie nach gleichem Muster gefertigt. Dort erzählte man mir, dass die Turkstämme damit das Grab eines ihrer Herrscher gekennzeichnet hätten.

Diese turkischen Stammesverbände eroberten weite Gebiete und errichteten ein mächtiges Reich. Es reichte vom Hindukusch bis zum Alatau, vom Jenissei bis zur Krim. Das Zentrum ihres Reiches war die Hauptstadt Tokmak, heute in Kirgisistan an der Grenze zu Kasachstan gelegen. Im Jahr 630 befand sich das Reich unter Khan Yong auf dem Höhepunkt seiner Macht. Das Datum ist verbürgt, da ein chinesischer Pilgermönch vom großen *Kurultaj* berichtet, dem Treffen aller Clanführer mit ihren Truppen. Die damals noch vereinigten Turkstämme versammelten sich in der fruchtbaren Ebene von Tokmak. Es war wohl das letzte Mal, dass die Einheit unter dem mächtigen Khan Yong noch bewahrt werden konnte.

Bald nach dem großen Treffen strebten die einzelnen Stämme auseinander, einige wanderten weiter nach Westen und unterwarfen die dort ansässigen Völker. Andere blieben in Mittelasien und befehdeten sich heftig gegenseitig, schlossen Bündnisse, zerstritten sich und bekämpften sich wieder.

Reiche entstehen und vergehen – ein sich wiederholender, nicht enden wollender Vorgang. Was aber ist mit den Menschen, deren Schicksal es war, in diese Umbruchphasen zu geraten, die ihr Leben verloren bei den ständigen kriegerischen Auseinandersetzungen? Wenn ich diese geschichtlichen Daten recherchiere, bleiben es für mich keine nüchternen Zahlen. Ich stelle mir die Menschen vor, die damals gelebt haben. So viel Not, so viel Leid, so viele zerstörte Hoffnungen, so viele Tote.

Ab 744 entstand das Reich der Karluken, eines der Turkvölker, die zunächst eine untergeordnete Rolle gespielt und ursprünglich im Changai-Gebirge in der Mongolei und später im Altai gesiedelt hatten. Sie verdrängten die anderen Stämme bis zum Aralsee oder verleibten sie sich ein und beherrschten ein Gebiet vom Altai bis zum Fluss Syrdarja. Es war eine der großen Stammesföderationen der Steppennomaden in Mittelasien. Ihr Reich bestand bis 1218. Es wurde durch den Einfall der Mongolen beendet.

Mongolisches Großreich

Temudschin, den wir unter seinem Herrschertitel Dschingis Khan kennen, begann Ende des 12. Jahrhunderts mit der Errichtung eines Weltreiches, das sich von Peking bis zur Donau erstrecken sollte. Er benötigte mit seinen Reiterheeren nur ein Jahr, um ganz Zentral- und Mittelasien zu unterwerfen. Nach den Grausamkeiten während der Eroberungen entstand ein straff organisiertes Weltreich, auch bekannt als *Pax Mongolica*, der mongolische Friede. Die ständigen Kämpfe der Stämme hörten auf, es gab keine Stammesfehden mehr und keine räuberischen Überfälle. Endlich konnten wieder Waren auf der Seidenstraße transportiert werden.

Die Seidenstraße war keine Straße im eigentlichen Sinn, sondern ein weitverzweigtes Netz von Karawanen- und Handelswegen und verband den Orient und den Okzident miteinander. Hier wurden nicht nur Waren ausgetauscht, sondern auch Informationen über weit entfernte Länder, Religionen, Kultur und Bräuche. Händler konnten während des mongolischen Weltreiches wieder ohne Gefahr von Europa bis nach China reisen, es war die Zeit, als auch Marco Polo unterwegs war. Es entstand ein Schmelztiegel der Kulturen und Religionen, denn es herrschte größte Toleranz in Glaubensdingen.

Das Reich wurde nach dem Tod von Dschingis Khan unter seinen Söhnen und später unter den Enkeln aufgeteilt. Streit unter den Erben führte alsbald zum Verfall.

Timur (auch Tamerlan genannt) gelang es 1370 noch einmal, ein zweites mongolisches Reich zu errichten, das der Timuriden. Seine Hauptstadt war anfangs Samarkand, später auch Herat.

Das Kasachen-Khanat

Das kasachische Volk als homogene Nation gibt es erst seit dem 15. und 16. Jahrhundert. Es waren die drei großen Horden, die sich mit ihren zahlreichen Sippen zusammenschlossen zum kasachischen Khanat. Das türkische Wort »Kasachen« bezeichnete in der damaligen Turksprache freie, unabhängige Menschen. Kurz darauf – wie konnte es anders sein – begannen Machtkämpfe innerhalb des Khanats.

Es bildeten sich drei Teilherrschaften, die alle behaupteten, direkte Nachfahren von Dschingis Khan zu sein, und um die Vorherrschaft im Khanat kämpften. Dadurch zerstörten sie die Einheit, und das führte zur Schwächung des Khanats. In dieser Zeit lebte in Westchina der lamaistisch-buddhistische Stamm der Dsungaren, der die Schwächung des Khanats ausnutzte und im 18. Jahrhundert mit Eroberungs- und Raubzügen in das kasachische Gebiet begann. Die kasachische Bevölkerung war diesen auszehrenden Überfällen fast wehrlos ausgeliefert und bezeichnete diese Zeit als »Jahre des großen Unglücks«.

Da sie der eigenen Stärke nicht mehr trauen konnten und Hilfe brauchten, schlossen die Stammesältesten ab 1731 Beistandsabkommen mit dem russischen Kaiserreich. Die Dsungaren wurden von Russland und China besiegt, doch das bislang unabhängige Kasachstan unterlag nun der russischen Souveränität. Über 150 Jahre lang war es Bestandteil des Kaiserreiches, wurde anfangs wie ein lockeres Protektorat und später immer stärker wie eine Kolonie behandelt.

Die Stammesältesten, die mit dem mächtigen Nachbarn den Beistandspakt geschlossen hatten, taten dies teils wegen des ehrlichen Bedürfnisses, die Überfalle der Dsungaren zu beenden, teils aber auch wegen der Bestechungsgelder, des *Bakschisch*. Russland jedenfalls nutzte diese Chance zu einer friedlichen transkontinentalen Expansion des Zarenreiches.

Das Verwaltungssystem der Khane wurde nach und nach von russischen Gouverneuren abgelöst. Schlimmer noch, der Boden, auf dem die Kasachen ihr Vieh weideten, wurde russisches Staatseigentum. Die nomadischen Viehzüchter hatten ihr Recht auf ihr Land verloren, es konnte willkürlich beschlagnahmt werden. Denn es musste Platz geschaffen werden für einen Zustrom landloser russischer Bauern. Den kasachischen Nomaden wurde nicht nur die Lebensgrundlage entzogen, sondern sie wurden zudem mit einer restriktiven Steuergesetzgebung geknebelt. Die Folge war eine unglaubliche Verelendung großer Bevölkerungsteile.

Die Kasachen wagten zahlreiche Aufstände (an die 300), um sich von der Herrschaft Russlands zu befreien, die alle grausam niedergeschlagen wurden. Der größte Aufstand dauerte zehn Jahre von 1837 bis 1847 unter Führung von Kenessary Kassymov (1802–1847), dem Enkel von Ablai Khan, der gegen die Dsungaren gekämpft hatte.

Ablai Khan (1711–1781) hatte es als Khan der Mittleren Horde fertiggebracht, die drei existierenden Horden zu vereinigen, war dann aber von den Dsungaren gefangen genommen worden. Die Russen boten Ablai Khan an, für seine Befreiung zu sorgen, wenn er Russland den Treueeid schwören würde – was ihnen auch gelang.

Sein Enkel wollte nun das Volk wiederum vom russischen Kolonialjoch befreien. Zeitweise fochten 20 000 Kämpfer unter Kassymov. Er brachte weite Landstriche unter seine Kontrolle und wurde 1841 zum Khan aller Kasachen gewählt. Er leitete wirtschaftliche Reformen ein und versuchte, sich mit Russland friedlich durch Verhandlungen zu einigen. Doch der Zar sandte seine Armeen aus. Der Aufstand hätte die nationale Befreiung bringen sollen, blieb jedoch letztendlich ohne Erfolg. Kassymov wurde gefangen genommen und hingerichtet.

1907 wurden viele der während der Russischen Revolution 1905 gemachten Zugeständnisse wieder zurückgenommen, unter anderem wurde auch das Wahlrecht in ein Zensuswahlrecht umgewandelt. Dadurch waren landlose Bauern und nicht russische Minderheiten stark benachteiligt – das galt auch für die Kasachen.

Weiterhin wurden massenhaft russische Bauern in Kasachstan an- und umgesiedelt, eine willkürliche Maßnahme, die später unter Stalin weiter praktiziert wurde. Schritt um Schritt wurde den Kasachen so die Lebensgrundlage entzogen. Aller Rechte verlustig mussten Kasachen im Jahr 1916 laut Dekret des Zaren auch noch Kriegsdienst leisten.

Kasachstan während der Sowjetherrschaft

Schlimmer konnte es nicht kommen, mag man denken. Doch es kam weit schlimmer. In Russland brach die Revolution aus, die Bolschewiken siegten und errichteten die Sowjetmacht.

Zunächst allerdings erblühte in Kasachstan mit der Entmachtung des Zaren die Hoffnung auf Unabhängigkeit und Demokratie. Junge kasachische und kirgisische Intellektuelle, die im Ausland studiert hatten, forderten eine demokratische Verfassung, sie gründeten die Partei Alasch. Im Juli 1917 fand in Orenburg der Erste Allkasachische Kongress statt, dort wurde die Schaffung eines autonomen Nationalstaates innerhalb Russlands gefordert. Sie wollten das traditionelle Nomadentum wiederherstellen und die unter dem Zaren begonnene Zwangsansiedlung russischer Bauern rückgängig machen. Beim Zweiten Allkasachischen Kongress im Dezember 1917 wurde schließlich die Autonomie proklamiert und ein provisorischer Volksrat als Regierung eingesetzt, *Alasch Orda* genannt. »Alasch« bedeutet »Pferd«, und »Orda« ist das alte Wort für »Horde«, also wörtlich Pferde-Horde oder, etwas freier übersetzt, Horde der Nomaden.

Allerdings dachten die an die Macht gekommenen Bolschewiken nicht im Geringsten daran, die Unabhängigkeit Kasachstans zu akzeptieren. Es folgte ein blutiger Krieg mit ständig wechselnden Fronten, und nach zweijährigen Kämpfen wurden die Kasachen unter großen Opfern von der Roten Armee geschlagen, ihre Anführer wurden hingerichtet und die Region 1920 dem Riesenreich der Sowjetunion einverleibt.

Die Zwangskollektivierung hatte erschütternde Folgen. Gezielter und mit größerer Effizienz als unter dem Zaren wurden

den Nomaden ihre Tiere weggenommen und in Kollektivwirtschaften konzentriert. So raubte man ihnen ihre Lebensgrundlage, denn die Tiere sicherten ihre Existenz und konnten ohne Wanderung und Stellungswechsel nicht überleben. Das Vieh starb an Untererernährung und Krankheiten, und so hatten auch die Menschen keine Nahrung mehr. Fast zwei Millionen Menschen verhungerten, und einer Million gelang die Flucht in andere Länder. Kasachstan verlor mit einem Schlag knapp die Hälfte seiner Bevölkerung.

Doch in der menschenleeren Steppe konnte man nun nach Belieben deportierte Wolgadeutsche, Tschetschenen, Krimtataren, Kalmücken und alle, die von Stalin der Kollaboration mit dem Feind bezichtigt wurden, aussetzen.

Nach dem Tod Stalins ging die Vernichtung von Natur und Kultur ungebremst weiter. 1954 wurde unter Nikita Chruschtschow die Urbarmachung der Steppe mit großem propagandistischem Aufwand publik gemacht. Neuland für den Anbau von Getreide und Baumwolle sollte gewonnen werden. Diesmal geschah der Zustrom freiwillig. Tausende junger und begeisterter Menschen, sogenannte Komsomolzen, kamen aus den verschiedenen Republiken der Sowjetunion, um die »Steppe unter den Pflug zu nehmen«.

Irreparable Schäden an dem sensiblen Ökosystem waren die Folge. Durch die Massenzuwanderung der jugendlichen Arbeitswilligen kam es außerdem zu ungeheuren organisatorischen, sozialen und kulturellen Problemen.

Unabhängigkeit Kasachstans ab 1990

Nachdem Kasachstan seit Mitte des 18. Jahrhunderts Teil des russischen Einflussgebietes gewesen war und später zur Sowjetunion gehört hatte, begann mit dem Zerfall der Sowjetunion auch in Kasachstan der politische Wandel und der Prozess hin zur Unabhängigkeit. Die Regierungsbildung erfolgte in mehreren Schritten. Bereits am 24. April 1990 wählte das kasachische Parlament Nursultan Nasarbajew, den bisherigen Vorsitzenden des Ministerrats der kasachischen Sowjetrepublik, zum Präsidenten. Er, der bisher das Sagen hatte, sicherte sich damit seine Machtposition auch für die zukünftige Umgestaltung. Noch im gleichen Jahr, am 25. Oktober, erklärte Kasachstan seine Souveränität innerhalb der UdSSR, wobei Nasarbajew zum Staatsoberhaupt ernannt wurde. Am 1. Dezember 1991 wurde er bei der ersten direkten Parlamentswahl als Präsident der unabhängigen Republik Kasachstan bestätigt. Wenige Tage später, am 16. Dezember 1991, trat die Unabhängigkeit in Kraft. Seitdem ist der 16. Dezember ein Nationalfeiertag. Kasachisch wurde zur neuen Amtssprache und die bisherige Hauptstadt Alma-Ata in Almaty umbenannt.

Bei genauerer Betrachtung wird deutlich, dass die kasachische Unabhängigkeit keine wirklichen Änderungen in der Politik herbeiführte, die Macht blieb in den Händen derer, die auch während der Sowjetzeit geherrscht hatten: Nursultan Nasarbajew, seine Anhänger und Gefolgsleute.

Am 21. Dezember 1991 schloss sich Kasachstan mit sieben weiteren ehemaligen Sowjetrepubliken bei einem Treffen in Almaty der Gemeinschaft unabhängiger Staaten (GUS) an. Des Weiteren unterzeichneten Nasarbajew und der russische Präsident Boris Jelzin am 15. Mai 1992 einen russisch-kasachischen Freundschafts- und Zusammenarbeitsvertrag, insbesondere um die Unantastbarkeit der gemeinsamen Grenzen zu bekräftigen.

Erste angeblich freie Parlamentswahlen fanden am 7. Mai 1994 statt. Wie zu erwarten, gewann die Partei, die den Präsidenten unterstützte, die Mehrheit der Stimmen. Internationale Wahlbeobachter bezeichneten die Wahlen als »unfair«. Auch die Wahlen der folgenden Jahre erzielten unglaubwürdig hohe Ergebnisse für Nasarbajew und seine Regierung und wurden von der Opposition als Wahlfälschung angeprangert. Doch es änderte sich nichts, denn wegen rigider Unterdrückungsmaßnahmen konnte erst gar keine starke Opposition entstehen, ebenso war eine wirklich demokratische Entwicklung unter jahrelang ein und demselben Staatsmann nicht möglich. Auch Nasarbajews Rücktritt 2019 änderte nichts daran, denn er sorgte dafür, dass ein Gefolgsmann in seine Fußstapfen trat, um so weiterhin Einfluss nehmen zu können.

Die frühere Verflechtung der Wirtschaft mit der Sowjetunion und den anderen ehemaligen Sowjetrepubliken erwies sich mit der errungenen Unabhängigkeit als entscheidender Nachteil und führte zunächst zu einem wirtschaftlichen Niedergang. Inzwischen scheint sich ein Aufschwung abzuzeichnen. Betrachtet man nur die Zahlen, setzte ab 2000 ein beachtliches Wirtschaftswachstum ein. Der Grund hierfür: Kasachstan ist reich an Bodenschätzen, wie weiter oben bereits beschrieben. Obwohl diese zunehmend auch von ausländischen Firmen abgebaut werden, erhöhte sich in den letzten Jahren das Bruttoinlandsprodukt Kasachstans ständig und ist nach den Auflistungen von 2019 wesentlich höher als in den benachbarten zentralasiatischen Ländern.

Zugleich ist jedoch auch die Ungleichheit in der Bevölkerung gewachsen, was zu sozialen Problemen führt. Vor allem Menschen der nicht kasachischen Bevölkerung fühlen sich benachteiligt und ausgegrenzt. Sie klagen sogar über Verfolgung und tätliche Angriffe. Die Konsequenz ist, dass viele Russen, Deutsche, Ukrainer, Tataren und Griechen Kasachstan inzwischen verlassen haben und in ihre historischen Heimatländer ausgewandert sind.

Nachdem ich nun diese jahrtausendelange Leidensgeschichte Kasachstans sowie allgemein der Völker Zentralasiens recherchiert und versucht habe, sie so kurz wie nötig, aber so inhaltsreich wie möglich niederzuschreiben, frage ich mich, wie es möglich ist, dass diese erschütternden geschichtlichen Fakten nicht das Wesen der Menschen verändert haben. Sowohl in der Mongolei als auch in Kasachstan begegnete die Bevölkerung mir, der Fremden, nicht etwa mit Misstrauen und Ablehnung. Ganz im Gegenteil, ich erfuhr die freundlichste und uneigennützigste Gastfreundschaft, die man sich nur denken kann. Die Menschen waren offen, neugierig und hilfsbereit, voll warmherziger Empathie.

Religion

Ursprüngliche Glaubensvorstellungen unter den Nomaden Asiens waren Naturreligionen und Schamanentum. Davon haben sich Elemente und Traditionen bis heute erhalten und mit neuen Glaubensvorstellungen vermischt.

Der Islam drang im Zuge der arabischen Eroberungen bereits im 8. und 9. Jahrhundert ins Land und wurde mit aggressiven Maßnahmen schnell und meist unter Zwang in der Bevölkerung verbreitet.

In Kasachstan gibt es heute zwei vorherrschende Glaubensrichtungen: den sunnitischen Islam und das orthodoxe Christentum. Die Zahl der Christen geht durch Auswanderung stetig zurück. Inzwischen bekennt sich die Bevölkerung mehrheitlich zum islamischen Glauben.

Seit 1990, also dem Jahr der Unabhängigkeit, werden überall im Land Moscheen errichtet, mit Geldern von Sponsoren reicher islamischer Länder wie Saudi-Arabien. Auch knüpft sich die nationale Selbstfindung mehr und mehr an den Islam.

Sprache

Das Kasachische gehört zur Sprachfamilie der Turksprachen, einer weitverbreiteten Sprachgruppe von rund vierzig relativ nah verwandten Sprachen. Für schätzungsweise 180 bis 200 Millionen Menschen ist eine der Turksprachen die Muttersprache. Der Ursprung aller Turksprachen wird südwestlich der Mandschurei (heute im Osten Chinas) vermutet.

Die Wörter werden bei den Turksprachen alle nach dem gleichen Schema gebildet, Turksprachen sind agglutinierende Sprachen. Das heißt, an einen Wortstamm werden Endungen in großer Zahl angehängt, so weiß man, ob eine Tätigkeit in der Gegenwart, Vergangenheit oder Zukunft stattfindet, wer sie ausübt und vieles mehr. Durch die zahlreichen Endungen ist das Stammwort für den ungeübten Sprachlehrling gar nicht mehr erkennbar. Je nach Endung klingt es für meine Ohren jedes Mal wie ein neues, anderes Wort. Das macht das Erlernen von Turksprachen vor allem für denjenigen, der an eine indoeuropäische Sprache gewöhnt ist, besonders schwierig.

Der kasachische Linguist Achmet Baitursynuly (1873–1937) hat sich schon vor hundert Jahren um die Erforschung der Turksprachen verdient gemacht. Er stellte einen Stammbaum dieser Sprachfamilie auf, der Aufschluss über ihre Entstehung gibt und ihre Verbreitung anschaulich zeigt. Er war Professor an der Staatlichen Kasachischen Universität. Wie zahlreiche Intellektuelle wurde er während der stalinistischen Schreckensherrschaft in einem Straflager interniert und nach schweren Misshandlungen 1937 als »Volksschädling« erschossen.

In nur einem einzigen Land des großen Sprachraums der Turksprachen wird eine Sprache einer anderen Sprachfamilie gesprochen: in Tadschikistan. Dort sprechen 4,4 Millionen Menschen eine iranische Sprache, die mit dem Persischen verwandt ist.

Ursprünglich wurden Informationen mittels Zeichen übermittelt, die den nordisch-germanischen Runen ähnelten. Etwa ab dem 5. bis zum 10. Jahrhundert wurden diese Zeichen verwendet. Der Hauptfundort befindet sich in der nördlichen Mongolei am Orchon-Fluss, deshalb nennt man sie Orchon-Runen. Die ältesten Runenzeichen stammen aus Kirgisien, man fand sie in einem Fürstengrab aus dem 5. Jahrhundert am Issyksee. Dem dänischen Sprachforscher Vilhelm Thomsen (1842–1927) gelang es 1893, diese asiatische Runenschrift, die 38 Zeichen besitzt, zu entziffern.

Die Araber brachten dann im 8. Jahrhundert die arabische Schrift ins Land, diese wurde bis ins 19. Jahrhundert benutzt. Von 1929 bis 1940 setzte sich die lateinische Schrift durch. Ab 1940 mussten die Kasachen auf Anordnung des Sowjetregimes das kyrillische Alphabet verwenden, das bis heute Standard ist. Allmählich wird vor allem bei der städtischen Bevölkerung, die die englische Sprache beherrscht, auch die lateinische Schrift wieder genutzt.

Seidenstraße

Dieser Begriff wurde erstmals 1877 vom Geografen Ferdinand von Richthofen für diese antiken Karawanenwege verwendet. Es war keine einheitliche Straße, sondern ein Netz verschiedener Routen mit Haupt- und Nebenwegen und Verzweigungen, auf denen Waren auf dem Landweg von Ost- und Zentralasien zu den Ländern am Mittelmeer und zurück transportiert wurden. In westlicher Richtung war es nicht allein die namensgebende Seide, sondern vieles mehr: Gewürze, Glas, Porzellan, Edelsteine wie zum Beispiel Jade, Parfüme und Pelze. Nach Osten bestand der Warenstrom vor allem aus Wolle, Gold und Silber. Neben Kaufleuten nutzten auch Gelehrte und Missionare das Wegenetz, und es diente für Kriegszüge und Raubüberfälle. So wurden nicht nur Waren, sondern auch Religionen, Ideologien, kulturelle Errungenschaften und Ideen verbreitet. Zum Beispiel erhielten die westlichen Länder über die Seidenstraße Kenntnis von der Herstellung von Papier, Porzellan und Schwarzpulver – Produkte, die in China erfunden wurden. Aber auch Krankheiten wie die Pest gelangten so auf dem Landweg nach Europa, möglicherweise durch Flöhe, die sich in den Pelzwaren versteckten.

Nur wenige Kaufleute reisten die gesamte Route. Meist wechselten die Waren mehrmals ihre Besitzer, wurden über verschiedene Zwischenhändler getauscht und immer weitergegeben, nach der Art eines Staffellaufes. Transporttier war vor allem das zweihöckrige Kamel, das Trampeltier. Im Gegensatz zum einhöckrigen, dem Dromedar, ist es stärker und widerstandsfähiger gegen Hitze und Kälte. Denn die Handelswege führten durch einige der unwirtlichsten und trockensten Gebiete der Erde, zudem über 7000 Meter hohe Gebirgspässe. Es gab keine von der Natur vorgegebene und geeignete Streckenführung, die die Händler hätten benutzen können, so wählte man notgedrungen einfach die Ost-West-Richtung und musste sehen, wie man die Wüstengebiete und die hohen Gebirge bewältigen konnte. Deswegen gab es auch verschiedene Routen, von denen je nach Klimaveränderung und politischer Situation mal die eine oder andere weniger beschwerlich war.

Älteste Berichte über diese existierende Verbindung zwischen dem Osten und dem Westen sind vom griechischen Geschichtsschreiber Herodot aus der Zeit von 430 v. Chr. überliefert. Mindestens seit damals ist dieses Handelsnetz historisch bekannt. Herodot verwendete weder die Bezeichnung »Seidenstraße« noch einen anderen Begriff, sondern bezeichnete die einzelnen Wegabschnitte nach den dort ansässigen Völkern und Stämmen.

Wahrscheinlich ist der Ost-West-Handel jedoch noch viel älter, denn es gibt Hinweise, dass mindestens seit der Bronzezeit ein Warenaustausch zwischen China und den Gebieten des heutigen Europas stattfand, wie Grabbeigaben aus weit entfernten Gebieten beweisen. Seine größte Bedeutung erreichte das Wege- und Handelsnetz ab 115. v. Chr. bis ins 13. Jahrhundert. In den Folgejahren wurde der Handel durch Raubüberfälle immer unsicherer und blühte lediglich im 14. Jahrhundert noch einmal auf, als die Gegend durch das Mongolenreich befriedet und dadurch sicher geworden war.

Eine der längsten Routen begann in Xi'an, in China, und folgte ein Stück weit dem Verlauf der Chinesischen Mauer in Richtung Nordwesten, passierte die Taklamakan-Wüste, überwand das Pamir-Gebirge und führte über Ägypten zum Mittelmeer. Diese Strecke war 6400 Kilometer lang.

Allgemeine Reiseinformationen

Ist Kasachstan ein Reiseland?

Kasachstan – wenn man den Namen hört, weiß nicht jeder sofort, wo das ist. Früher eine Sowjetrepublik, heute ein selbstständiges Land, ist Kasachstan für die meisten Menschen bei uns eine Terra incognita.

Vielleicht hat der eine oder andere von der gigantischen Umweltkatastrophe am Aralsee gehört oder darüber gelesen, weiß, dass der »Weltraumbahnhof« Baikonur in Kasachstan liegt und dass die Sowjets ihre Atombomben in Kasachstan getestet haben, einige sogar oberirdisch im Gebiet von Semipalatinsk. Aber – Urlaubsreisen nach Kasachstan?

Auf der touristischen Weltkarte war Kasachstan lange ein weißer Fleck, und bis heute scheint es nur für wenige Reisende ein lohnendes Ziel zu sein.

Woran mag das wohl liegen? Eigentlich wäre das Land doch ideal geeignet: Dort wird kein Krieg geführt, man muss kaum terroristische Anschläge und Entführungen fürchten wie in vielen anderen Gebieten, zum Beispiel in der Türkei und Ägypten. Und dennoch wählen mehr Menschen eher diese Länder als Urlaubsziel.

Ein Grund mag wohl die fehlende Infrastruktur sein: zu wenige Pensionen und Hotels, die zudem nicht dem gewohnten Standard entsprechen. Unsaubere Toiletten und keine warmen Duschen, das schreckt ebenso ab wie die manchmal nur schwer zugänglichen öffentlichen Verkehrsmittel. Dieser Mangel an fast allen Einrichtungen für den Tourismus ist es wohl, warum Kasachstan für Reisende, die an bequemen Komfort gewöhnt sind, nicht attraktiv erscheint.

Dafür bietet Kasachstan jedoch etwas, was auf unserer Erde selten geworden ist: Ursprünglichkeit, unverbaute, menschenleere Weite, eine artenreiche Tier- und Pflanzenwelt. Es überrascht mit vielfältigen Landschaftsformen von Schilfufern am Kaspischen Meer über Steppen und Wüstengebiete bis zu Hochgebirgen mit wilden Gebirgsflüssen, tiefen, bewaldeten Tälern und eisigen Höhen. Einzigartig ist die Tulpenblüte im Frühling, wenn die sonst kargen Steppen mit einem bunten Blütenteppich bedeckt sind. Insbesondere für Vogelliebhaber bietet Kasachstan ein reiches Beobachtungsfeld. Es sind aber wohl die Menschen Kasachstans, die den Besucher durch ihre Herzlichkeit und Offenheit überraschen und berühren und die Reise zu einem nachhaltigen Erlebnis werden lassen.

Wer nach siebenstündigem Flug von Deutschland in Almaty landet, für den ist alles neu und anders. Von nun an muss er sich daran gewöhnen, dass in den endlosen Steppen die Zeit anders läuft, eben langsamer.

Folgt man den Hinweisen des Auswärtigen Amtes, ist in den Städten mit der üblichen Großstadtkriminalität zu rechnen, wie sie auch in Deutschland vorkommt: Diebstahl, Trickbetrügereien, aber auch gegebenenfalls der Freikauf aus angeblichen Polizeikontrollen, die in Almaty und der Hauptstadt Nursultan durchaus vorkommen können. Reisenden wird empfohlen, sich nachts nicht ohne Begleitung zu bewegen und keine »inoffiziellen« Taxis zu benutzen. Beim Besuch von Orten, an denen sich viele Menschen aufhalten, wie zum Beispiel Basaren, muss man verstärkt mit Taschendiebstählen rechnen und seine Ausweisdokumente und Bargeld sicher am Körper aufbewahren. Gerade in Großstädten wie Almaty und Nursultan nimmt die Kriminalität stetig zu.

Wer nicht über kasachische oder russische Sprachkenntnisse verfügt, dem wird bei Reisen in entlegene Gegenden eine sprach- und ortskundige Begleitung empfohlen. Individualreisen, die in Europa und weiten Teilen Asiens problemlos möglich sind, sind in Kasachstan schwierig. Es fehlen gute Karten und lesbare Ausschilderung, und die Unterkünfte außerhalb von Städten sind häufig nicht akzeptabel. Außerdem ist man allein eher der Gefahr von Überfällen und Raub ausgesetzt, man sollte als Autoreisender stets im Konvoi fahren und nicht längere Zeit auf unbewachten Parkplätzen stehen bleiben.

Lokale Transportmittel

Es gibt eigentlich alles: ein Inlandsflugnetz, Eisenbahnen, Busse, Taxis, Tankstellen – nur eben nicht immer in der in Deutschland gewohnten steten Verfügbarkeit. Der deutsche nationale Führerschein ist mit einer amtlich beglaubigten Übersetzung gültig. Darüber hinaus wird auch der Internationale Führerschein in Kasachstan anerkannt. Der deutsche Führerschein kann auch gegen einen kasachischen ausgetauscht werden. In diesem Fall wird der nationale (deutsche) Führerschein im Komitee der Verkehrspolizei des Innenministeriums aufbewahrt.

Doch für den Individualtourismus erweist sich Kasachstan als ein schwieriges Pflaster. Geduld, Improvisationstalent und Sprachkenntnisse sind Voraussetzungen, wenn man sich allein durchs Land bewegen will. Deshalb wird vom Auswärtigen Amt empfohlen, seine Urlaubsreise in die Hände eines Reiseveranstalters zu legen. Wer allerdings Neues entdecken will, sich nicht scheut, auch Schwierigkeiten in Kauf zu nehmen, und nicht zuletzt Zeit, Geduld und Neugier mitbringt, der wird so bereichernde Erfahrungen machen können wie nur noch in wenigen Gebieten unserer Erde und auf eine liebenswerte und hilfsbereite Bevölkerung treffen.

Camping

Zeltplätze, wie man sie aus Europa kennt, darf man nicht erwarten. Von wenigen Ausnahmen abgesehen, bedeuten ein Plumpsklo und ein Hahn mit kaltem Wasser bereits einen gewissen Luxus.

Wildzelten ist erstaunlicherweise nicht verboten. Sogar in Nationalparks darf gezeltet werden, wenn man eine gewisse Gebühr bezahlt. Will man in der Nähe eines Jurtenlagers der Nomaden sein Zelt aufbauen, ist es natürlich zwingend geboten, zuvor um Erlaubnis zu fragen.

Kulturelle Unterschiede

Als Frau darf man sich nicht wundern, wenn nur der Partner mit Handschlag begrüßt wird und man selbst vollkommen ignoriert wird. Eine großmütige Geste ist es schon, wenn die Frau mit einem Kopfnicken bedacht wird. Das hat nichts mit Unhöflichkeit zu tun, sondern ist vielmehr eine Respektsbezeugung. Man sollte es deshalb als kulturelle Besonderheit akzeptieren und nicht gekränkt sein – was mir sehr schwerfiel. Denn auch wenn man weiß, warum es so ist, ist es dennoch verletzend, missachtet zu werden, nur weil man eine Frau ist. Vor allem außerhalb der Städte und von älteren Kasachen werden Frauen nicht begrüßt.

Bei der jungen Bevölkerung, vor allem bei Studenten, gelten die gleichen Begrüßungs- und Höflichkeitsregeln wie bei uns.

Viele Kasachen sind bei »kleinen« Dingen – dazu zählen sie: Pünktlichkeit, Planung, Organisation und Absprachen – großzügig bis leger. Klappt etwas nicht so wie erwartet, hört man von seinen kasachischen Begleitern den typischen Ausspruch: »*Tük emes* – macht nichts!«

Doch man kann sich auf sie felsenfest verlassen, sollte man in ernsten Schwierigkeiten sein. Wenn man zum Beispiel krank oder verletzt ist, dann wird uneigennützig geholfen – und Gastfreundschaft wird hier stets sehr großgeschrieben. Wer diese Gastfreundschaft bei einer Reise oder einem beruflichen Aufenthalt erlebt hat, berichtet begeistert von der Herzlichkeit der Bevölkerung und davon, wie offen, neugierig und freundlich die Menschen dem Fremden begegnen. Es ist überraschend, dass man oft bereits nach kurzer Bekanntschaft nach Hause zum Essen eingeladen wird. Der neu gewonnene Freund wird dabei großzügig bewirtet. Kasachische Gastgeber bieten ihren Gästen das Beste an, was sich im Haus befindet oder sie noch schnell besorgen konnten. Dabei verhalten sie sich so, als würden sie durch die Anwesenheit der Gäste am allermeisten selbst beschenkt werden.

Bücher zum Weiterlesen

Tschingis Aitmatow: »Der weiße Dampfer«, Unionsverlag, Zürich 2016

Den Lesern in Deutschland hat der kirgisische Autor, der 2008 gestorben ist, mit seinen zahlreichen Büchern seine Heimat, das Leben der einfachen Menschen in den Dörfern und deren Kultur und Traditionen nähergebracht. In fast allen seinen Werken lässt er den Leser teilhaben an seinem Nachdenken über das Verhältnis des Menschen zur Natur. Dabei verwebt er seine poetischen Naturerzählungen mit Gesellschaftskritik. Sein Anliegen ist es, zu zeigen, dass die Vernichtung der Natur nicht ohne Folgen für die Menschen bleibt, dass auch das Leben und die Kultur der Menschen und deren Seele zerstört werden. Er spielt mit den Gegensätzen der Parallelwelten Natur und Moderne, zeigt den Konflikt auf und überrascht immer wieder mit poetischen Schilderungen.

»Der weiße Dampfer« war das erste Buch, welches ich von Aitmatow gelesen habe. Ich hatte sogar das Glück, den Autor bei einer Veranstaltung in München persönlich kennenzulernen. Seine Lesung wurde von seinem langjährigen Übersetzer Hartmut Herboth gedolmetscht, er hat alle Bücher Aitmatows ins Deutsche übertragen. Bei der Lesung war die tiefe und achtungsvolle Verbindung zwischen Autor und Übersetzer deutlich spürbar, was mich damals sehr beeindruckt hat.

Die tragische Geschichte von einem Kind, das bei seinem Großvater lebt und sich nach dem fernen Vater sehnt, der aber nie kommt, hat mich sofort gefesselt. Die einfühlsam geschilderte

Handlung und nicht zuletzt der poetische Stil des Autors begeisterten mich. Schon in diesem Buch, einem seiner frühen Werke, wird die starke Naturverbundenheit Aitmatows erkennbar, zum Beispiel wenn der Großvater seinem Enkel Mythen und Märchen von den heiligen Maralhirschen erzählt. Bereits hier wird die Bedrohung der Natur durch die Rücksichtslosigkeit der Menschen verdeutlicht. Ebenso wird der Umbruch, der das ursprüngliche und einfache Leben der Menschen verändern wird, konfliktreich angedeutet. Der Junge, dessen Namen der Leser nicht erfährt, hat als einzigen Menschen nur den Großvater, der ihn liebt, aber ihn nicht stützend auf seinem Lebensweg begleiten kann. Denn auch der Großvater ist einsam unter den anderen Dorfbewohnern, die ihn nicht achten. In seiner Fantasie wünscht sich der Junge, angeregt durch die märchenhaften Erzählungen des Großvaters, ein Fisch zu sein, um zu seinem Vater zu schwimmen, den er auf einem weißen Dampfer vermutet.

Ida Häusser: »Meins! Erzählungen über eine Kindheit im Norden Kasachstans«, Books on Demand, 2019

Eine Sammlung von 21 eigenständigen Kurzgeschichten führt uns in die Kindheit der Autorin, die 1962 in Kasachstan geboren wurde. Als eine der Nachkommen der Wolgadeutschen erlebte sie dort eine glückliche Kindheit, obgleich Vertreibung, Verbannung, Straflager und Arbeit in den Kohlegruben während der vorherigen Jahrzehnte das Leben der Menschen bestimmt hatten.

Wir erfahren von berührenden Augenblicken, von schönen und auch weniger schönen Begebenheiten. Trotz ihrer Verbundenheit mit ihrer Heimat entschließt sich Ida Häusser, Kasachstan zu verlassen und nach Deutschland überzusiedeln. Mit dem Bild der von Tulpen übersäten Steppe in dem sonst kargen Land nimmt sie wehmütig Abschied.

Thomas Höhmann: »Kauderwelsch, Kasachisch Wort für Wort«, Reise Know-How Verlag, Bielefeld 2010

Die kleinen Sprachführer, die es für zahlreiche Sprachen gibt, sind keine Lehrbücher, dafür aber wertvolle Hilfsmittel, wenn man sich spontan verständlich machen will, ohne die Sprache zuvor gelernt zu haben.

Das Buch hat ein handliches Format und ist so aufgebaut, dass alle Beispielsätze doppelt ins Deutsche übertragen sind, zum einen Wort für Wort, zum anderen in »ordentliches« Hochdeutsch. So wird das jeweils fremde Sprachsystem auf einen Blick durchschaubar, und man kann einzelne Wörter in den Sätzen austauschen, um seinen Satz- und Wortschatz zu vergrößern. Auf keiner meiner Reisen hat das jeweils passende Kauderwelsch-Buch gefehlt.

Thomas Höhmann kennt Kasachstan und seine Bevölkerung von seiner langjährigen Lehrtätigkeit in Almaty. Mit seinem kleinen, erfrischend unterhaltsam geschriebenen Lehrbuch macht er Lust darauf, einige der gängigen Redewendungen auszuprobieren. Erst durch die Sprache erschließt sich uns nämlich eine bislang fremde Vorstellungswelt, öffnet sich uns eine Tür zu den Menschen, denen wir begegnen.

Gusel Jachina: »Wolgakinder«, Aufbau Verlag, Berlin 2019

Die Handlung beginnt im Jahr 1916. In einem deutschen Dorf an der Wolga lebt Jakob, ein genügsamer Schulmeister. Sein Leben verändert sich dramatisch, als er sich in die Tochter eines russischen Bauern auf der anderen Seite der Wolga verliebt. Dieser Liebe seines Lebens ist kein Glück beschieden.

Das tragische Schicksal des Schulmeisters, der zum Sonderling wird und wegen grausamer Ereignisse die Sprache verliert, geht einher mit der gesellschaftlichen Entwicklung und Veränderung, dem Schrecken der Russischen Revolution und der politischen Umgestaltung in den ersten zwanzig Jahren der Sowjetunion. Das Buch endet, bevor die Wolgadeutschen deportiert werden, aber auch ohne dieses furchtbare Unrecht an der Bevölkerung schildert das Buch leidvolle Erfahrungen im Übermaß. Obwohl es die Autorin versteht, die bedrückende Handlung mit ihrer bildhaften und literarischen Sprache eindringlich zu schildern, kann ich das Buch wegen seines düsteren Inhalts nicht uneingeschränkt empfehlen. Der Leser jedoch, der sich dadurch nicht abschrecken lässt, kann mittels dieses Buches Kenntnis über Ereignisse erlangen, die sowohl in Russland als auch in Deutschland verdrängt werden.

Carl Peter Lieckfeld: »Die Flucht des großen Jägers: Über das Meer in ein neues Land«, KJM Verlag, Hamburg 2018

Der Jäger und Wildschütz Hans Eidig hat wirklich gelebt, noch heute erzählen sich die Leute in der Lüneburger Heide von seinen unglaublichen Schießkünsten, die zur Legende wurden. Bereits als Jugendlicher soll Hans intuitiv getroffen haben, ohne zu zielen. Er gilt als Robin Hood der Lüneburger Heide.

Der Autor erzählt die wahre Geschichte des Hans Eidig, der 1804 nahe Hamburg geboren wurde. Er war der beste Schütze seiner Zeit, und er war die Hoffnung der einfachen Bauern, denen das Wild der adligen Jagdherren die Äcker plünderte und verwüstete. Als der Wildschütz für vogelfrei erklärt wurde, schiffte er sich 1835 auf einem Auswandererschiff ein. Sein Ziel waren die Weiten der Prärie, wo die Büffel weiden.

Claus-Peter Lieckfeld hat vor dem Hintergrund historischer Wahrheit einen spannenden Abenteuerroman geschrieben, mit tiefgründigem Wissen und Liebe zur Natur, den Tieren und ihrem Verhalten. Lieckfeld berichtet auf berührende Weise von der Sehnsucht der Menschen, frei und selbstbestimmt zu leben. Wenn es nötig ist, in einem neuen Land.

Eva Meijer: »Das Vogelhaus«, btb Verlag, München 2018

Die Autorin nennt ihr Buch einen Roman, dabei beschreibt sie die faszinierende Lebensgeschichte von Len Howard, die von 1894 bis 1973 lebte und eine Pionierin auf dem Gebiet der Verhaltensforschung war. Es ist der Autorin zu danken, dass sie das Leben und die Verdienste der zu Unrecht fast vergessenen Vogelkundlerin wieder bekannt gemacht hat.

Len Howard hat ihre Erkenntnisse nicht im Labor unter künstlichen und artfremden Bedingungen gewonnen, sondern durch Beobachtungen in der Natur. Die Grundlage und Voraussetzung ihrer Studien war das Vertrauen, das sie zu den scheuen Vögeln aufbaute. Und tatsächlich wurde ihr Cottage ein echtes »Vogelhaus«, in dem Meisen, Rotkehlchen, Drosseln und viele andere Gefiederte ein und aus flogen. Beim Lesen dieses lebendigen und anschaulichen Buches erinnerte ich mich an meinen Kindheitswunsch, genauso wie die Biologin unter und mit den Tieren zu leben. Ein Buch, das ich gern empfehle.

Fritz Mühlenweg: »Großer-Tiger und Christian. In geheimer Mission durch die Wüste«, dtv Verlagsgesellschaft, München 2017

Einer der schönsten Abenteuerromane der Weltliteratur: Mühlenwegs unverwechselbarer Stil und seine genaue Kenntnis von Land und Leuten, ihren Traditionen und Lebensweisen ermöglichen dem Leser eine Annäherung an eine fremde Welt, die inzwischen durch die Zwangskollektivierung während der Sowjetzeit und durch heutige kapitalistische Wirtschaftsformen in Veränderung begriffen ist.

Der Autor Fritz Mühlenweg (1898–1961) begleitete 1927 den schwedischen Expeditionsreisenden Sven Hedin auf dessen Forschungsreise durch die Mongolei. Insgesamt hat Mühlenweg an drei Expeditionen teilgenommen, deren Erfahrungen und Erlebnisse er in seinen Büchern romanhaft, jedoch wirklichkeitsgetreu verarbeitet. Da er die mongolische Sprache gelernt hat, wurde er von den Mongolen brüderlich aufgenommen und drang in tiefere Ebenen ihrer Kultur und Lebensweise vor als andere Reisende zu damaliger Zeit.

Seine Erlebnisse hat Fritz Mühlenweg in dieses Buch einfließen lassen. Es handelt von dem zwölfjährigen Jungen Christian und seinem chinesischen Freund Großer-Tiger. Sie sollen die geheime Nachricht eines chinesischen Feldherrn übermitteln und müssen dafür mehr als 6000 Kilometer quer durch eine wilde, kaum besiedelte, aber auch wunderschöne Landschaft zurücklegen und unzählige Gefahren bestehen. Oft scheint ihre Mission zum Scheitern verurteilt und ihr Leben bedroht. Doch es gelingt ihnen immer wieder, sich zu retten, auch mithilfe der freundlichen mongolischen Nomadenstämme. Es ist ein Reisebuch der ungewöhnlichen Art, voller Spannung und Abenteuer, Witz und Lebensweisheit.

Die Bücher von Fritz Mühlenweg werden zwar als Jugendliteratur deklariert, sie sind jedoch für Leser jedes Alters spannend und lehrreich.

Silvia Di Natale: »Kuraj«, List Taschenbuch, Berlin 2003

Kuraj ist ein kirgisisches Wort und bezeichnet jene entwurzelten Büsche, die der Wind über die Steppe trägt. So wie diesen Pflanzen ohne Wurzeln ist es auch dem Mädchen Naja aus der Mongolei ergangen, das von seinem Vater einem deutschen Freund, einem Kriegskameraden im Zweiten Weltkrieg, versprochen wurde. Der Vater kämpfte in einer deutschen Einheit, weil Stalin das Nomadenleben der Mongolen zerstörte. Stalin war für den Mongolen also der Feind, und der Vater Najas schlussfolgerte: Der Feind (Deutschland) meines Feindes (Sowjetunion) ist mein Freund. So schlug sich der Mongole zu den deutschen Truppen durch. Was versprochen wurde, muss gehalten werden, so der

Vater. Naja wird nach Friedensschluss also ganz allein zu einer fremden Familie in Deutschland geschickt, die völlig überfordert reagiert und dem Mädchen die schwierige Situation nicht leicht macht. Die Autorin erzählt die wahre und ungewöhnliche, fast unglaubliche Lebensgeschichte einer Mongolin. Mich hat dieses Buch gefesselt und sehr berührt.

Jiang Rong: »Der Zorn der Wölfe«, Goldmann Verlag, München 2010

Niemand sollte sich vom Umfang dieses Buches mit seinen knapp 700 Seiten abschrecken lassen. Es ist dermaßen spannend geschrieben, dass es mir nicht zu dick vorkam. Schon nach den ersten Seiten fühlte ich mich in den Bann gezogen von der Geschichte, den Naturschilderungen und der archaischen Welt, in der die mongolische Bevölkerung damals noch lebte.

Die Handlung beginnt mit einem chinesischen Studenten, der während der Kulturrevolution in den Sechzigerjahren von Peking in die Innere Mongolei geschickt wird, um den nomadisierenden Viehzüchtern die modernen Richtlinien der chinesischen Regierung nahezubringen. Statt die mongolische Bevölkerung zu belehren, erhält der junge Student Chen Zhen vom Mongolen Bilgees Einblicke in die Traditionen und den weisen Umgang des mongolischen Volkes mit der Natur. Mit seiner Unterstützung macht er auch Bekanntschaft mit Wölfen, deren Klugheit und Mut er bewundern lernt. Durch Zufall erhält der Student einen jungen Wolf, den er liebevoll aufzieht.

Das Buch spart die negative Entwicklung nicht aus. Das Gleichgewicht zwischen Mensch und Natur wird durch die Maßnahmen der chinesischen Regierung zerstört. Sie will möglichst hohen Gewinn aus dem weiten Steppenland schlagen.

Für mich persönlich hatte das Buch an den Stellen gewisse Längen, wo der Autor versucht, seinem Lesepublikum die biologischen und ökologischen Zusammenhänge immer wieder von

Neuem klarzumachen, denn diese sind ihm wichtig. Für mich als Biologin waren das jedoch sattsam bekannte Tatsachen. Allerdings ist das Buch ursprünglich für chinesische Leser geschrieben worden, die bisher vielleicht wenig darüber erfahren konnten.

Hans D. Leicht: »Wilhelm von Rubruk: Beim Großkhan der Mongolen«, Edition Erdmann, Lenningen 2018

Für den Liebhaber historischer Bücher ist dies eine passende Lektüre. Es ist der Reisebericht des Franziskanermönchs Rubruk, der sich von 1253 bis 1255 – natürlich zu Fuß – auf den Weg ins Mongolenreich machte. Das Buch bietet wegen seiner ungewöhnlichen Erlebnisse und Einblicke in eine fremde und vergangene Welt, so wie sie im Mittelalter war, einen faszinierenden Lesegenuss. Es ist sachlich geschrieben und zugleich spannend zu lesen.

Dagmar Schreiber: »Kasachstan – mit Almaty, Nur-Sultan, Tienschan und Kaspischem Meer« (7. aktualisierte und erweiterte Auflage), Trescher Verlag, Berlin 2020

Das Land ist zwar kein Hotspot des Tourismus, doch es gibt immerhin den Reiseführer von Dagmar Schreiber, den ich aus vollster Überzeugung empfehlen kann. Auch wer noch keine Reisepläne hat, kann sich in dem Buch umfassend informieren und sich eine Meinung bilden, ob er das Land überhaupt besuchen will. Die Autorin spannt einen weiten Bogen von Sehenswürdigkeiten zu Geologie, Klima, Bevölkerung, Geschichte (von der Urzeit bis zur Gegenwart), Politik, Wirtschaft, Kultur und Kunst. Nicht zu vergessen die zahlreichen hilfreichen Tipps und Infos, sowohl für den Besuch der Städte als auch für das Unterwegssein in der Steppe und in den Gebirgen. Meiner Meinung nach wurde kein Gebiet übergangen.

Zudem organisiert die Biologin Dagmar Schreiber auch Reisen für kleine Gruppen, die sie je nach Gegebenheit manchmal auch selbst führt.

Galsan Tschinag: »Kennst du das Land: Leipziger Lehrjahre«, Unionsverlag, Zürich 2018

1943 als jüngster Sohn einer Nomadenfamilie der turksprachigen Tuwa geboren, gehört der Autor einer ethnischen Minderheit in der Mongolei an. In den Jahren 1962 bis 1968 erhielt der junge Galsan Tschinag ein Stipendium und kam im Rahmen eines Kulturaustauschs nach Leipzig, wo er Germanistik studierte. Das Studienfach konnte er sich nicht aussuchen, es wurde von den Verantwortlichen vorgegeben, war in seinem Fall aber wohl eine schicksalhafte Fügung für seinen späteren Beruf als Schriftsteller.

Nicht nur die Sprache, alles ist ihm fremd: der Umgang der Menschen miteinander, das Wohnen in fest gefügten Gebäuden, der Universitätsbetrieb, die ungewohnte Nahrung, selbst für uns so selbstverständliche Dinge wie das Essen mit Besteck.

Der junge Nomade ist sich der einmaligen Chance bewusst, sich die fremde Welt anzueignen, sich zu bilden und zu lernen. So stürzt er sich voller Eifer und mit nie nachlassendem Elan auf alles, was ihn umgibt, und nimmt es in sich auf.

Für den Leser ist es aufschlussreich, mit den Augen dieses jungen Mannes aus einer fremden Kultur einen Blick auf die Stadt Leipzig, die Menschen und das Leben dort zu werfen. Galsan Tschinag beeindruckt mit der ihm eigenen, bildhaften Ausdrucksweise. Der Virtuose der Sprache hat sich in diesem Buch – wie mir scheint – zu wahrer Meisterschaft gesteigert. Er hat es, wie auch alle seine anderen Werke, auf Deutsch geschrieben.

Für mich ist dieses Buch aufregend und zugleich aufschlussreich, bin ich doch nur wenige Jahre nach Galsan Tschinag zum Biologiestudium in die gleiche Stadt gekommen, die für seine Lehrjahre so bedeutend geworden war. Schon damals interessierte ich mich brennend für die Mongolei und lernte auch seine Lehrmeister (die in Wirklichkeit andere Namen tragen) im Völkerkundemuseum persönlich kennen – allerdings ohne zu erfahren, dass sie mit Galsan Tschinag befreundet waren.

Galsan Tschinag: »Der blaue Himmel«, Suhrkamp TB, Berlin 1997

Eines der ersten Bücher, die der tuwinische Autor Galsan Tschinag schrieb, und, wie ich finde, gleich eines seiner besten. Er schildert eindringlich und mitreißend das Leben einer Nomadenfamilie. Für mich ist es ein literarisches Kleinod.

Das Buch ist aus der Sicht eines Nomadenkindes geschrieben, das mit seinen Eltern und Geschwistern in einer Jurte aufwächst. Eines Tages taucht eine fremde alte Frau auf, die der Junge quasi als seine Großmutter adoptiert.

Der Autor verarbeitet hier zwar eigene Kindheitserlebnisse, verfremdet sie jedoch auf kreative Weise und hebt sie auf eine höhere symbolische Ebene. Es geht in dem Buch um Liebe und Zusammenhalt, um Respekt und Überlebenskampf, um Abschied und Tod. Das Leben in der Steppe unter den harten klimatischen Bedingungen, mit trockenen, heißen Sommern und eisigen Wintern, ist kein idyllisches Paradies, sondern ein tagtäglicher Kampf ums Überleben. Die Nähe zu ihren Tieren ist ein tragendes Element für die Nomaden. Berührend ist die Liebe des Kindes zu seinem Hund, gemeinsam mit ihm umsorgt und schützt es die Herden der Familie. Im Buch klingt bereits an, dass die alten, noch intakten Strukturen bald verschwunden sein werden und die »Moderne« einbricht, die das Leben grundlegend verändern wird.

Es ist eine stille und langsame Geschichte, ohne stringente Handlung, aber mit tiefen Gefühlen, die der Autor auf meisterhafte Weise zu vermitteln versteht. Man sollte nicht durch die Seiten hasten, sondern sich Zeit nehmen und die menschenleere Weite der Steppe beim Lesen vor Augen haben.

Peter Wensierski: »Die verbotene Reise: Die Geschichte einer abenteuerlichen Flucht«, Goldmann Verlag, München 2015

Es ist die wahre Geschichte von Marie und Jens, denen in den Achtzigerjahren das Unmögliche gelang: Sie erfüllten sich ihren großen Traum, in die Mongolei zu reisen und sogar weiter nach China, um dort auf der Großen Mauer zu stehen. Es war für Menschen in der DDR nicht möglich, einen Reisepass für diese Länder zu bekommen, wie ich selbst erleben musste. Denn auch mein Sehnsuchtsland hieß damals: MONGOLEI.

Die beiden schafften es jedoch mit Mut und einer Portion Frechheit, indem sie die Einladung eines mongolischen Bergsteigervereins fälschten. So erhielten sie Visa für die Mongolei, die normalen DDR-Bürgern verschlossen war.

Als alleinreisende Frau im Iran

Hier reinlesen!

Nadine Pungs

Das verlorene Kopftuch

Wie der Iran mein Herz berührte

NG Taschenbuch, 256 Seiten
€ 15,00 [D], € 15,50 [A]*
ISBN 978-3-492-40634-5

Ohne Kopftuch auf die Straße gehen, Wein trinken und sich in einen Mann verlieben. All das erlebt Nadine Pungs im Iran, obwohl es streng verboten ist. Auf ihrer Reise erkundet sie, wie das Land jenseits westlicher Klischees tatsächlich tickt.

»Hier ist eine Frau unterwegs, die nichts versteckt, auch nicht die Mühsal der Fremde, die Sprachlosigkeit, die Unruhe. Und die sie in einem Ton schildert, der swingt und uns daran erinnert, was dreißig stille Buchstaben vermögen.«
Andreas Altmann

MALIK